CHINA'S MOST INFLUENTIAL PUBLIC RELATIONS CASE STUDIES IN 2014

中国公共关系网(17PR) 编委会◎编著

2014 最具公众影响力公共关系案例集

企业管理出版社
ENTERPRISE MANAGEMENT PUBLISHING HOUSE

图书在版编目（CIP）数据

2014最具公众影响力公共关系案例集／中国公共关系网（17PR）编委会编著. —北京：企业管理出版社，2015.5

ISBN 978-7-5164-1038-7

Ⅰ.①2… Ⅱ.①中… Ⅲ.①公共关系学—案例 Ⅳ.①C912.3

中国版本图书馆CIP数据核字（2015）第065256号

书　　名	2014最具公众影响力公共关系案例集
作　　者	中国公共关系网（17PR）编委会
责任编辑	谢晓绚
书　　号	ISBN 978-7-5164-1038-7
出版发行	企业管理出版社
地　　址	北京市海淀区紫竹院南路17号　邮编：100048
网　　址	http://www.emph.cn
电　　话	总编室（010）68701719　发行部（010）68414644
	编辑部（010）68701891　　（010）68701661
电子信箱	emph003@sina.cn
印　　刷	三河市南阳印刷有限公司
经　　销	新华书店
规　　格	170毫米×240毫米　16开本　15.5印张　278千字
版　　次	2015年5月第1版　2015年5月第1次印刷
定　　价	42.00元

版权所有　翻印必究·印装有误　负责调换

本书编委会

名誉主编：赵大力
主　　编：银小冬
编审委员会：(按首字母顺序排列)
　　　　　　陈先红　范　红　何　辉　黄小川　金　英
　　　　　　米晓春　马志斌　沈　激　徐润东　叶　钰
　　　　　　赵元恒
编　　委：(按首字母顺序排列)
　　　　　　陈经超　丁晓东　匡冀南　李志军　孟　建
　　　　　　赛来西·阿不都拉　寿玉滢　汤蕾　王　欢
　　　　　　王晓晖　杨　晨　张景云　张　雷　张　宁
　　　　　　张　云　钟育赣

推荐语

本书是一部既可用于教学又可用于实操的公关参考书。它的出版发行，对学习公共关系专业的高校学生来讲无疑是个福音。通过对优秀案例的学习和研究，读者能够把所学的理论与实践很好地结合起来，提高自身的专业水平和工作能力，同时也可以更多地了解性质不同的企业的公共关系工作状态及发展趋势，掌握针对不同企业的工作方法，为今后从事公共关系岗位工作打下良好的专业基础。对于公共关系从业人员来说，本书可以为他们在实际工作过程中起到启发、借鉴和参考的作用，具有很好的指导价值。

——中国国安信息科技有限公司董事、副总经理　马志斌

公关是实战的理论，但理论永远滞后于实践。因此，案例成为了最鲜活和最领先的教案，本书让大家充分领略了公关的多样性、灵活性、策略性和时效性。小投入，大传播，寻找热点，创造关注，相信本书会为大家带来很多启发。

——罗德大中华区董事、总经理、高级副总裁　寿玉滢

了解中国公关界的发展与变化的最佳途径就是阅读实际案例。本书集结了2014年中国公关行业的精彩案例，相信无论对于行业人士或者致力于投身公关行业的广大院校学生来说，这都是一本值得仔细阅读、研究和收藏的书。我本人也从中获益匪浅。

——博雅公关中国区总裁　金英

17PR公关案例系列丛书再推力作。本书通过对2014年度最新案例的收集、整理，及时展示了中国公关行业的最新成果，同时也为业内提供了与时俱进的案例范本，更是为不断推动中国公关行业专业化和规范化的发展出了一份力。不可多得，值得参阅！

——清华大学公共关系与战略传播研究所所长　范红

前　言

继《2013最具公众影响力公共关系案例集》之后，《金旗奖—2014最具公众影响力公共关系案例集》终于又跟读者见面了！

《2013最具公众影响力公共关系案例集》出版后得到公关业界及学界的广泛好评和支持，成为当年公关类图书的热销书籍。很多公关从业者把该书当做案头必备工具书，高校公关专业学生也把它作为学习实战案例的必读参考书，得到这些反馈后，我们非常欣慰，觉得总算做了一点儿对行业有用的事情，同时也对2014案例集的出版充满了信心。

《金旗奖—2014最具公众影响力公共关系案例集》收编了在"金旗奖—2014最具公众影响力公共关系事件"评选中获奖的优秀案例，涉及社会责任、品牌传播、公关活动、数字营销、社群互动、海外传播六个大类，涵盖汽车、互联网、金融、快消、医药、家电、服装、化工等十多个行业领域。

2014年，"最具公众影响力公共关系事件"评选首次以"金旗奖"进行命名，借以金旗的概念推出一批引领公共关系行业发展趋势，彰显公共关系社会化价值的优秀案例，为品牌转型发展提供参考。

本书在编撰过程中，特别邀请了中国公共关系领域的权威学者、企业精英人士及案例负责人对案例做了精彩点评和背后故事解读，因此，读者可以从不同角度来学习和品味每一个案例，这也是本书值得研读的一个亮点。

"最具公众影响力公共关系事件"评选由中国国际公共关系协会企业公关工作委员会指导，中国公共关系网（WWW.17PR.COM）发起并主办。该评选自2010年启动以来，持续得到国内外知名企业的关注和参与。

最后，衷心感谢在"金旗奖—2014最具公众影响力公共关系事件"评选中给予我们鼓励、支持和无私帮助的前辈、专家及合作伙伴，感谢所有为本书贡献智慧的企业精英和高校学者。

虽然在互联网大潮裹挟下公关行业也正发生着翻天覆地的变化，但我们相信在公关前辈和新人的共同努力下，公关行业必将在不断创新中迎来最好的时代！

中国公共关系网（17PR）总经理　银小冬

目录 CONTENTS

2014 最具公众影响力企业社会责任大奖

- BD 中国"爱青春,为 I 行动"红丝带进校园艾滋病公益活动风采大赛 ………… 2
- 费列罗中国"健达+运动"青少年体育推广企业社会责任项目 ………… 6
- "去渍霸"更名"好爸爸",好爸爸教室全国公益行 ………… 12
- 霍尼韦尔理工科教育促进计划 ………… 17
- 日产筑梦课堂 ………… 23
- 新思想,进无止境
  ——长安福特 2014(第九届)高校汽车联盟校园行 ………… 29
- 家不以远近,乐无为大小——百事 2014"把乐带回家"公关大奖 ………… 34
- 苯丙酮尿症患儿特殊奶粉补助项目 ………… 44
- 玫琳凯"爱·出色"活动 ………… 51
- 伊利方舟工程 ………… 54

2014 最具公众影响力品牌传播大奖

- "舞众不同"劲霸男装上海 5 年盛典 ………… 60
- QQ 会员"做个出众派"品牌粉丝文化营销 ………… 67
- 海尔"活出新鲜"智能家电品牌传播项目 ………… 75
- "一起跑,慢慢爱"卡萨帝 3KM 家庭马拉松 ………… 82
- ThinkServer 助力中国载人航天,提升联想企业级产品形象 ………… 87

2014 最具公众影响力公关活动大奖

- 58 同城·中国梦——2014 年 58 同城"中国好商家"评选活动 ………… 94
- 极致驾驭,"净"在掌握
  ——全新飞利浦 9000 系列电动剃须刀主题发布会 ………… 100

I

2014APEC 工商咨询理事会年度活动 ·················· 106
长安 CS 系列自在星空之旅第二季 ·················· 114
挑战 6000——2014 青藏高原昆仑雪山自驾寻源之旅 ·················· 120

2014 最具公众影响力数字营销大奖

怡丽无添加卫生巾数字营销项目 ·················· 126
加多宝第三季中国好声音创意传播 ·················· 131
ThinkStation "亮见" 整合传播 ·················· 136
天风证券 "我是球探" 世界杯营销案例 ·················· 140
锋驭 "自驾中国" ·················· 145
新媒体让百年老店焕发青春，新技术将同仁堂带到消费者身边 ·················· 150
苏宁红孩子 "一瓶一世界" 项目 ·················· 156
"BMW 大师殿堂" 社交媒体传播项目 ·················· 160

2014 最具公众影响力社群互动营销大奖

北京现代：拼人品，筹爱心，抢 ix25 ·················· 168
静佳八面女孩秋季社群互动营销 ·················· 172
世界杯，我的劲霸时刻 ·················· 176
六必治赞助《嗨！2014》互动营销 ·················· 181
姐妹厨房——"土豪承包农场" 微信游戏营销 ·················· 186

2014 最具公众影响力海外传播大奖

京东成功赴美上市公关传播 ·················· 192
爱奇艺独家牵手 71 届威尼斯电影节 ·················· 199

附录 ·················· 205

China's Most Influential Public Relations Case Studies in 2014

2014最具公众影响力企业社会责任大奖

BD 中国"爱青春，为I行动"红丝带进校园艾滋病公益活动风采大赛

执行时间：2013 年 10 月至 2014 年 1 月
企业名称：碧迪医疗器械（上海）有限公司
品牌名称：BD 中国
获奖情况：2014 最具公众影响力企业社会责任奖

项目背景：

"爱青春，为I行动"红丝带进校园公益活动风采大赛于 2013 年 10 月 23 日正式启动。活动向全国各大高校社团发出邀请，倡议大学生们为自己所在的大学策划一场针对宣传世界艾滋病日的公益活动。活动由搜狐公益和 GBC Health（全球健康联合会）主办，BD 中国支持并负责全程策划与执行。

活动结合了搜狐门户网站及"为I行动"活动专设的微博、微信、网络 BBS 等社交媒体沟通渠道，发布活动信息及艾滋病相关知识，提升艾滋病知识在大学生群体内的关注度，普及相关疾病及预防知识。最终获奖提案于线下和线上同时展现。

共有来自各省市的近 30 个高校社团（如北京大学、北京协和医学院、上海交通大学、浙江大学、山西大学、安徽中医药大学、山东大学、杭州师范大学、西交利物浦大学等大学社团）积极报名参赛。

经过专家评选，组委会最终评定了十强社团，并于 12 月 1 日"世界艾滋病日"当日，在北京师范大学举行了隆重的颁奖典礼和校园公益音乐节活动。颁奖典礼上，包括中国疾病预防中心性病艾滋病中心副主任汪宁，联合国艾滋病规划署（UNAIDS）驻华官员 Guy Taylor，联合国儿童基金会

（UNICEF）艾滋病项目专家张蕾等数位嘉宾，以及活动主办方 BD 全球副总裁、大中华区总经理邓建民、GBCHealth 全球副总裁、中国区首席代表 Michael Shiu 萧杰，搜狐网公益频道主编王鹏昊等为获奖大学社团颁奖并发言。

十强高校社团的校园艾滋病宣传活动展示，于 2014 年 1 月结束。

项目执行：

艾滋病是我国当前重点防控的传染性疾病之一，近几年，艾滋病在我国呈逐步蔓延趋势。据统计，目前中国艾滋病病毒感染人数在全球居第 14 位，更以每年 40% 的速度递增。截至 2012 年 10 月底，中国累计报告艾滋病感染者已经达到 37 万余例。在活动中，汪宁副主任介绍道："艾滋病具有感染人群多样化、流行形势复杂化的特点。我国艾滋病的发展趋势正在从高危人群转向传统意识中的低危人群。大学生感染者的比例也在逐年增加，正在成为受威胁的人群之一。举办这样的校园公益活动是一条非常有效的途径来传播艾滋病防御知识。"

该项目是国内首次专门面向高校社团群体的预防艾滋病的公益活动。大学生是一个充满青春和活力的团体，他们身上散发着无限的创造力，我们希望借助这个活动激发大学生们的创意，用他们自己的智慧和力量在校园中掀起一股学习艾滋病知识的热潮，打破以往大学生谈'艾'色变的情况，帮助更多大学生正确认识艾滋病。

在活动中，各高校社团提交的创意方案形式多样、构思精巧，同时在策划过程中充分利用各自的专业特点，将其体现在各自的活动中。例如入围十强的北京协和医学院（研究生会）、安徽中医药大学（研究生部）、山西大学（生命科学学院团委学生会），在筹备中充分利用所在学校的医学背景，计划在创意和展示中融入更多专业知识内容；北京大学（健康产业协会）的活动深入到医院，深入了解艾滋病患者们的生存生活状态、心理状态和需求，近距离地与艾滋病患者沟通与接触，而另外还有许多高校入围团队是学校的青年志愿者联合会和协会，他们在筹备活动的过程中就充分调动了更多校园志愿者的力量，甚至在学校引发了更多同学主动加入预防艾滋病志愿者的队伍。

搜狐网公益频道专门为本次活动制作了专题页面，各入围团队的创意方案都在专题上做了充分展示。"大学生是社会未来发展的砥柱，我们希望通过搜狐网的媒体平台让更多的大学生关注艾滋病、了解艾滋病、远离艾滋病同时，让更多的人了解并且加入到抗艾队伍。"王鹏昊在谈到主办本次活动的初衷时告诉记者。与以往不同，这次评选除利用公众媒体外，针对大学生群体的媒体接触习惯，将微信、微博等自媒体手段创新应用到了整个活动过程中。"为 I 行动"校园公益

活动风采大赛已经成为近期各高校学生最为关注的活动。

BD一直通过各种合作机会，奋战在"抗艾"前线，响应联合国抗艾呼吁"到2015年，必须设法对每个需要的人进行治疗"。这次为期三个月的红丝带进校园项目是一个非常好的机会，针对大学生群体宣传艾滋病防治知识，通过大学生喜欢的社交媒体宣传方式，帮助其了解正确的防艾抗艾知识，并通过各大社团对世界艾滋病日的校园落地宣传活动，扩大活动的受众及影响力，最终的颁奖典礼暨校园公益音乐节更是为活动画上了圆满的句号。

"为I行动"红丝带进校园公益活动风采大赛中获得活动创意奖一等奖的上海交通大学红十字会学生分会负责人赵恺在活动现场表示："很荣幸能在这次'为I行动'艾滋病公益风采大赛中获胜。作为红十字会的学生分会，宣传正确的健康知识，包括艾滋病知识等，帮助身边的同学乃至社会提高防治艾滋病的意识一直是我们的重要目标。我们通过设计'为爱快闪'、'为爱义卖'、'为爱悦读'及'为爱嗨皮'等四大版块内容，在校园中充分发挥自己的创意和才能，帮助宣传艾滋病防治知识。我们非常珍惜这次机会，未来会号召更多的同学加入我们的志愿团队，一起为防艾事业贡献更多力量。"

受邀参与颁奖典礼活动，并进行媒体报道的包括《健康报》、《北京青年报》、《新京报》、《北京娱乐信报》、《中国医药报》、《精品购物指南》、《京华时报》、《健康时报》、《新华网》、《中国网》、《千龙网》、《健康时报网》、《中国日报网》、《北京电视台》、《北京卫视》、《中国教育电视台》等。平面及网络转载163篇。

案例点评：

BD中国"爱青春，为I行动"红丝带进校园艾滋病公益活动风采大赛是国内首次专门面向高校社团群体的预防艾滋病的公益活动。通过搭建线上线下平台和大学生组队比赛，提出对世界艾滋病日的活动策划，进一步来传播艾滋病的知识和吸引关注。

首次把校园作为艾滋病公益传播的阵地是需要一定魄力的，但是细思之下又有其独特价值和必要性：我国艾滋病的发展趋势正在从高危人群转向传统意识中的低危人群，大学生感染者的比例也在逐年增加，正在成为受威胁的人群之一；另外，在新媒体时代的整体舆论构成上，大学生也是大量UGC的重要贡献人群之一，吸引大学生参与进来，可以较好地完成上面两个工作。

而伴随着活动良好的组织，大学生的智慧和积极性在整体活动中都有很好的体现，从多种角度进行了策划、思考和传播：有的团队在筹备中充分利用所在学校的医学背景，计划在创意和展示中融入更多专业知识内容；有的团队深入到医院，深入了解艾滋病患者们的生存生活状态、心理状态和需求，近距离地与艾滋病患者沟通与接触；而另外还有许多高校入围团队是学校的青年志愿者联合会和协会，他们在筹备活动的过程中就充分调动了更多校园志愿者的力量，甚至在学校引发了更多同学主动加入预防艾滋病志愿者的队伍。

点评专家：丁晓东
蓝色光标数字营销机构 CEO

费列罗中国"健达+运动"青少年体育推广企业社会责任项目

执行时间：2009年至今
企业名称：费列罗贸易（上海）有限公司
品牌名称：健达+运动
获奖情况：2014最具公众影响力企业社会责任奖

项目背景：

据中央教育科学研究所最新发布的《中国青少年体质健康行为调查》显示，我国参加课外体育活动的中小学生仅占调查总数的8%，远低于日本的65.4%以及美国的62.8%，多数受访者表示自己运动量"不足"，许多父母忽视了体育锻炼在孩子成长中的作用。

为了向青少年推广积极运动的生活方式，费列罗中国将费列罗集团在全球发起的"健达+运动"项目引入中国，通过宣传运动理念、教授运动技能、支持各项体育活动等方式帮助孩子们从室内走向室外，让青少年在日益丰富的物质环境中依然保持规律运动的好习惯，体验体育的激情与魅力，在享受运动的快乐的同时，收获健康美好的生活。

在中国，费列罗通过每年在北京、上海、广州与当地顶级赛事平台和政府体育组织合作，结合当地热点体育赛事，为"健达+运动"量身定制零门槛的趣味性青少年体育活动，成功地向城市新闻类、体育类媒体及广大消费者传递了"健达+运动"的项目理念。

项目调研：

据最新一期的全国学生体质与健康调查显示，我国的学生群体在爆发力、力量、耐力等多项身体素质指标方面继续呈下滑趋势，而2012年上海市中小学生体质健康测试结果则说明，76.03%的受调查学生每天体育锻炼未达到1小时，身体活力不足，而每天看电视、玩游戏在1小时及以上的比例则占受调查人数的42.92%。

据2014年8月发布的"中国城市青少年运动与膳食干预项目"第一期基线调查报告显示,在青海、山东两省6座城市24所项目学校中,仅有36.86%的小学生和33.63%的中学生每天运动1小时以上;40.12%的小学生和20.24%的中学生会在周末进行运动;53.43%的小学生和24.88%的中学生会在学校主动运动;放学后静坐时间在1小时及以上的小学生占比67.06%、中学生占比88.51%。近六成小学生、近五成中学生对适量运动知识缺乏基本的了解。学生普遍不了解每天适宜运动的时长、强度和方法。

作为青少年健康运动的有力推广者,费列罗公司希望通过"健达+运动"项目,帮助中国孩子跨出"静态"生活,在规律的体育锻炼中健康成长,成为充满运动活力、积极向上的新一代。

项目策划:

(1) 目标:将"健达+运动"的项目理念带给中国青少年,帮助他们在日益丰富的物质环境中依然保持规律运动的好习惯,体验体育的激情与魅力,在享受运动的快乐的同时,收获健康美好的生活。

(2) 策略:费列罗针对中国青少年"过于静态"的亚健康生活状态的社会热点问题,策略性地制定"健达+运动"项目在中国的传播信息,提出"运动中的快乐(Joy of Moving)"理念,强调体育运动对于青少年心智健康发展的重要性,倡导孩子们在体验体育运动的激情与魅力的同时,收获健康美好的生活。

(3) 目标公众:处在"过于静态"的亚健康生活状态的中国青少年。

(4) 主要信息:"健达+运动"始终相信在孩子们的成长过程中,日常的规律运动不仅能够帮助他们强身健体,更能引导孩子们形成乐观向上、坚毅自信的人生态度,并逐渐形成善于协作、勇于面对挑战的优秀品质。因此孩子们应当走向室外,保持规律运动的好习惯,体验体育的激情与魅力,在享受运动的快乐的同时,收获健康美好的生活。

(5) 传播策略:通过每年在北京、上海、广州与当地顶级赛事平台和政府体育组织合作,结合当地热点体育赛事,为"健达+运动"量身定制零门槛的

趣味性青少年体育活动，成功地向城市新闻类、体育类媒体及广大消费者传递了"健达+运动"的项目理念。

(6) 媒介选择：北上广重点都市类及体育类媒体，包括电视、平媒、网媒、社交媒体等。

项目执行：

2009年至2012年，"健达+运动"每年在全国多个城市几百所小学开展"健达阳光体育冬季活动"，鼓励儿童每天坚持1小时的运动。并且先后开展"健达活动日"，用冬季长跑、运动拓展、定向跑等适合小朋友的运动类游戏，鼓励学生在学习压力并不轻松的情况下，更要踊跃参加体育锻炼。

2011年至2014年，每年10月上海劳力士大师赛期间，"健达+运动"特别开设专为少儿设计的网球场地——"健达球场"，并举办"健达儿童日"活动，吸引逾上百名少儿参与活动。孩子们在工作人员的导览下参观大师赛球员餐厅、媒体中心、新闻发布会场地等非公众开放区域，并接受大师赛参赛选手的亲自指导。

2012年，"健达+运动"在四川省甘孜州巴塘县第二完全小学开展了"健达阳光梦想行动"，实际捐赠体育设施等物资超过400套，让偏远山区孩子感受体育运动所带来的各种快乐。

2012年伦敦奥运会期间，"健达+运动"赞助了一群孩子以"小记者"的身份来到伦敦观赏国际顶级体育赛事，报道赛果，亲身感受奥林匹克精神和体育运动的快乐，并带动身边的同龄人树立健康积极的生活态度。

2012年11月，"健达+运动"联合广州马拉松赛事成功举办首届"健达亲子跑"活动，近300组少儿家庭积极参与了此次活动。年龄在7~12岁之间的参赛小选手们通过与父母的默契配合、互相协作，共同完成了总赛程3000米的迷你马拉松比赛，充分享受了这一和谐、健康、快乐的运动盛事。

2013年10月，"健达+运动"携手北京马拉松赛事举办2013"健达亲子跑"活动，近300个家庭共同协作完成了全程1.4千米的亲子跑，享受亲子运动所带来的欢乐与甜蜜。

2014年4月，由费列罗中国全程支持的首期"中国城市青少年运动与膳食干预项目"正式落实展开。项目以"积极运动"为切入点之一，基于基线调查的结果制定综合干预模式，以提高青少年运动知识水平和自我保健能力，促进其日常健康行为习惯的养成。项目预计直接干预青海省、山东省的12所学校逾1万名学生，间接干预学生、学生家长以及学校教职工近3万人，并计划于2015

年达成：目标学生每天适量运动一小时、周末户外运动、在学校主动运动的行为比例在基线基础上提高10%；目标学生中下学后静坐时间（看电视、玩电脑、玩手机）每天在1小时及以上的比例在基线基础上降低10%。

2014年8月，"中国城市青少年运动与膳食干预项目"第一期基线调查报告发布暨项目实施培训会在西宁举行，会上发布了根据基线调查结果相应制定的第一阶段干预方案以及《青少年膳食和运动指导手册》。同时，项目专家为逾100名科教人员与费列罗员工志愿者提供了20小时的专业健康教育培训，围绕着提升青少年运动的软硬件条件、促进青少年合理运动、运动损伤的预防等课题，进行了深入的学习和探讨，以期更好地将干预方案纳入项目第一干预阶段的日常教学活动中，帮助孩子们摆脱"静态"的生活方式，在规律的体育锻炼中健康成长。此外，为了给孩子们创造好的运动条件，费列罗为项目干预学校制作捐赠了近2000件体育运动器材。

2014年5月，在广东省足球协会主办、费列罗中国全程支持下的2014"健达+运动"广州儿童足球启蒙训练营，在广州为100名7至10岁的广州在校学生提供4期共8学时的训练，教授基本的足球运动技巧及运动中的自我保护技能，并邀请埃里克森进行指导，与11名职业球星同场竞技，感受足球魅力、尽享运动乐趣。

2014年9月至10月，费列罗中国将"健达儿童日"活动重磅升级为长达一个月的2014"健达+运动"上海劳力士大师赛儿童网球训练营活动，吸引逾300名儿童参与，在专业教练的指导下进行内容丰富的基础培训课程。活动亦邀请了中国网球男单一号——吴迪亲临指导，带领孩子们逐一感受硬地、红土网球的多重魅力。

项目评估：

至今，费列罗已成功协助费列罗中国与上海网球协会、上海大师赛、广东省足协、广州马拉松、北京国际马拉松组委会及中国中学生体育协会联合打造了10多场精彩纷呈的青少年运动活动，涉及网球、足球、篮球和跑步等多个运动项目，更邀请到足球前国门区楚良、中网男单一号吴迪、跳水皇后高敏等体坛明星助阵，广受各地孩子与家长的好评。

项目在全国范围内直接辐射逾5000名青少年及家庭，产生数千次电视、平面、网络及社交媒体曝光，成功地在北上广三地的消费者群体中提升了"健达+运动"项目的知名度，令更多人对项目理念有了进一步的了解和认可。

在最近一次"健达+运动"项目——2014"健达+运动"上海劳力士大师

赛儿童网球训练营活动中，费列罗面向社会招募了200个7至12岁的小朋友来参加零基础的专业网球培训课程。根据参与家庭调查问卷显示，53%的家长表示会考虑让孩子将来继续接触网球运动，27%的家长表示非常愿意让孩子接触网球运动。参与活动的家长为孩子在训练营中得到的提升按照程度进行了打分（满分为100分）：培养了对体育运动的兴趣83.68分；感受到了运动的快乐85.79分；培养了乐观开朗的性格78.95分，磨炼了意志品质83.95分。

亲历者说：朱江柳　费列罗中国及北亚区公共事务总监

"健达+运动"并非由通常的慈善目的驱动。我们注重青少年的体育教育，不设任何门槛和具体的界限划分，完全向每一个青少年及其家庭开放，以便让他们积极参与体育锻炼，在快乐和健康的氛围中获得身心成长。

在中国，费列罗旗下的巧克力品牌如"健达缤纷乐"、"健达巧克力"、"健达出奇蛋"等产品虽深入人心，但"健达+运动"项目则是独立于产品运营之外，以践行企业社会责任为目标，通过宣传运动理念、教授运动技能、支持各项体育活动等方式推进青少年体育发展的非营利性项目，并不为广大消费者所了解。此外，众多知名消费品牌已在中国青少年运动领域深耕多年，如何让"健达+运动"脱颖而出显得尤为关键。

为此，自2009年起费列罗与国内多个顶级体育平台紧密合作，针对中国青少年"过于静态"的亚健康生活状态的社会热点问题，策略性地制定"健达+运动"项目在中国的传播信息，提出"运动中的快乐（Joy of Moving）"理念，强调体育运动对于青少年心智健康发展的重要性，倡导孩子们在体验体育运动的激情与魅力的同时，收获健康美好的生活。通过每年在北京、上海、广州与当地顶级赛事平台和政府体育组织合作，结合当地热点体育赛事，为"健达+运动"量身定制零门槛的趣味性青少年体育活动，成功地向城市新闻类、体育类媒体及广大消费者传递了"健达+运动"的项目理念。

案例点评：

随着"创造共享价值"理念的兴起，履行社会责任、争做优秀企业公民成为越来越多著名公司的价值选择。竞争战略之父迈克尔·波特教授认为：传统企业社会责任思维由于割裂了企业利润与满足社会需求之间的关系已经不合时宜。共享价值是新时代企业的本质目的，企业已演变为整个社会生态系统中的重要一环，企业发展与社区发展实现高度融合，因为企业的竞争力与其所处的社区土壤密切相连；而成功的企业也会参与到社会问题的解决中去，在应对社会挑战和实现社会创新的过程中，寻找发展机会，通过扩大经济与社会总价值的方式，来实现社会整体进步。而对于那些长期以来致力于社会责任的企业公民，或许会思考以下几个问题：为什么要开展 CSR 活动？是否还要继续进行下去？该怎样改善 CSR 项目？对此，费列罗中国"健达＋运动"青少年体育推广企业社会责任项目的实践给出了很好的解答，并对新常态下的中国本土企业如何践行社会责任提供了一个值得学习的案例。

"分享理念，创造价值"的企业社会责任观已经深植于费列罗的 DNA 中，并贯彻在费列罗的每个运营环节，尊重消费者及其他利益相关者，真诚对待员工，精心维护公司所运营的环境，为周围的人和社区带来价值是支撑费列罗可持续发展的理念。自 2010 年起，费列罗集团每年在全球发布多语种版的企业社会责任报告，以加强集团的企业社会责任及可持续发展承诺，并向全球公开集团在过去一年中践行企业社会责任活动的每一步。费列罗在全球范围内发起的"健达＋运动"项目除了推崇合理的膳食搭配以及积极的生活方式，更重要的是能够促进人们身心健康的全面发展，塑造开朗自信、坚毅勇敢的意志品质。费列罗认为中国青少年儿童普遍缺乏运动，越来越'宅'的生活现状，有碍于他们的身体成长，更对其精神面貌、性格塑造有着潜移默化的影响。因此，在中国先后举办"健达杯"伦敦奥运小记者大赛、上海网球大师赛"健达球场"、"健达儿童日"等活动，推进体育运动在青少年儿童中的普及。2012 年费列罗中国在四川省甘孜州巴塘县第二完全小学开展"健达阳光梦想行动"，提供体育设施等物资超过 400 套，为偏远山区儿童普及运动知识。此外，费列罗还在全球范围内展开多项营养教育宣传活动。费列罗的着眼点始终在于如何能够真正为人们创造可持续的价值，而不是通过简单的捐钱捐物来做'一次性'慈善家。不论是推动中国青少年身心的健康成长，还是为留守儿童、灾区受害儿童等中国弱势群体提供心理援助，费列罗中国更关注的是传递深层次的人文关怀。费列罗以广泛传播运动和营养的理念，促使更多人加入到健康生活的行列中，实现提高企业竞争力的目的，并通过与广泛关系者分享价值，体现企业的主导价值观，塑造了企业良好的形象，并为企业的可持续发展提供了动力，实现了社会效益。

点评专家：赛来西·阿不都拉
浙江大学城市学院公共关系研究中心主任、副教授

"去渍霸"更名"好爸爸",好爸爸教室全国公益行

执行时间:2014年6月至2014年10月底
企业名称:广州立白企业集团有限公司
品牌名称:好爸爸 Kispa 品牌
获奖情况:2014最具公众影响力企业社会责任奖

项目背景:

去渍霸是立白集团高端洗涤产品品牌,其情感定位一直是在亲子互动、育儿教育上。2013年与湖南卫视《爸爸去哪儿》节目合作后,通过消费者研究洞察到,目前国内家庭教育中,爸爸因出差、工作忙等各种理由缺位于家庭教育。为了能够更好地承担社会责任、从情感深处与消费者沟通,2014年集团决定将去渍霸更名为好爸爸,用品牌来号召爸爸们能够抽出适当的时间陪伴孩子度过无忧无虑的童年,通过好爸爸教室这个平台,与中科院进行《家庭教育中爸爸角色的重要性研究》合作,为消费者输出正确的教育指引。并创新研发出好爸爸洗衣露新品,不仅不伤害衣服、无化学残留,更对皮肤有保护作用。

(1)社会背景:去年,去渍霸品牌赞助了第一季的《爸爸去哪儿》,发现"爸爸角色缺失"是一个非常普遍的社会问题。经过近半年的深入调研,项目组发现家庭教育中"爸爸角色缺失,孩子缺乏高质量亲子陪伴"成为一个越来越严重的问题,也是目标受众普遍关注的社会问题。

(2)企业责任:健康幸福每一家是立白集团一贯的宗旨,为呼吁爸爸们关注并陪伴孩子成长,并通过品牌的力量,借助与全国妇联中国妇女发展基金会和中国科学院心理所行为生物学研究室的合作,在全社会范围内倡导和建立"好爸爸"的文化和氛围,让爸爸们都懂得陪伴孩子的快乐成长,特此品牌策划并开展

了一系列"好爸爸教室全国公益行"项目，倡导由爸爸参与高质量亲子陪伴。

项目策划：
（1）项目目标：快速向目标消费群体传递"去渍霸"更名"好爸爸"的信息，提高好爸爸品牌知名度和好感度，树立好爸爸提倡"高质量亲子陪伴"的品牌印象。
（2）目标受众：25～35岁的城市中高收入且极为重视孩子教育的现代女性。
（3）传播策略。

制造公关爆点。2014年，南都一则"租爹广告"引爆了"去渍霸更名好爸爸"事件，集团旗下"好爸爸"品牌洞察到中国社会爸爸的责任现状，于是联合中国科学院心理所行为生物学研究室开展关于"爸爸"的课题研究，讨论爸爸在家庭教育中的重要性。"好爸爸"则将其转化成消费者容易接受的语言，通过科普化的公益形式与消费者进行情感上的交流，拉近与消费者的距离。

独特的传播定位。打造"好爸爸教室全国公益行"项目，统领整个更名项目的传播，将"普通受众不感兴趣的品牌战略事件"转化为"目标受众关注的社会议题"。话题锁定"爸爸亲子陪伴"，从常规的"家庭亲子"、"妈妈陪伴"角度中脱颖而出。

顺应社会关注。整个项目在根本立意上借助公众对"爸爸角色缺失"的关注，顺应社会心理需求，具有天然的话题性；在传播的初期阶段，借助《爸爸去哪儿2》的热播和明星粉丝讨论的热度，策划一系列好爸爸教室活动，在目标受众群体中打响传播的第一炮。

借助典型力量。联合全国妇联指导、中国妇女发展基金会主办，在全国各地开展好爸爸教室讲座，将品牌信息及理念直接传递至目标受众；联合中国科学院心理所行为生物学研究室深入全国幼儿园进行调研，获取强有力的公关背书，并为社会话题传播提供丰富的素材；同时借助品牌代言人黄磊、《爸爸去哪儿》"村长"李锐、中国好爸爸代表王人平分别担任好爸爸教室大使、课代表和特聘老师，分享各自的"好爸爸经"，借助名人的话题效应扩大项目影响力。

项目执行：

2014年6月初，启动"好爸爸教室全国公益行"项目：借势"租爸广告"事件，进行"我要租个好爸爸"的话题传播，在社交媒体上讨论爸爸角色缺失的社会问题，引起广泛妈妈群体的关注。6月27日，品牌正式宣布更名并启动"好爸爸教室全国公益行"，在社交媒体上以"好爸爸回来了"的话题进行传播，初步收获受众对品牌更名的认知和认可。发布会当天邀请时下热播节目《爸爸去哪儿》中村长李锐出席活动并担任主持，宣布节目嘉宾黄磊担任好爸爸教室公益行大使，获得大众媒体和亲子类受众的关注。

同年7月开展在线课堂进行爸爸陪伴方式的推广：借助《爸爸去哪儿2》的热播和关注度，在好爸爸教室官网进行一系列亲子妙招、好爸爸类型评选等互动和话题讨论，"五种好爸爸类型"引起《爸爸去哪儿2》粉丝的广泛热议，品牌信息得到迅速扩散。

同年8~9月开展"家庭中父亲角色的重要性"课题研究及"好爸爸教室讲座"：通过调查举证、定点实验等方式开展，并以试点方式在北京、上海、广州、成都、石家庄五个城市20所幼儿园，通过发放调研问卷以及面对面调研，走到1500名3至6岁的儿童及父亲身边，从孩子和父亲两个角度分别进行一对一的深度调查，了解中国家庭中父亲角色的现状，并通过大量的调研数据，考察不同地域爸爸的不同表现和特点，取得了阶段性的成果；同期，深入全国幼儿园，精准面向目标受众开展爸爸讲座，"清一色的爸爸家长会"成为媒体报道和社交平台热议的焦点。

同年10月好爸爸教室调研阶段性结果公布：在北京召开由300名爸爸同时出席的"大型爸爸家长会"，邀请中国好爸爸代表王人平担任特聘讲师，与爸爸们讨论"亲子之道"，将"爸爸家长会"的讲座方式推向高潮。10月下旬公布调研阶段性成果：中国爸爸不仅存在陪伴时间少的问题，还存在陪伴方式不当的现象，而爸爸的错误陪伴对孩子也有不良影响。同时根据调研过程中孩子们所提出"对爸爸的希望"，好爸爸教室总结出好爸爸八大标准，在全国范围启动"国民好爸爸标准"投票活动。调研报告发布当天，"中国式爸爸"、"娃坑爹还是爹坑娃"成为媒体热议话题。

项目评估：

"好爸爸教室全国公益行"以调研和讲座的方式走进全国20所幼儿园，直接影响1500名精准受众，所覆盖的家长和孩子对好爸爸品牌及好爸爸教室的认知度和好感度都迅速提升，好爸爸所倡导的"高质量亲子陪伴"深入身心。

调研项目取得初步成果。通过大量的调研数据，考察不同地域爸爸的不同表现和特点，目前调研已经取得了阶段性的成果，整体来看，中国爸爸普遍存在"陪伴少"和"不会陪"的问题，为下一步输出好爸爸胜任力模型及相关科普教育打下基础。

截至2014年9月份，该项目获得近50家媒体的权威报道，300多家网站转载扩散。在社交媒体上，好爸爸教室发布的观点和调研成果也多次成为网友热议的话题，荣登24小时微博热门排行榜，甚至一度赶超世界杯；央视主持人、知名媒体人、众多媒体账号主动转发。

好爸爸品牌此次公益项目同样受到营销专业人士的诸多关注，品牌策略、营销方式被多个营销类媒体讨论、报道。

亲历者说：王冬　立白集团媒介传播部总监

2013年《爸爸去哪儿》节目热播，让很多人开始意识到"爸爸陪伴"是个社会问题。受其启发，我们也展开了消费者家庭调研，发现中国家庭中爸爸角色缺失的确越来越严重。为了呼吁爸爸们关注并陪伴孩子成长，立白集团决定将"去渍霸"更名为"好爸爸"，希望通过品牌的力量，通过与第三方公益机构的合作，通过一点一滴的努力，在全社会范围内倡导和建立"好爸爸"的文化和氛围，让爸爸们都懂得陪伴孩子的快乐成长。有感于此，我们还推出洗衣露这一新品类，并且将旗下全线产品都进行了升级，继续传达"天然无化学残留"的产品理念，最终通过一系列公关事件，实现品牌理念与产品利益的核心价值链接和信息传递。

在具体执行过程中，我们始终力求在专业研究和公益传播中找到平衡。此次好爸爸与妇联、中科院的合作调研是中国首个"家庭中父亲角色的重要性"的研究，调研过程非常严谨。为了让学术性的语言能被公众所理解并进一步接受，我们把这些发现包装成社会性的话题，在社交媒体上讨论。当我们回顾整个项目时发现，此次成功基本可以归因于"天时地利人和"：首先我们借势，借助公众对"爸爸陪伴"话题的关注度；其次借机，再次借助了《爸爸去哪儿2》热播的时机；与此同时我们还借力，联合各方的力量一起推动好爸爸教室公益行的项目。

案例点评：

　　企业传播借助公益和社会责任的正能量，用一个关键词"好爸爸"作为系列公关活动的引爆点，通过电视、社交媒体、公益活动、消费者亲情活动等方式进行传播，精准定位目标公众，既唤起消费者对家庭责任的感知和重视，也提高了品牌与消费者家庭的关联程度。这种能将企业品牌与社会关注现象结合的传播具备较高的传播辐射度，易于被传播媒介正面报道，易于被消费者认知，在传播企业品牌的同时也体现了企业对社会责任的承担，淡化了宣传营销的意味，增加了公关传播中的正能量。

点评专家：张宁
中山大学传播与设计学院教授、副院长、公共传播学系主任

霍尼韦尔理工科教育促进计划

执行时间：2007年至今
企业名称：霍尼韦尔（中国）有限公司
品牌名称：霍尼韦尔（中国）有限公司
获奖情况：2014最具公众影响力企业社会责任奖

项目背景：

随着中国产业结构调整，特别是制造业的转型升级，技能型和工程型人才日益成为企业和经济发展的重要支柱，整个社会对STEM（以下称"理工科"）教育和人才的需求规模不断扩大，层次不断提升。STEM代表科学（Science）、技术（Technology）、工程（Engineering）和数学（Mathematics），是企业和经济发展的重要支柱，而理工科人才的培养更对中国进一步推进新型工业化、逐步成为制造业强国至关重要。

作为一家以科技和创新为本的全球化、多元化的先进制造企业，霍尼韦尔于2003年开始实施"霍尼韦尔家园建设计划（Honeywell Hometown Solutions）"这一独特的全球公益项目，其中促进理工科教育的发展和推动技术工程人才的培养是该公益项目的五大旗舰领域之一，更是公司在中国实践企业社会责任的重点。

霍尼韦尔理工科教育促进计划在中国通过"卓越科学与工程计划"、"创新者奖学金计划"、"太空学院教师培训计划"、"知识在线远程教育"、"全球中学生车模设计挑战赛"和"科学走进社区"等一系列项目，全面覆盖学校、社区、教师、学生、家长，帮助积极引导、推动和培养中国新一代的工程师和科学家。

项目调研：

霍尼韦尔家园建设计划为促进理工科教育而设计的项目很多都已经运作了10年，项目本身从设计到执行以及后续的反馈收集和项目改进都已经进入到稳定和成熟的阶段。针对中国的理工科教育现状以及中国对理工科人才的需求的不断增长，霍尼韦尔将很多理工科教育促进项目引入中国，同时也根据新增的覆盖人群设计了符合中国需求的本土项目。

霍尼韦尔理工科教育促进项目基于覆盖人群的不同，重点各有偏侧，均以培养学生们对科学和数学的兴趣为出发点。

以"卓越科学与工程计划"为例。霍尼韦尔每年邀请一两位诺贝尔物理学和化学奖得主访问中国，与中国大学师生分享个人学习、科研和工作的经历及相关研究成果。该项目专注于自然科学与数学教育领域的发展，旨在创立一个独特的崭新学术平台——不仅为高校学生和教师提供了与诺贝尔获奖者直接交流的机会，更为他们在科学研究的路上点起了一盏明灯，激励他们追求并坚持科学研究的梦想，不放弃，努力成为未来的创新人才。

在四川地震之后，霍尼韦尔在四川震灾区域重建了两所小学。为受灾的学生和老师们提供了崭新、安全和先进的学习环境。除了硬件的教育配套，更是推出了"知识在线远程教育"这一项目。针对偏远地区教育资源有限和单一的困境，霍尼韦尔为学校配备了机房和网线，由霍尼韦尔中国的工程师志愿者们，固定每月抽出一定的时间，远程通过网络为学校的孩子们上课。课程内容以科学教育为主，旨在开拓学生的眼界，培养他们对科学的兴趣。

项目策划：

（1）目标：促进中国理工科教育的提升、加大理工科人才的培养力度。

（2）策略：通过霍尼韦尔理工科教育促进计划的不同项目，全面覆盖有特定需求的小学、初高中和大学学生及教师人群，开拓师生眼界、培养学生对科学学习的兴趣、教授教师创新的教学方法，从传授和接受两个维度促进中国的理工科教育发展。

（3）目标公众：霍尼韦尔援建小学的师生、全国初高中理科教师、合作高校师生。

（4）主要信息：作为全球领先的科技公司，霍尼韦尔一直致力于理工科教育及技术应用人才的培养。促进理工科教育是"霍尼韦尔家园建设计划"（Honeywell Hometown Solutions）这一践行企业社会责任的五大旗舰领域之一。在中国,霍尼韦尔理工科教育促进计划通过推进"卓越科学与工程计划"、"创新者奖学金计划"、"太空学院教师培训计划"、"知识在线远程教育"及"全球中学生车模设计挑战赛"等一系列项目,激励并培养新一代创新人才和科学家。

(5)传播策略:对外邀请媒体参与体验相关项目,并定期组织项目新闻通气会,并通过媒体活动、新闻稿、项目网站、社交媒体、意见领袖活动等多种形式和平台进行整合传播。对内则向霍尼韦尔中国全体员工积极宣传项目,招募志愿者并定期反馈项目情况。

项目执行:

迄今,霍尼韦尔已经十次携手诺贝尔奖获得者走进北京航空航天大学、上海交通大学、西北工业大学等中国知名高校,与师生进行近距离沟通交流,启迪学子的科学探索精神和创新意识。

霍尼韦尔坚信创新型的理工科人才是企业发展的重要支柱,为此公司启动了"创新者奖学金计划"。这是用于培育下一代科学和工程技术创新者的专项奖学金基金,针对中国各大高校里正在攻读航空航天工程、化工工程、计算机工程、电子和通信、电气工程、仪器仪表和机械工程专业学士学位、硕士学位或特定博士学位的最后一学年的学生。每一位入选的创新者都可获得在霍尼韦尔实习的机会和2万元人民币的奖励。

"霍尼韦尔太空学院教师培训计划"由霍尼韦尔和美国太空及火箭中心联合发起,每年邀请来自全球的中学教师们赴美接受为期五天的宇航模拟实战训练。此训练与全球数学和科学教育的标准密切结合,具体活动包括:高性能喷气式飞机模拟训练、太空场景训练任务、陆海生存训练和交互式飞机动力学项目。该计划旨在帮助教师们开拓视野,学习如何引导学生们对科学和探索产生兴趣的方法和技巧,提高数学与科学科目的授课水平,最终推动和促进数学与科学教育,培育出更多的科学家和科研工作人员。

2008年四川地震,霍尼韦尔积极参与灾后重建。霍尼韦尔联合小学于2009年5月在安县秀水镇落成,霍尼韦尔保和小学于2010年9月在中江县保和村落成,为11个村庄550余名学生创造了安全、舒心的学习环境。自2013年起,霍

尼韦尔在这两所援建小学成功启动了霍尼韦尔"知识在线远程教育"项目。该项目旨在利用网络视频会议，为地震灾区的孩子们提供与世界一流的工程师和科学家们直接沟通交流的宝贵机会。来自霍尼韦尔中国研发中心的工程师们会定期为不同年级的学生备课并上课，课程内容涵盖数学、物理、化学、英语、安全与安防等学科领域，每年有近百名来自两所小学的学生参与该项目并从中获益。这一项目未来还计划进一步拓展至霍尼韦尔公司对口援助的其他偏远地区的学校。

"全球中学生车模设计挑战赛"由霍尼韦尔与国际汽车工程师学会联合举办，是一项为年龄在11至14岁的中学生量身定制的竞赛项目，它旨在通过生动的教学方式来激发学生对数学和科学的兴趣，以及对工程和技术类职业的探索。

霍尼韦尔在华主要业务部门长期以来都致力于为公司所在社区做贡献，尤其是支持本地理工科教育的发展。通过"科学走进社区"活动，一大批霍尼韦尔的员工志愿者们走进当地社区，帮助当地基础教育的发展。

项目评估：

"卓越科学与工程计划"让高校师生得以与诺贝尔化学奖和物理学奖获得者面对面互动，聆听精彩演讲；与霍尼韦尔顶尖的科学和工程领导者接触，了解霍尼韦尔的科学和工程项目；参观霍尼韦尔巡回科技展，了解霍尼韦尔产品和动议，得到合作高校师生的热烈支持和积极反馈。项目每次执行都会收到数以百计的媒体报道，包括新华社、人民日报、解放日报等主流媒体和活动当地电视台的报道。

"创新者奖学金计划"在合作的院校里受到了覆盖院系学生的积极申报。每年都有受益学生申请实习生职位，并有不少学生于实习期满后进入霍尼韦尔工作。

2014年是"太空学院教师培训计划"十周年，全球已有2100多名中学教师参与，包括来自中国的30多名教师。该项目也已让全球200多万名学生从中获益。

每年有近百名来自两所小学的学生参与"知识在线远程教育"项目，并从中获益。这一项目未来还计划进一步拓展至霍尼韦尔公司对口援助的其他偏远地区的学校。

"全球中学生车模设计挑战赛"已连续成功举办6届。每年都能吸引来自不同国家的参赛选手。选手们有机会与霍尼韦尔的工程师志愿者们一同开发和演示既满足性能标准又迎合市场需求的车模型。整个过程中，学生们可以向霍尼韦尔工程师咨询，学习如何将数学、科学、技术、社会研究和语言等理论知识运用于实践层面。2014年，作为霍尼韦尔交通系统部的社区合作伙伴，上海张江实验中学在第六届全球中学生车模设计挑战赛中脱颖而出，获得冠军。

亲历者说：卢荣　霍尼韦尔亚洲高增长地区副总裁

理工科人才的培养对于中国推进转型升级和新型工业化，并逐步成为制造业强国至关重要，需要政府、教育部门和企业携手努力。作为一家高科技的先进制造企业，我们一直致力于在中国支持和推动科学、技术、工程和数学教育。真切地希望通过"卓越科学与工程计划"、"创新者奖学金计划"、"太空学院教师培训计划"及"知识在线远程教育"等一系列创新的企业社会责任项目，帮助中国高校的师生坚定对科学研究的信仰和追求，同时也帮助中国的中学教师们接触到更多、更独特的科学教育的知识和方法，引导更多的中国学生快乐、科学地学习，不把理工科的学习等同于"枯燥"和"乏味"的学习，同时更不能忘记中西部那些落后地区的师生们，我们希望能尽我们最大的力量，培养他们科学学习的兴趣，及早地了解科学、爱好科学，也鼓励教师们不单纯为了教育而教育。

这些年来，通过霍尼韦尔理工科教育促进计划相关项目的持续开展，我们欣喜地看到项目惠及了越来越多的中国师生，也对未来项目的稳定发展有了更坚定的信心。希望借由我们的这些创新项目，能为中国的理工科教育发展贡献自己的一份力量。

案例点评：

这是一个社会型公共关系系列活动。作为一个来自美国的跨国公司，虽然不是直接面对消费者，但是需要得到东道国（中国）的相关公众的认知和了解。作为一个"社会公民"，霍尼韦尔公司在从履行社会责任方面获得中国公众的关注。

目标明确。本案例的目标是"促进中国理工科教育的提升、加大理工科人才的培养力度"。"教育"、"公益"这两个关键词是霍尼韦尔这一系列活动的核心。目标公众也非常明确，霍尼韦尔在华援建的小学师生、全国初高中理科教师、合作高校师生。主题与目标和霍尼韦尔品牌特性关联度高，易于产生"高科技"理工的联想。

一系列活动由线至面覆盖广。围绕传播目标，"卓越科学与工程计划"、"创新者奖学金计划"、"太空学院教师培训计划"、"知识在线远程教育"、"全球中学生车模设计挑战赛"和"科学走进社区"等一系列项目，从基础教育到高等教育，从学生到教师、家长，从学校到社区全覆盖，既使学生、教师有机会接触到更为高端、新锐的知识和优秀的科研工作站、科学家，也丰富了社区文化生活。

吸引力大，可行性强。霍尼韦尔公司拥有着世界一流的先进设备和一流的人才，并且与美国太空及火箭中心、国际汽车工程师学会、诺贝尔奖得主等专业组织、杰出个人保持着良好的关系，不仅保证了活动的质量和权威性，也提升了其吸引力和参与度，获得新媒体和传统媒体的大量报道。

通过一系列活动，为中国理工人才培养做出贡献的同时，霍尼韦尔不仅增加了品牌认知度、美誉度，增进了和谐的社区关系，还增进了学生们对于霍尼韦尔公司的认识，具有塑造"雇主品牌"的作用。

点评专家：张景云

北京工商大学商学院教授

日产筑梦课堂

执行时间：2010 启动至今
企业名称：日产（中国）投资有限公司
品牌名称：日产
获奖情况：2014 最具公众影响力企业社会责任奖

项目背景：

近年来，农民工子女的教育问题已成为社会热点话题，越来越被社会各界所关注。2010 年，日产（中国）投资有限公司在北京蒲公英中学正式启动了"爱之行，享未来——日产（中国）农民工子女关爱行动"，旨在帮助改善农民工子女的教学环境，并为孩子们提供物质层面和精神层面的支持和帮助。之后的两年中，日产（中国）相继对北京、上海和广州的三所农民工子女学校进行了捐助。在此基础之上，2013 年 11 月 6 日，由日产（中国）投资有限公司及其在华合资企业东风日产乘用车公司、郑州日产汽车有限公司，与中国道路交通安全协会、中国扶贫基金会联合建立了日产"筑梦课堂"这一平台，将关爱对象扩大到贫困地区儿童。

"筑梦课堂"是日产汽车给孩子们提供一个构筑梦想的平台。

（1）为农民工子女学校提供教学设备、设施支持，并开展志愿者支教和爱心活动，在帮助其改善教育环境的同时，还带给学生们丰富的课外知识，开拓了他们的眼界。

（2）为贫困地区学校建立筑梦课堂课外活动中心，并配备了教学设施及文体用品等，还针对学生们的年龄特点，专门编制了系列教材，并设置了一系列课程，诸如，防灾安全教育、认知能力的培养、拓展课程以及社会情感的培养等，

在培养学生们兴趣爱好的同时，为孩子们提供多方面的支持与帮助，引导他们拥有对未来的梦想，并能够自信、从容地实现梦想。截至2014年9月，日产集团已经在全国11所学校建立了"筑梦课堂"课外活动中心。此外，日产蜚声海外的公益课程——日产制造教室也在北京、上海、湖北、四川等地的多所小学开课，旨在帮助同学们了解汽车的构造和制造过程的时间，学习到在工作或学习中，通过改善方法及通力合作，可以有效地提升效率、节省时间。

未来，"筑梦课堂"将在全国范围内开展，帮助更多贫困儿童发现梦想、实现自我。

项目调研：

目前中国贫困儿童群体的规模在710万左右，而不少贫困儿童仍被排斥在救助范围之外，部分贫困儿童的生活依然比较困难，贫困儿童救助政策不平衡，贫困儿童的家庭养护仍未引起足够的重视。这些孩子如果想改变命运，希望就寄托在教育上。

因此，日产（中国）为孩子们提供一个构筑梦想的平台，截至2014年9月，日产集团已经在全国11所学校建立了"筑梦课堂"课外活动中心。为学生们配备了教学设施及文体用品等，还针对学生们的年龄特点，专门编制了系列教材，并设置了一系列课程，今年，日产还将蜚声海外的公益课程——日产制造教室引入中国，并在北京、上海、湖北、四川等地的多所小学开课，学习到在工作或学习中，通过改善方法及通力合作，可以有效地提升效率、节省时间。

日产（中国）希望帮助更多的孩子开拓眼界，引导他们拥有自己的梦想，并能够自信、从容地实现梦想。未来，"筑梦课堂"还将在全国范围内开展，让更多贫困儿童发现梦想、实现自我。

项目策划：

（1）项目目标：

• 通过企业社会责任活动，为贫困儿童提供物质和精神层面的支持。

- 借助活动，呼吁更多的爱心人士关注及帮助改善贫困儿童的教育状况。
- 通过持续的企业社会责任项目，提升企业形象，塑造良好的企业公民形象。

（2）传播策略：
- 配合活动开展线上传播，借助微博、微信、网络即时报道等形式，在全国范围内进行传播。
- 在影响力较大的媒体上，进行活动的深度报道，提升活动知晓度，扩大活动影响力。
- 活动后制作"筑梦课堂"视频，利用视频网站、微信公众平台进行传播。

（3）媒体选择：
- 平面媒体：全国和重点区域主流综合类、公益类、教育类、社会类媒体。
- 网络媒体：门户网站、企业官方网站、论坛。
- 新媒体：微博、微信。
- 电视媒体：全国和区域主流媒体。

项目执行：

（1）实施细节。

2010年日产（中国）投资有限公司在北京蒲公英中学正式启动了"爱之行，享未来——日产（中国）农民工子女关爱行动"。之后的两年中，日产（中国）相继对北京、上海和广州的三所农民工子女学校进行了捐助，旨在帮助改善教学环境，并为孩子们提供物质层面和精神层面的支持和帮助，让他们形成自信、乐观、求真的生活态度。

2013年11月6日，由日产（中国）投资有限公司及其在华合资企业东风日产乘用车公司、郑州日产汽车有限公司，与中国道路交通安全协会、中国扶贫基金会鼎力合作，联合举办的日产汽车"筑梦课堂"在京举行了启动仪式。

2013年12月9日，日产"筑梦课堂"活动走进了四川省雅安市汉源县。在雅安市和汉源县政府及有关部门的大力支持下，于当地7所学校建立的课外活动中心也正式启用。日产集团还为日

产援建的大田乡向阳小学的学生举办了安全驾驶体验活动,通过拟真互动体验、安全知识问答游戏等寓教于乐的形式,为学生们普及交通安全知识,以提高他们的交通安全意识。

2014年4月30日,日产制造教室引入中国,先后为北京、上海、湖北、四川的小学生们呈现了一场妙趣横生的造车体验课程,令孩子们在初步了解造车过程之余,通过视、听、触等多重感官接触收获无限乐趣。旨在帮助同学们深入体味,在工作或学习中,通过改善方法及通力合作,可以有效地提升效率、节省时间。

2014年,在四川崇州的4所学校建立了筑梦课堂,为当地孩子们提供了一个构筑梦想的平台,丰富知识、开阔视野,让孩子们更接近自己的梦想,为他们开启新的未来。

(2) 官方网站。

在"筑梦课堂"各项活动如火如荼开展的同时,日产中国官网"筑梦课堂"的相关页面也在有条不紊地搭建。自2013年11月份推广以来,官网上关于"筑梦课堂"和"制造教室"的页面和各新闻稿件的总浏览量达到567902次,独立访客浏览量达170801人次。

(3) 微博平台。

自日产"筑梦课堂"项目启动以来,日产各自媒体平台在配合活动深入开展的同时,也在不遗余力地进行推广。其中,以新浪微博为主要发力平台,日产中国发起的"筑梦课堂益起来"和"日产汽车——爱之行"的话题内容,以极具感染力和震撼力的内容,结合现场直播、采访、视频等丰富形式进行传播。与此同时,也与网友进行积极互动,使得筑梦课堂项目在新媒体上产生较为广泛的影响力。

(4) 控制与管理。

与慈善机构合作,确保物尽其用。通过与中国扶贫基金会合作,对项目进行更加专业的管控。在第三方机构与大众的监督下,确保专款专用、物尽其用。

通过官网、官微直播活动,营造监督平台。日产(中国)官网、官微,实时发布活动信息,开放留言板,接受广大网友的监督与反馈,并与热心网友展开互动,积极采纳意见和建议,努力让活动做得更好。

项目评估:

(1) 效果综述。

日产"筑梦课堂"旗下的"日产(中国)农民工子女关爱行动"自2010年

项目启动以来，旨在改进该群体的教育环境。2013年"筑梦课堂"启动后，又通过为贫困儿童建立课外活动中心、捐助文体用具、普及交通安全知识等活动，为孩子们提供多方面的支持与帮助。此外，2014年日产蜚声海外的公益课程——日产制造教室在北京、上海、湖北、四川等地的多所小学开课，旨在帮助同学们了解汽车的构造和制造过程的时间，学习到在工作或学习中，通过改善方法及通力合作，可以有效地提升效率、节省时间。

相关活动均得到了众多媒体的认可，网络、报纸、电视台等媒体对活动进行报道，得到了较好的传播效果，活动也得到了业内同仁的认可和肯定，奠定了一定的行业知名度。越来越多的人知道并参与其中，活动很好地传达了日产品牌在中国的企业社会责任。

（2）媒体反馈。

《新闻晚报》记者：目前很多企业都在关注未成年人的安全教育，但日产更多的是关注贫困地区孩子的安全教育，他们更需要也更缺乏这样的帮助，这可以让他们更加安全地成长。

《经济观察报》记者：日产汽车制造教室对孩子很有意义。不仅培养了他们对汽车及对工程学的兴趣，更让孩子们体会到协作的力量，学习到有效的合作可以提高工作效率，从而事半功倍。树立团队协作精神为孩子将来走入社会做好准备，这也是中国孩子所欠缺的。

《南方都市报》记者：现在做公益的厂家很多，但大多是捐钱、捐车，真正从受益者角度考虑的厂家很少。日产汽车能从孩子的实际需求出发，特别是制造教室，印象深刻，给予孩子很好的启蒙教育，简单一堂课，可以给孩子带来更多的可能。

（3）线上微博参与度。

筑梦课堂益起来和日产汽车——爱之行话题标签下承载总计101条微博内容，总计曝光量达到1075687次，转发量达到5882次，评论1244次，互动情况在质与量上都呈现较高水平。

同时，对于筑梦课堂相关的项目也开展了相关的直播和二次传播，并与网友积极互动，产生了良好的影响。一些颇具影响力的媒体，也自发对我们的报道进行相关的转发，进而扩大传播范围，让更多人了解日产筑梦课堂的公益项目，树立了日产作为一个负责任的社会公民的良好企业形象。

亲历者说：黄爱辉（Amy） 日产（中国）投资有限公司传播管理总部经理

2013年当雅安地震发生后，日产汽车公司及日产（中国）投资有限公司第一时间通过中国扶贫基金会捐助300万元，用于灾区校园重建、教学恢复救助等，向阳小学便是日产救助对象之一。日产（中国）希望不仅仅只是为孩子们提供一个教室，更希望能为孩子们铸造一个梦想。为此，今年日产（中国）将日产制造教室带到了四川，带到了向阳小学。通过手工和游戏向学生介绍汽车制造知识，同时提高学生们的团队意识。Amy说："这里的孩子很少有机会接触到这种教学形式，所以他们对我们的活动感觉很新鲜也很喜欢。我们相处得很愉快，在玩的同时还能学到东西。"

未来，"筑梦课堂"会陆续在全国范围内开展，日产将继续为孩子们的梦想而努力，帮助更多的贫困儿童发现梦想，实现自我。同时也希望每个孩子在遇到困难时能够坚守自己的梦想，因为只有坚守才会成功。

案例点评：

企业社会责任和关注农村贫困儿童是经常可能被放到一起的两个词，很多企业也在不断地进行创新的尝试，但是怎样让它们之间发生化学反应并不容易，如何将企业的社会责任理念落地、可感可知并不容易，而促使项目对企业品牌持续性塑造更不容易。日产这个案例给我印象最深刻的部分在两点。

第一，在项目的内容设计上，不是满足于按照常规给予这些受教育不够的孩子们更多的知识补偿，而是精心为他们提供专属的服务，比如会专门设计教材，同时结合自己的专业特长，为孩子们提供触摸未来的体验——日产制造教室，而且让他们在合作中共同筑梦，这恰恰是日本文化中追求细致以及对项目用心的体现。

第二，日产项目在传播环节仍然在使用门户网站、企业官方网站、论坛这些看似不太时髦的网络媒体，但作为自有媒体的传播作用没有旁落，同时也实现了多媒体传播并存产生立体效果的局面。这是特别提倡的一点，即对于媒体的应用不应局限于或首先考虑是否为新，而是关注如何实现既定传播目标的达成。

点评专家：李志军
中央财经大学文化与传媒学院党总支副书记

新思想，进无止境——长安福特2014（第九届）高校汽车联盟校园行

执行时间： 2014年7月至2014年12月
企业名称： 长安福特汽车有限公司
品牌名称： 福特
获奖情况： 2014最具公众影响力企业社会责任奖

项目背景：

由长安福特汽车有限公司、汽车族杂志社、中国高校汽车联盟共同主办的"长安福特杯——中国高校汽车辩论赛"自2006年创办以来已经成功举办了数届。长安福特通过此活动，向全国大学生推广汽车文化、汽车社会责任、安全驾驶的交通意识，履行了企业的社会责任，同时在全国高校大学生群体中扩大了企业的品牌影响力。

长安福特作为一个具有强烈社会责任感的企业，长期以来不仅在汽车技术发展与改进人类汽车生活方面发挥作用，同样持续担当汽车安全节能驾驶、环境保护、汽车人才培养等方面的责任。长安福特2014（第九届）高校汽车联盟校园行即是一个旨在在青年群体中推广汽车文化、强化安全节能驾驶意识及技巧、发现并培养人才的综合性公益项目。项目包含高校汽车辩论赛、长安福特安全驾驶训练营（DSFL）、汽车嘉年华三个线下项目，以及围绕三个主体项目展开系列网上互动推广项目。项目涵盖东北、华北、华东、华南、华中、西南六大区域，设计包括清华大学、北京大学、复旦大学、同济大学、哈尔滨工业大学、武汉大学等20所"211"院校。

本案面临三大难题：第一，如何将长安福特的品牌文化、社会责任与青年群体的关注点相结合，形成品牌效应与社会效应的统一；第二，如何综合运用线下活动与线上传播形式，来适应青年群体的接受习惯，提升执行效果；第三，项目本身涉及院校较多，客观条件比较复杂，如何协调活动各相关方，保障活动的顺利开展形成对公关公司统筹与执行能力的挑战。

项目调研：

项目调研分内部调研和外部调研两部分，最终确认该项目的可行性。

（1）内部调研。重点针对长安福特相关资源支持情况展开，对企业高层项目执行意愿、人员支持情况、资金支持情况、汽车安全驾驶训练讲师资源、安全驾驶训练营及汽车嘉年华用车准备、高层领导近期活动参与可行性等情况进行调查研究。长安福特对该项目格外重视，并希望能将该项目做成长安福特社会责任品牌项目，形成对全社会的有益影响，同时在人力上可将长安福特安全节能驾驶训练营讲师及车辆资源调入校园行活动。公司总裁可参与启动仪式、收官仪式并发表讲话，企业另有高层可参与全程性站点活动。

（2）外部调研。外部调研分校方、媒体方和第三方支持三个方面。通过调研了解到活动涉及的20所高校从学校官方到学生会组织、学生个体都有积极参与的意愿，在调研中还特别对希望参与的内容及方式做了调研，为后续有效执行做准备；媒体调研部分，选择本次活动涉及的大众媒体和汽车行业媒体展开，媒体对活动的社会公益性、新闻传播性进行评估后，认为在学生中推动安全节能驾驶意识和技巧极具有前瞻眼光的；同时，活动对第三方支持情况做了调查，并在后续执行中引入了汽车族杂志作为活动的资源提供方，该杂志长期致力于高校汽车文化的推广，可以提升活动执行的效率。

项目策划：

（1）项目目标。

- 汽车文化传递：促进汽车文化在校园中的推广，特别是激发青年人对汽车与环境、汽车与社会、汽车安全、汽车未来趋势等行业热点话题的讨论，以提高认识和激发兴趣。

• 安全节能推广：增强绿色安全主题推广，提升青年群体节能安全驾驶的意识与技巧，为建设更和谐的汽车交通环境做出贡献；

• 人才发现与培养：激发学生对汽车的兴趣，发现人才并跟进后续的培养计划。

• 企业品牌提升：增强长安福特在学生群体中的影响力和品牌高感度，为长安福特积累未来主流消费市场认同。

（2）项目策略：以人为本，建立品牌格局。

人是项目的核心，该项目通过关注人的理想、情感、立场、价值判断、实际需求来建立对长安福特的价值认同和情感共鸣。以此为指导，活动设立以价值沟通为重点的"高校汽车辩论赛"项目；以实际需求为导向的"安全节能驾驶训练营"项目；以调动情感与品牌认同为目标的"汽车嘉年华"项目。

（3）目标公众。

第一层级是以高校学生为核心的青年群体。

第二层级是社会公众及长安福特经销商群体。

（4）传播策略：高举低打，虚实并进。

高举：以战略视角对项目进行统筹规划。从社会层面看，该项目承载未来建设更和谐汽车社会的使命，同时以人才培养为中国汽车业持续发展奠定基础。从企业层面看，该项目是企业未来消费者影响工程，关乎企业未来持续竞争力。

低打：放低身段，贴近目标群体兴趣点和接受习惯。在活动环节设置上、传播内容方面，更多考虑青年群体的接受习惯，活动增强参与性、传播增强社会化媒体应用、传播形式更多借助病毒视频、漫画，提升传播效果。

虚实并进：在加强将企业实力、安全节能技巧等硬性内容传播的同时，注重企业"进无止境"的品牌理念与青年人梦想对接，长安福特建设"更美好的社会"的企业目标与青年人对未来责任对接，建立价值认同和情感共鸣。

（5）主要信息。

传递汽车文化，履行社会责任。

提升安全意识，传播安全知识。

推动活动创新，丰富体验平台。

（6）媒介选择：兼顾广度、高度和深度的大纵深传播。

广度：大范围媒体邀请和扩展报道来增强活动的影响面。

高度：选择少部分有行业影响力和社会影响力的领袖媒体，做深入的公益价

值解读。

深度：特别利用新媒体来强化线上与线下联动，增强媒体和受众的参与积极性，实现良好的传播体验。

项目执行：

（1）项目实施细节。

在启动仪式上，以"梦想，进无止境"为主题，以长安福特总裁马瑞麟的视角，解读长安福特梦想，并与青年群体探讨梦想实现。该讲话内容已经作为传播素材做扩散传播。在收官仪式上还通过视频形式展现了整个校园行活动，青年群体如何一步一步向梦想迈进。

策划该跨国沟通项目，高校汽车辩论赛选手将受邀赴美国底特律福特汽车总部参观考察，将汽车梦想深化，体现长安福特对人才培养的重视。

策划"我宣誓"线上线下互动参与项目，引导学生建立文明的驾驶习惯；"越Young越优行"主题视频征集活动；"安全课堂"以四大名著人物漫画形式，引导学生避免不安全驾驶行为；开发安全节能驾驶网上训练营APP，吸引更多用户参与。

（2）项目进度。采用总分总项目执行节奏，即启动站、8进4统一、总决赛统一，大区决赛分站并行展开，以在较短时间内完成横跨6大区的项目。

（3）控制与管理。以时间节点为依据，协调高校资源、长安福特领导，确保活动的效果；活动中采用可重复利用材料，降低成本、增强活动环保。

项目评估：

该项目涉及全国20所重点高校，辐射东北、华北、华东、华南、华中、西南六大重点区域，直接参与人群超过10万人次，通过网络互动影响人群超过50万人次，是长安福特众多CSR项目中最具影响力的项目。通过活动执行，切实增强了目标群体对绿色、安全驾驶的重视，以及对长安福特品牌的认同，传达了长安福特进无止境的品牌精神、建设美好社会的企业发展理念。

高校辩论赛单场参与人数超过3000人；安全节能驾驶训练营单场参与人数超过1000人；汽车嘉年华单场参与人数超过5000人。

通过线上线下传播，项目在全社会范围产生积极影响。参与者普遍认为，校园行活动是一个有社会高度同时又很贴近实际的活动。这体现了长安福特将远大的想象和脚踏实地的行动相结合的务实态度。

该项目也在长安福特销售终端引发很好的回应：经销商认为长安福特的品牌

建设和社会责任项目可以增强市场信赖和好感，这是与产品力同样重要的事情。

该项目也收到媒体的热切关注，中国日报、新浪网在内的大众媒体，及中国汽车报、易车网在内的汽车行业媒体，都对活动进行了深度报道。媒体直接报道超过2500频次，点击量超过1000万次，新媒体互动参与超过1500万次。

亲历者说：师静　趋势中国传播机构汽车事业部客户总监

这是一个艰巨但非常有意义的项目。无论从企业角度还是从社会角度来说，校园行活动都非常有建设性。参加高校汽车辩论赛的一位同学说："之前也参加过辩论赛，但长安福特组织的汽车辩论赛主题明确非常有针对性，通过辩论赛让我对汽车发展有了更深刻的认识。"参加了安全驾驶训练的一位同学表示，自己很早就拿到驾照，以为开车是自己的事，却不曾想安全驾驶还有这么多技巧，从这个活动中获得的技巧和经验会使我受用终身。在我们组织的"越Youngz越优行"线上互动活动中，有一个网友这样回复："自己之前也抱怨交通环境不好，但只停留在抱怨却没有行动，是长安福特这个活动让我认识到行动的力量。每个人都能担负起安全绿色的责任，更美好的汽车社会就不只是梦想。"

评判一个项目优劣有很多维度，但有一个根本的维度是不变的，那就是以公关的力量推动社会的进步。能够通过与客户共同努力，为更美好的社会做点滴的贡献，这是公关人的责任，也是公关人的幸福。

案例点评：

一个企业，如何结合自身的行业特点和产品特点，向外界传递企业的社会责任理念，从而有效地传播正能量，强化自身品牌，推动企业可持续发展，是在当今环境下都要面对的问题。本案例给人的启示有三点：第一，找到了一个合适的目标群体——大学生。为什么说这个群体是汽车制造商实现如上目的的合适目标人群，我这里不过多论述，留给读者自己去想。第二，活动内容与目标群体的兴趣相契合。三大活动形成互补，产生综合效应。第三，组织有力、有序。多方参与，相互配合，从而保证了时间长达半年、范围覆盖广阔的活动的顺利开展。

点评专家：张云
华东师范大学教授、品牌文化与公共关系研究中心主任

家不以远近，乐无为大小
——百事2014"把乐带回家"公关案例

执行时间：2013年12月至2014年2月
企业名称：百事（中国）有限公司
品牌名称：百事可乐、美年达、纯果乐、乐事
获奖情况：2014最具公众影响力企业社会责任奖

项目背景：

百事公司是全球最大的食品和饮料公司之一，进入中国市场30多年来始终致力于植根中国文化，将百事精神源源不断融入中国消费者的生活中。

春节是中国最富有特色的传统节日，中国人过春节已超过4000多年的历史，每逢春节，都会自然形成一场人类历史上的最大迁徙。百事公司正是抓住了中国几千年来的民俗风情与习性，以每个中国人全年第一大事件"回家过年"为切入点，制定了"把乐带回家"这样一个在华洋品牌的本土化成长策略，并连续多年贯彻执行，将无尽的温暖与关爱播撒于中华大地，体现了一个企业应有的社会责任。

百事"把乐带回家"系列贺岁微电影已连续拍摄三年，堪称百事公司迎接中国新年的传统项目。从2012年"你回家是父母最大的快乐"到2013年"有爱的地方就有家，有家就有快乐"，精良的制作班底、豪华的全明星阵容、感人肺腑的温情故事……吸引了大量社会公众的关注，也因此获得"2012年度社会公益创新奖"、"2013十大最具影响力公共关系事件"。2014年，百事将"家"的定义重新诠释，落到社区这一消费者日常生活的场景中，并将"快乐"的概念再度升级，向全社会喊出"给予快乐会更快乐"的理念。《把乐带回家2014》贺岁微电影以"乐超市"为故事发生地，对人情之乐、爱情之乐、亲情之乐、友情之乐分别进行了生动演绎，鼓励人们相互关爱、传递快乐，最终用爱战胜一切困难。此外，百事公司还在明星人选上大做文章，除了极具人气、世人皆知的百事巨星家族外，更特邀年度人气最高的两大选秀节目《中国好声音》、《中国梦之声》中的人气导师学员组合：庾澄庆、吴莫愁、黄晓明、艾菲演唱贺岁微电影主题曲《快乐送》，并借此向全社会发出"快乐送"倡议："只要你关爱的人，都是家人；关爱无为多少，传递的都是温暖和快乐；当你送出快乐的那一刻，也会收获一份快乐。"

"快乐送"是分享、是大爱，也是百事在2014年以公益行动彰显企业社会责任的主命题。身为多年投身于公益事业的企业，百事公司以其创新性、投年轻消费者所好的"网络微捐"的公益新模式开创了公益领域的先河。在2014年的"把乐带回家"系列公益活动中，百事公司利用新兴媒体资源，携手中国妇女发展基金会、天猫共同推出"把乐带回家——母亲邮包"公益项目，并借力年轻消费者最常使用的"支付宝"，搭建出百事天猫网络平台。"最低仅需2元"、"零钱随手捐"的小额捐赠模式让公益活动更加贴近大众，"网络微捐"还利用公开的网络平台打破了一直以来公益的暗箱弊病：在参与捐赠之后，捐款者将实时收到捐款的捐赠状态，这一全程透明的公示制度也令消费者全情投入参与其中，并对百事的公益形象充满信心。

项目调研：

为了延续并再创之前两部"把乐带回家"系列贺岁微电影曾经的辉煌，2013年岁末，百事公司特邀中国社会科学院社会心理学研究中心与土豆网联合调研并发布《中国年轻人快乐心态报告》，以寻找真实的"快乐源泉"作为切入点，来创作《把乐带回家2014》。调查显示，年轻人的快乐多是来自于自我满足或他人给予。其中，86.5%的年轻人表示家庭和睦是快乐最重要的来源。但是，75%的年轻人对于家人快乐的认知，与家人实际的快乐程度存在很大落差。76.1%的家人并不认为物质能给他们带来快乐，相反，一起吃饭、聊天，才是他们最想要的快乐。生活中我们常常忽略了表达，其实快乐可以很简单，一丝微笑、一声问候、一次举手之劳，都能给身边的人带来温暖，送去快乐。

基于这一调研结果，百事公司在2014"把乐带回家"项目中率先以"快乐是什么"的话题为引子，向全社会发出"快乐问"，并通过系列舆论引导得出"快乐是给予"的最终答案，从而引出"快乐送"系列活动。同时，百事公司联

合旗下百事可乐、美年达、纯果乐和乐事四大品牌，将已连续举办三年的春节传统项目——"把乐带回家"全面升级，重磅推出了《把乐带回家2014》贺岁微电影，邀旗下张国立、古天乐、蔡依林、罗志祥、郭采洁等十多位百事巨星共同演绎了一个有关小区家园里"超市保卫战"的系列快乐故事。在微电影剧情中，百事通过各个不同身份、角色的阐述赋予了"家人"和"快乐"全新的定义，将"爱"不断升级，让温暖覆盖更多人群。每送出"2元"，便送出一份快乐；每汇集到200元，就筹集到一个母亲邮包（"母亲邮包"主要由生活必需品组成，将其准确递送至贫困母亲手中，帮助贫困母亲解决生活中的一些实际困难）。百事"把乐带回家2014"也由此成为中国首例由公益组织、企业和网络平台联动发起的跨界公益活动。

项目策划：

（1）目标。充分利用明星效应以及娱乐话题，激发消费者对百事《把乐带回家2014》微电影的期待。

直击"快乐送"话题，由明星讲述互送快乐的故事，带入"母亲邮包"这一最具实质性的公益项目，从而引发消费者共鸣，最终同消费者共同打造"把乐带回家"、"快乐送"风潮。

（2）公关策略。百事公司联合旗下百事可乐、美年达、纯果乐、乐事四大品牌，利用各种新生的媒体资源打造百事《把乐带回家》系列微电影，在《把乐带回家2014》中不仅将明星演员的阵容全面升级，更在2012、2013版"春节回家"主题上进一步挖掘深度，将家人之间的亲情之爱升华为陌生人之间互帮互助，将社区演化成一个大家庭，传递"家不以远近，乐无为大小"的大爱温暖主题。希望人与人之间不要有隔阂，用爱关怀、温暖彼此，全社会像一家人一样互助互爱。

同时，百事公司携手中国妇女联合基金会旗下的"母亲邮包"公益项目、联合中国扶贫基金会和天猫商城共同掀起"把乐带回家"的大爱风潮，引发全社会大爱接力，将"把乐带回家"的精神持续传递。借用明星的号召力和普通百姓热衷关注的娱乐话题，以全新的手法全方位诠释并传播"把乐带回家"的故事及其所蕴含的社会正能量。在春节之际，将百事"把乐带回家"的温暖情怀播撒给更多需要帮助与关心的群体，以实际行动实践品牌所倡导的"家不以远近，爱无为大小"，全社会守望相助的精神，全面引领正能量风潮。

（3）目标公众：所有对"家"具有渴望，愿意分享快乐、传递快乐的中国人。

（4）主要信息。以"快乐是什么"的快乐问，引出"快乐是给予"的快乐送活动，传达"只要你关爱的人，都是家人；关爱无为多少，传递的都是温暖和快乐；当你送出快乐的那一刻，也会收获一份快乐"的理念。直击"家"、"快乐"话题，充分利用明星效应以及娱乐话题，激发消费者对百事《把乐带回家2014》系列微电影的期待，从而体会百事公司所诠释的大爱理念，引发消费者共鸣，打造"把乐带回家"的正能量风潮。

（5）传播策略。以《把乐带回家2014》系列微电影所倡导的"快乐送"理念为核心宣传，结合明星资源、明星故事、娱乐话题，通过前期预热埋线、微电影拍摄花絮炒作、明星亲身故事与微电影故事交织宣传、网络舆论热议、主题曲先期炒作、微电影首映发布会、微电影全媒体平台传播、公益大使宣传片、网络微捐平台宣传等手段进行整合推广。

（6）媒介选择。先期配合品牌《把乐带回家2014》系列微电影的"回家"主题，针对目标消费群习惯，在主流平面和电视媒体、网络媒体、视频媒体等展开宣传；随后再以《快乐送》及"把乐带回家——母亲邮包"公益项目为主要宣传目标，通过网络、电视、电台等进行宣传，并通过新媒体合作伙伴在网络上进行全程覆盖。通过立体式的各类媒体交错运用及覆盖，结合不同的公关话题事件，选择侧重媒体进行宣传，为《把乐带回家2014》系列贺岁微电影打造一个360度全方位的公关宣传平台。

项目执行：

第一阶段：明星抱团搞副业，史上最强中国合伙人阵容曝光。

如今娱乐圈的明星副业成风，餐饮业、美容业、服装业均有涉及，但凡有明星投资的产业，总能轻易吸引到民众的目光。《把乐带回家2014》的主线故事发生在一个名为"乐超市"的大型超市中，每位明星演员都是"乐超市"中的一份子。因此，在预热宣传阶段，乐智公关先将多张明星在乐超市中的剧照在网络曝光，以"明星抱团进军零售业，史上最强中国合伙人曝光"为题吸引明星粉丝关注，趁势引发"谁是店长"的讨论，在粉丝争论不休之际抛出《把乐带回家2014》第一轮花絮宣传，以官方身份揭秘角色剧情。

第二阶段：明星开店选店歌，黄晓明携手选秀人气王再开嗓。

为体现《把乐带回家2014》将快乐送进千家万户的主题，百事特意邀请"音乐顽童"哈林庾澄庆将经典作品《快乐song》全新改编为《快乐送》，作为《把乐带回家2014》的主题曲，并邀请时下超人气选秀节目《中国好声音》、《中国梦之声》中的两组高人气导师选手组合，庾澄庆、吴莫愁、黄晓明、艾菲演

唱,这也是黄晓明在前一张备受争议的专辑后首度开嗓唱歌。乐智公关正是抓住了这一备受瞩目的娱乐事件,以"黄晓明再开金嗓""两大选秀节目同台拼人气"为话题,带入《把乐带回家2014》的拍摄花絮,充分利用明星效应以及连带剧情所产生的娱乐话题,激发消费者对《把乐带回家2014》的期待。

第三阶段:神秘乐盒传心意,剧组也是大家庭。

《把乐带回家2014》讲述的是一个发生在"乐超市"里的温情故事,因为"乐超市"多年来将每一位顾客都当成家人一般,把快乐送进千家万户,令整个社区就好像一个大家庭般其乐融融、互帮互助;而在日夜赶工的《把乐带回家2014》剧组里,一个特别设置的神秘乐盒也将快乐送进了每位演员的休息室。在《把乐带回家2014》拍摄期间,前一天拍摄的演员会给后一天拍摄的演员准备一件暖心的礼物,为紧张的拍摄工作送去惊喜与欢乐。同时,乐智公关以"快乐问"的形式向明星们发出提问,令他们阐述出各自的"快乐真谛",并将明星的答案、现场快乐送的花絮与剧情相结合,借力观众对后台八卦的探究欲,将"家不以远近,乐无为大小"、陌生人之间守望相助、互送快乐的精神传递出去。

第四阶段:《把乐带回家2014》隆重首映,黄晓明亲身下乡送快乐。

聚焦百事《把乐带回家2014》微电影及"家不以远近,乐无为大小"的快乐送主题,在上海举行"把乐带回家2014暨百事快乐送启动"新闻发布会。现场邀请明星现身讲述"把乐带回家"的大爱故事,分享各自对于"快乐送"、不是家人胜似家人的情感的理解,紧扣主题,以明星号召力进一步诠释百事"把乐带回家"的精神。

发布会现场百事公司与民政部、中国扶贫基金会、中国妇女发展基金会领导共同启动"母亲邮包"项目,并借助淘宝天猫平台予以推广,号召更多消费者参与,为更多需要帮助的母亲送去"把乐带回家"的温暖祝福。由品牌代言人黄晓明拍摄的公益宣传片也在现场首度亮相,片中黄晓明亲自骑自行车下乡送"母亲邮包",与贫困母亲互动的过程都被该宣传片以纪录片的方式真实记录,令现场的每一个人动容。

第五阶段:全民共襄盛举"快乐送",百事公益心闪耀中国梦。

百事公司自发布会中向全社会发起"快乐送"号召后,快乐联盟即刻形成,"快乐送"行动一呼便成百应。"把乐带回家"的理念得到了中华全国妇女联合会的高度赞赏和支持,由中国妇女发展基金会主办、百事公司及天猫协办的"把乐带回家——母亲邮包"公益项目,让快乐真正送到了需要的人手中。这是由公益组织、企业和网络平台联动发起的首次跨界公益活动。

同时,乐智公关联动网络、平面、电视等多平台媒体对首映礼进行报道,持

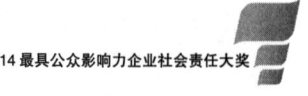

续通过网络视频媒体、电视媒体对《把乐带回家 2014》及"快乐送"公益进行持续传播，让更多受众看到这一系列感人至深的微电影及"快乐送"项目的透明进程；并借助微信、微博等新媒体平台收集网友影评、爱心评论等，从中择取网络话题进行二次传播。让更多消费者响应百事公益号召，加入"快乐送"的队伍，于春节之际为贫困母亲送上更多的温暖与快乐。

项目评估：
（1）效果综述。

在整个宣传阶段，百事"把乐带回家 2014"项目顺应全民关注的"快乐"话题，并以全新"家"的定义来创作《把乐带回家 2014》系列微电影。以分享快乐会更快乐作为核心宣传点，传递百事所倡导的"只要你关爱的人，都是家人；关爱无为多少，传递的都是温暖和快乐；当你送出快乐的那一刻，也会收获一份快乐"的正能量。在春节到来之际，以这一"应节应景"的公关宣传行动，不仅收获了百事忠实消费者们的关注，更引起全社会更广泛的关注，从而倡导一种守望相助、温暖分享的"快乐送"社会正能量，成功彰显百事公司的企业文化与社会责任感。

（2）现场效果。

【魔幻开场演绎百事快乐送】"把乐带回家 2014 暨百事快乐送启动"发布会在一段温暖的音乐剧表演中拉开帷幕，充满魔幻效果的 3D 百事快乐魔盒在现场观众面前缓缓打开，引领着大家走进四段洋溢着亲情、友情、爱情以及社会大爱人情的故事中，以此契合了百事年度贺岁微电影《把乐带回家 2014》不同的情感角度，诠释出一个又一个饱含百事快乐送精神的故事。

【明星谈感悟特别礼物快乐送】《把乐带回家 2014》充满快乐温暖的剧情深深感染了在场的每一个人，发布会现场的明星们也都忍不住要分享自己对于快乐送的感悟。张国立说："最初会加盟《把乐带回家 2014》就是因为'快乐送'的理念吸引了我。现在的我们经常因为忙着工作，忙着赚钱，忽略了快乐，忽略了感情。《把乐带回家 2014》让我们放慢脚步，回头看看我们的生活，关注我们的亲人、朋友、爱人，甚至陌生人，把快乐送给他们。这样温暖的主题感动了我，让我决心加入百事大家庭，一起来传递快乐送的精神。"蔡依林说："我和百事的合作已经有 10 年了，今年的《把乐带回家 2014》倡导的'快乐送'精神与我本人的理念也很契合，我做歌手的工作也是希望能把快乐送给大家，我愿意和百事一起，持续这份快乐，把快乐送给更多人。"明星们不单畅谈"快乐送"，更要亲身实践"百事快乐送"。为此，现场的明星们各显奇招，看谁送出的快乐礼物更具惊喜。老戏骨张国立送出了特别定制的书法作品，书写的正是百事所要弘扬的主题："家不以远近，乐无为大小。"张国立说："家无所谓远近，只要有爱的人就是家人，就是家。快乐无所谓大小，它是一种可以感染所有人的力量。"张国立赠书法，蔡依林则送上一个极具心意的"乐"字剪纸，希望这个富有年味的礼物，可以在新年之际把快乐带给大家。

【贫困母亲亲述暖心故事百事公益片饱含热泪】百事《把乐带回家2014》不单只是一部微电影，"快乐送"也并非只在剧情中存在，百事已将"百事快乐送"精神化为现实中最温暖的行动。发布会现场，由黄晓明担任公益大使，下乡亲送母亲邮包的公益短片感人上映；百事更携手张国立、蔡依林一同启动"百事快乐送"公益行动，并且当场向中国妇女发展基金会捐赠2014个母亲邮包，为全国各地的贫困母亲送去最贴心、最温暖的快乐祝福。片中的两位贫困母亲也来到现场，当她们亲手接过母亲邮包时，一位质朴的妈妈疏于言辞，留下了无声的眼泪；而80多岁的贫困母亲则热泪盈眶："生活的苦难让她几次想要轻生，但一想到家中的儿子和孙子无人照顾，又放心不下，是中国妇女发展基金会和百事公司的帮助，成为支撑她继续生活的动力。"这一幕让在场嘉宾无不为之动容。

【混音版快乐送成新年最热祝福】感人肺腑"快乐送"环节让现场观众们各个都跃跃欲试，想在第一时间送出自己的快乐。为此百事不仅当场宣布在天猫上发起的"百事快乐送"行动，登录百事天猫，捐出2元钱，就能助力百事母亲邮包的捐赠；同时也在发布会现场特意准备了一个特殊的快乐送互动形式：每个人都可以在"把乐带回家"官方微信平台上，把自己的快乐祝福录制成一段混音版的《快乐送》歌曲，并将它分享到朋友圈，送给自己的亲人、朋友、爱人，甚至是素不相识的陌生人，将快乐送精神持续传递。"家不以远近，乐无为大小"，百事愿和亿万有爱心的消费者一起，将快乐送进千家万户。

百事公司大中华区首席市场官李自强先生表示："贫困的母亲们有的虽然一贫如洗，却仍然顽强坚韧；即使苦难连连，但也懂得笑看人生。我们所送给她们的不只是物资，其实更是一份坚强。看到她们脸上露出的笑容，我们切身体会到"快乐送"的意义，快乐送出的同时，我们也感到无比的欣慰。其实，社会上还有许多需要关爱和帮助的弱势群体，我们希望能够通过实际行动呼吁和感染更多人一起送快乐，让每一个人都过上快乐年。百事公司希望'家不以远近，乐无为大小'的理念能够不断传承，让'快乐送'融入大家的生活，成为每个人的生活习惯，让快乐围绕整个中国社会，共同实现快乐的中国梦！"

"把乐带回家2014暨百事快乐送启动"新闻发布会共接待全国媒体62家。

SoftPR 邀请并接待上海媒体 60 家，其中包括通讯社 1 家，平面媒体 23 家，网络媒体 17 家，电视媒体 19 家；邀请异地主流平面媒体 2 家。到场媒体总人数共计约 111 人，媒体到场率高达 94%。

（3）受众反应。

百事"快乐送"公益大使知名艺人黄晓明：

当我将母亲邮包送到贫困妈妈手中的一刹那，才明白"快乐送"的真正含义：快乐是互相的，不分你我也无所谓大小。她们虽不善言辞，但从她们真挚的眼神和毫无修饰的笑容中，我体会到她们的幸福，也深刻感受到快乐送的这份光荣和使命感。

全国妇联原副主席、书记处书记、中国妇女发展基金会副理事长甄砚：

百事公司是中国妇女发展基金会 2014 年的战略合作伙伴，积极参与并全力支持了"母亲水窖"、"母亲邮包"等公益项目，为中国妇女发展基金会的发展作出了不小的贡献。"把乐带回家——母亲邮包"公益活动，是公益组织、企业力量的一次整合，同时契合了公众参与慈善的内在需求。活动旨在为公众搭建一个慈善参与平台，号召公众身体力行，以小额捐赠的方式，传递社会关爱，为贫困母亲送去实实在在的新年祝福，表达人与人之间的美好情感。

天猫市场总监平常先生：

天猫将全力支持百事公司的公益善举，共同彰显企业的社会责任。天猫会结合自身特点，支持和实现"把乐带回家——母亲邮包"公益项目在网上做得更大、更好。在这次活动中天猫还将全程透明公示，实时提醒捐款者邮包发送的状态，让"母亲邮包"项目的操作更阳光、更可信。

截至 2014 年 2 月 15 日，中国妇女发展基金会接收了 67096 名爱心网友通过百事天猫平台"把乐带回家——母亲邮包"项目的捐款 439831 元。这些善款将全部以一对一的方式，为贫困母亲送去母亲邮包，解决她们生活中的实际困难。为她们送去新年祝福，体会社会各界的关爱与温暖。

（4）市场反应。

《把乐带回家 2014》系列贺岁微电影自热映之后引起极大关注，在新年来临之际，各地也自发地响应"快乐送"号召，展开"把乐带回家"系列温暖行动。

发布会后，百事公司继续参与妇基会"把乐带回家——母亲邮包"的系列公益活动，以实际行动让边远山区的贫苦母亲温暖过冬、快乐过年。

2014 年 1 月 15 日至 1 月 18 日，妇基会和百事公司再次携手，在青海和贵州开展"把乐带回家——母亲邮包"落地活动。

2014 年 1 月 16 日"百事快乐送"郑州区活动圆满落幕，该活动吸引了郑州

12所高校数万名学生的参与，短短数天就收集了同学们捐往贫困山区的爱心衣物千余件之多。

……

点滴温暖，积流成川。传播快乐，温情你我。作为一个具有高度社会责任感的企业，百事通过各渠道一系列"快乐送"活动，成功地引起更多人的关注，掀起一股散播快乐、传递正能量的热潮。

亲历者说：陈曦　乐智公关企划总监

从2012年至今，每年都要和百事一起走过一段"把乐带回家"的路。很多人都羡慕我能够在每年岁末的时候参与《把乐带回家》这场明星盛宴，但其实对我来说，除去十多位天王巨星交相辉映的璀璨星光外，我收获更多的还是感动与感悟。

与以往"巨星家族大聚会"式的拍摄所不同的是，因为明星档期及拍摄场地的限制，《把乐带回家2014》的拍摄时间安排得非常紧，十二位明星分7组不分昼夜地赶拍。虽然时间紧迫，但明星们对自己的表现都要求甚高，通宵达旦地追求完美，要知道那个时候杨幂已经怀孕了（这在当时是多大的秘密啊），但仍然跟着整个剧组熬夜，努力传递着自己的快乐。虽然因档期而不能见面，但明星们还是想出了一个颇具创意的方式，将被他们称为快乐盒的盒子装满礼物，传递给下一组拍摄的明星。

拍完贺岁微电影，我又跟随团队下乡，跟拍黄晓明"快乐送"的公益短片。无名的偏远村落道路窄小泥泞，很多道路车辆根本无法通行，于是我们就一起扛起"母亲邮包"，和黄晓明一起骑着自行车下乡送快乐。生活在都市中的我们已多年不曾见过如此破旧的房屋，一句"家徒四壁"尚不足形容它的潦倒与穷困。每位从晓明手中接过"母亲邮包"的贫困母亲都笑得格外灿烂，而晓明和我们每个人却都已眼圈泛红。这些贫困母亲们大多已多年未穿过新衣，有的甚至从未用过暖水袋，但她们却不约而同地捧出家中最好的食物招待我们，将我们奉为上宾。晓明吃了一个特意为他包的韭菜饺子，转身后，悄悄地哭了。那一天，我们同去的人几乎把身上能捐的钱物都捐了，可是我们觉得，我们能做的实在太少。

赠人玫瑰、手有余香。希望每一年都能和百事一起走过"把乐带回家"的旅程，把爱和快乐传递给身边的每一位"家人"。

案例点评：

百事公司的"把乐带回家"是一个持续性的企业社会责任项目，既要不断创新，贴合年轻消费者的心理，又要把企业社会责任落在实处，这无疑是十分具有挑战性的。值得欣喜的是，到目前为止，百事每年都做到了。

在2014年的"把乐带回家"项目里，百事首先在理念上发出了"快乐送"的倡议。当你送出快乐的那一刻，也会收获一份快乐。通过明星代言和视频等方式，清晰地传达了企业社会责任的理念，传播了正能量。

百事还运用各种营销手段进行了创新的营销组合，比如携手中国妇女发展基金会、天猫共同推出"把乐带回家——母亲邮包"公益项目，并借力年轻消费者最常使用的"支付宝"，搭建出百事天猫网络平台，在参与捐赠之后，捐款者将实时收到捐款的捐赠状态，这一全程透明的公示制度也令消费者全情投入，并对百事的公益形象充满信心。

这些创新使百事的企业社会责任项目和其他同类项目建立了较好的区分度。因为百事不仅有捐钱捐物的"硬公益"，还有理念传播的"软公益"，以及运用新媒体手段的"公益新方式"。

点评专家：丁晓东
蓝色光标数字营销机构 CEO

苯丙酮尿症患儿特殊奶粉补助项目

执行时间：2009年至2014年
企业名称：美赞臣营养品（中国）有限公司
品牌名称：美赞臣
获奖情况：2014最具公众影响力企业社会责任奖

项目背景：

苯丙酮尿症（简称PKU）是一种遗传性代谢疾病，患者因其体内无法转化苯丙氨酸，以致大脑及神经系统发育受到严重影响。医学研究证明，PKU患儿出生后1个月内开始接受无（低）苯丙氨酸特食的饮食治疗，智力多数可不受损伤。因此，PKU患儿经新生儿疾病筛查（简称"新筛"）确诊，应立即给予持续性的治疗。但昂贵的特食令很多来自贫困家庭的PKU患儿无法得到及时、持续有效的治疗；同时缺少全国性、系统的PKU治疗和管理体系以及相关的医疗技术和经验分享；社会公众对PKU疾病和群体，以及新筛的认知也严重不足。

2009年6月，全国开始实施由卫生部（时称，现称国家卫生和计划生育委员会，下简称卫计委）颁发的《新生儿疾病筛查管理办法》，将PKU纳入全国新筛病种之一。在此背景之下，由卫计委妇幼健康服务司领导，全国妇幼卫生监测办公室与美赞臣营养品（中国）有限公司合作发起的"PKU患儿特殊奶粉补助项目"于2009年12月正式启动。美赞臣在5年内，以3年为1期，向中西部地区贫困PKU患儿，免费提供美赞臣®无苯丙氨酸配方粉，覆盖21个省及地区。

作为中国首个关注PKU患儿、探索PKU治疗和管理模式的项目，还建立了规范的PKU治疗随访和管理体系。同时，项目开展持续的传播，让PKU疾病和群体、新筛走进公众视野。

项目调研：

在项目筹备阶段，梳理项目中的各相关方及其资源，并进行可行性分析：

（1）项目支持单位卫计委、主办机构全国妇幼卫生监测办公室、协办机构美赞臣营养品（中国）有限公司提供项目运作资源。

卫计委实施的《新生儿疾病筛查管理办法》（下简称《办法》）推动新筛普及，PKU疾病的确诊和有效治疗与新筛密切相关。《办法》的实施是项目开展患儿募集及疾病早发现、早治疗的基础。

综合分析美赞臣在PKU领域拥有的全球科研和营养资源，将全球领先的科研技术和经验引入国内。

项目实施涉及患儿的募集和持续治疗管理、0~3岁期间美赞臣®无苯丙氨酸配方粉发放、新筛诊疗技术培训、新筛健康教育、项目工作督导等。医疗系统（卫计委、全国妇幼卫生监测办公室、中西部地区卫生行政部门、各级新筛中心）为项目运作提供支持和资源。

（2）PKU患者群体提供项目传播的内容资源。为提高公众对PKU疾病和群体的认知，需对PKU患者的经历进行了解、挖掘，以备传播使用。因此项目组在开始阶段对全国各地合计16名PKU患儿进行了探访沟通，评估素材的典型性和可操作程度。发现PKU患者群体表现出相对封闭，但群体内部沟通密切，比较抱团；对社会及政府不信任；内部关系盘根错节等特点。

（3）媒体提供面对公众及PKU群体的传播渠道。前期沟通中，就如何在传播过程中保持与读者的互动、并在互动过程中积累日后传播的线索与内容资源展开调研。通过调研，摸清了项目对象情况，就项目传播需要避免的雷区，与项目各参与方达成共识（如指责政府、过分渲染悲惨或其他不利于采访家庭的情况）。

项目策划：

（1）目标。

为贫困PKU患儿提供0~3岁阶段的营养支持以及持续的跟踪治疗。

建立全国性规范的PKU治疗随访和管理体系。

提升社会公众对PKU疾病及群体、新筛的认知度，呼吁社会关注和支持PKU群体。

传播项目成果，彰显项目的社会价值。表现项目合作方美赞臣的企业使命、热心公益及在婴幼儿营养领域专业的品牌形象。

（2）策略。

拉动政府、医疗单位及社会力量共同救助出生缺陷罕见病，由上至下推动项目运作。其中，美赞臣利用其在全球营养领域的专业优势，除了提供专业领域的营养支持外，还邀请国外PKU专家为项目覆盖地的医务人员开展PKU治疗及膳食管理的培训，将国外先进技术与经验引入国内。

（3）目标受众：社会公众；医疗卫生系统人员。

（4）主要信息。

在卫计委妇幼健康服务司的领导下，由全国妇幼卫生监测办公室及美赞臣营养品（中国）有限公司合作发起的"苯丙酮尿症患儿特殊奶粉补助项目"，于5年时间内，以3年为一期，向500名贫困PKU患儿免费提供美赞臣®无苯丙氨酸配方粉。

作为国内首个关注PKU患儿的特殊奶粉补助项目，项目的实施，不仅提高了PKU病例正规治疗的比例，亦积极探索了一套PKU治疗和管理模式，推动新筛工作的良性发展，为全国范围的推广应用提供了科学依据，更引起政府和全社会越来越多的关注。近年来，多个省市已出台PKU救助政策，已逐步将PKU治疗费用纳入新农合政策，帮助PKU群体解决现实问题。

未来，政府、相关机构及更多的社会力量一起联手，通过开展营养帮扶、专业培训等公益活动，创造更广阔的平台，关爱中国宝宝。

（5）传播策略。

1）利用新筛与社会公众的关联点、挖掘PKU群体与公众共有的普世价值，引发共鸣。

- 以新筛普及率与认知度作为切入点，以开展新浪网在线新筛知识认知度调查为新闻素材，引起社会公众对筛查疾病和PKU的关注。
- 网络传播预热视频围绕"信念"核心展开故事，既凸显PKU群体及其家庭、医务人员面对疾病不放弃、坚持治疗的特质，亦符合社会公众的普世价值。

2）借助新的政策出台、中国预防出生缺陷日、冰桶挑战等节点、热点开展传播。

3）以典型的故事和细节打动人。

- 主流都市类媒体多次深入采访PKU患儿及其家庭，挖掘典型故事素材并发表报道。
- 拍摄PKU患儿故事纪录片，PKU患儿家庭受助重获希望的喜悦、日常起居饮食面临的困境、家人亲身叙述等故事和细节被一一记录。

（6）媒介选择。

为向社会公众广泛传播新筛、PKU群体及疾病，以大众都市类媒体为主。

该项目以政府为主导，兼顾中央级党政媒体（如《人民日报》、中央电视台）和行业媒体（如《健康报》）。

因应传播形态的变化，利用微信、微博、论坛等新媒体平台开展向公众的传播和互动。

项目执行：

（1）项目督导和随访。

项目组在项目实施期间，走访了河北、吉林、安徽、甘肃和湖南等地，就项目的管理实施、新生儿疾病筛查的技术规范和PKU病例管理，与当地医疗机构进行了详细的沟通与交流，并到部分农村患儿家中探访及慰问。

（2）项目技术培训与健康教育宣传。

在实施期间，项目举办了多种技术培训班，发放了232万份健康教育宣传材料，入户探访了162家PKU患儿家庭。共有120多家省、市级新筛中心、上千名医务人员参与其中，促进了国内PKU治疗技术和管理水平的提高，并对国家出台PKU患儿治疗补助政策发挥了积极的推动作用。

美赞臣利用其在全球营养领域的专业优势，除了提供专业领域的营养支持外，还邀请国外PKU专家为项目覆盖地的医务人员开展PKU治疗及膳食管理的培训，将国外先进技术与经验引入国内。

据统计，各级新筛机构对项目的患儿募集和管理、特殊奶粉发放和管理、新筛技术培训和健康教育等方面的满意度均在90%以上；同时患儿家长对项目的治疗随访、特殊奶粉发放及管理、PKU健康教育等方面满意度也均在90%以上。

（3）高规格的政府会议。

项目实施5年来，举行了四次阶段性的总结会议。项目各方与参与项目的医务人员及媒体，及时分享项目在不同阶段的进展和成果，以及新筛技术和经验。在2014年项目总结会上，还加入创新活动环节。

5名到场的PKU受助患儿作为代表，接受"希望花开宝宝"奖项的颁发。其中三位更在现场表演才艺，展现健康、快乐的形象。项目受助患儿参与创作的三十余幅充满阳光与生命力的指纹手掌画，在会议现场展出并赠予各项目的代表。来到现场的受助患儿优秀代表则向项目各方代表赠送了由朵朵鲜花图案组合而成的拼图纪念品，寓意经由项目5年的关爱、支持和坚守，让500个受助PKU患儿的生命满载希望、美丽绽放。表达了受助患儿及其家属对项目、对医务人员、对美赞臣的深深谢意。

（4）PKU 群体生活纪实。

在项目启动初期、中期和总结阶段，分别拍摄记录短片，直观、真实地反映出 PKU 群体的生存现状、以及受助后发生的变化。

项目评估：

（1）效果综述。项目产生的社会意义与现实意义，可以概括为"一个围绕、两个建立、三个推动、四个落实"。

一个围绕：始终围绕贫困 PKU 家庭进行有效救助。五年共为 500 名贫困 PKU 患儿免费提供 147210 罐美赞臣®无苯丙氨酸配方粉。

两个建立：层层建立 PKU 患儿的健康、治疗、成长档案；建立媒体传播与报道体系，初步形成企业品牌与社会责任的正能量。

三个推动：推动了国内 PKU 治疗技术和管理水平的提升；推动新农合将 PKU 患儿纳入农村医疗报销体制；推动政府和公众对 PKU 及其他罕见病群体的关注，多个省市已出台 PKU 救助政策。

四个落实：落实（救助）家庭、落实（医生、医疗机构）责任、落实（发放管理）渠道、落实（患者救助实际）结果。

（2）现场效果。

现场以展板、短片等形式展示 PKU 患儿的生存状况，既让与会者（主要为卫计委和全国妇幼卫生监测办公室领导、各级新筛中心一线医务人员、媒体）为患儿受助后健康快乐的成长深感欣慰，也倍感自己肩负的使命和责任，拉动现场气氛。

在 2014 年的 5 年总结会上，一线医务工作者现场分享工作感悟、PKU 患儿展示画作、才艺表演等，令在场人士亲身见证了受助患儿也在各方支持下拥有"最好的开始"，并感受到参与项目的每一位医务工作者的辛勤付出。

（3）媒体统计。

通过持续 5 年的线上线下传播，不仅令项目成果和经验在医疗系统内部分享，更让 PKU 群体走进公众的视野。5 年来项目获得包括《人民日报》、中央电视台在内的全国主流媒体报道，项目的传播获得良好的社会效应。

全国范围内，中央级和各地主流媒体约 400 篇平面、电视和网络媒体主动传播报道，网络转载超过 3500 篇。

2013 年至 2014 年，包括《人民日报》在内的中央级和各地主流媒体的报道和转载超过 300 篇。其中邀请《重庆晨报》、《新京报》、《深圳晚报》、《东方早报》记者深入 PKU 家庭进行采访，挖掘亮点素材，以细节、深入的故事报道反映 PKU 患儿的生存状况，获得半版或整版的大篇幅报道，引发社会关注。

微博和微信新媒体平台获得超过 500 万的阅读量。

亲历者说：陈阳　蓝色光标数字营销机构副总裁、研究院执行院长
**　　　　　　　蓝色光标传播集团政经媒体首席顾问**

　　从 2008 年美赞臣进入中国 15 周年晚会策划中的那个 PKU 节目感动所有在场人并获得雷鸣般掌声开始，到 2009 年 PKU 项目的正式启动实施，这几年的风风雨雨、酸甜苦辣一起涌上心头。而我作为项目的其中一个策划者、参与者和见证者，责任和热情始终在激励我。我始终被历经其中的一幕幕感人的情节感染着。看着一个个活泼可爱的 PKU 孩子有着常人一样的智力，我的心里有种按捺不住的骄傲。

　　5 年来，项目共为中西部贫困家庭的 500 个 PKU 儿童带来了福音，他们和正常孩子一样正在快乐地成长着。这其中有家庭的温暖、有像美赞臣这样有良知有爱心的企业支持，也有诸多医生的辛勤奉献和无私关怀。

　　尽管项目在落实过程中仍然存在难点，例如部分家庭在边远地区影响补助奶粉的发放、个别省份新筛中心需要对基层进行更多的督导和指引等。这是对我们日后开展相关工作的提醒，也让我们感到任重而道远。

　　总之，5 年的努力还是取得了很好的效果的，尤其是从孩子健康层面看意义更加重大。同时项目也促进了 PKU 疾病纳入新农合的报销体制，有些城市也开始将此病纳入了医保范畴。这些都是项目推动的结果。所以，我说有感动、有喜悦，也有更多的责任感在驱使我们为这些"折翼天使"也能拥有"最好的开始"而继续前行！

案例点评：

　　有关人的事情都会打动别人，这个案例很打动我，因为它有爱，爱能打动别人，而且又关于孩子，所以更能打动人，这是我想到的第一点。第二，我想恭喜蓝标，这种案例一般都是公关公司花很多心血做出来的，他们做得很成功。第三，我也感谢美赞臣的同行们，公关公司提出来的建议能够得到企业的采纳，首先证明你的观点是非常好的，就是说公关公司和企业沟通的顺畅，可以保证企业在产品和形象方面的成功。第四，这个项目把 PKU 的危害性讲得非常明确，根据这个危害性，公司展现了的能为社会做什么，为家长，为孩子做什么。他们是有始有终的，他们成功地说服了政府，这是巨大的成功，企业救了人，企业的产品在中国扎了根。所以说这个案例动人，有始有终。

点评专家：米晓春
空中客车中国企业资讯副总裁

这个案例让人非常感动，它告诉我们真正的公共关系是什么，公共关系的智慧在哪里。我一直提倡，公共关系不是一般意义上的关系之学，而是运用公共沟通技术建立利益相关者信任的智慧之学。这个美赞臣的CSR案例充分证明了这一点。

一个好的公关活动应该是"3G公关"：Good doing + Good saying + Good things，也就是说要做到"三好"：做得好，说得好，做好事。而且是90%做得好，10%说得好，更重要的是，先要做得好，才是说得好，永远做好事，不做坏事。只有符合以上标准，才能真正建立起利益相关者的信任关系，达成品牌塑造、形象提升的目的。

专门生产婴幼儿奶粉的美赞臣有一个很响亮的品牌口号"给宝宝一生最好的开始"，可谓是"说得好"，因为这一口号道出了每一个父母的心声，也表达了美赞臣品牌的独特USP和销售承诺。但是如何"做得好"？如何让这个口号落到实处并深入人心，这一方面需要生产过程的品质保障，另一方面需要大投入、大手笔、大智慧的IMC整合传播。撇开生产环节不谈，单从传播策略来看，每年10亿元、20亿元的广告投放，也可能只是把这个口号塞进消费者的大脑里，模糊的口号记忆，笼统的品牌印象，仅此而已，但是美赞臣却真正做到了"三好"：用优质的产品、响亮的口号，关爱的行动，通过开展关爱PKU孩子的公益公关活动，历时5年，花费3000万元，就把这个口号印在了相关者的心里，充分赢得了患儿家庭、大众媒体、政府部门、经销商以及消费者对美赞臣的品牌信任。更彰显了美赞臣品牌的社会责任感和神圣使命感，有效提升了美赞臣的品牌形象，也顺理成章地在PKU患儿之外的更大市场范围内实现了销售促进。

特别值得一提的是，美赞臣的社会责任里讲到三个推动：一是推动了PKU新生儿的筛查；二是让它进入农村报销体制；三是纳入城市医保体系。我认为这是一个了不起的公共关系成就。美赞臣通过这个公益行动，不仅援助了许多PKU患儿家庭，同时还推动了一系列相关政策的制定和落实，它的社会责任行动充分体现了美赞臣在"话题设计—议题管理—议程设置"等方面大处思考的智慧、关系管理的智慧和公共沟通的智慧。

总之，在国产品牌奶粉全线面临"塔西佗陷阱"的信任危机背景之下，美赞臣的PKU案例充分体现了"公关塑造品牌"的价值所在，尤其值得国内奶粉品牌好好学习和效仿。

点评专家：陈先红
华中科技大学新闻与信息传播学院副院长

玫琳凯"爱·出色"活动

执行时间： 2014年4月12日至今
企业名称： 玫琳凯（中国）化妆品有限公司
品牌名称： 玫琳凯
获奖情况： 2014最具公众影响力企业社会责任奖

项目背景：

玫琳凯·艾施曾说："你为他人付出的一切，终将回到你的生命之中。"

感恩之心，爱的传承！您的爱心行动，将为他人的生命带去改变。

当玫琳凯女士创办这家梦想公司的时候，她就将企业的文化理念建立在乐施与感恩的基础上。在这里，我们不仅希望得到品、才、貌全面发展，也希望自己能有机会将爱施予身边有需要的人，实现自身的社会价值。玫琳凯"爱·出色"正是为了让玫琳凯人实现社会价值而成立。

项目调研：

"玫琳凯感恩公益基金"特别介绍："玫琳凯感恩公益基金"是玫琳凯中国在上海宋庆龄基金会下设立的企业专项基金，由包括公司代表（管理层、工会、首席）和上海宋庆龄基金会代表组成的专业管理委员会管理，使基金切实有效地投放到全国各地优秀的公益项目中。玫琳凯公司的员工不仅可以响应公司的捐款号召，更可以随自己的心愿、随时随地为基金捐款，各地玫琳凯人都有机会参与社区志愿服务活动，不断传扬乐施精神。

2014年，"玫琳凯感恩公益基金"将重点扶持以下几个项目的开展。

自闭症儿童关爱项目：帮助孩子远离孤独。

微笑行动项目：帮助唇腭裂儿童接受手术重拾微笑。

快乐课桌公益项目：为贫困地区的孩子替换破旧的课桌椅。

杭州市文联携手玫琳凯中国发起"为了大山的孩子"慈善书画展，于9月17日至25日在杭州西湖山水文化艺术长廊举办此次画展已通过售卖相关慈善明信片筹得超过27万善款，用于为山区的孩子们添置近1600套安全、舒适的课桌椅。到2015年为止，玫琳凯感恩公益基金共计划为偏远乡村学校更换4000套崭新的课桌椅。

项目策划：

彩妆跨界艺术：3名新锐艺术家，3位人气艺人以及国内热门花艺师用彩妆描绘独一无二的公益绘画作品，传播社会正能量。

艺术跨界慈善：所有作品将会捐赠给宋庆龄基金会，进行公开慈善拍卖，拍卖所得将全部投入慈善项目。

项目执行：

作品线上展示：2014年3月17日至4月12日

每周上线2~3个艺术家作品，通过视频、彩妆图进行多面展示。

专题总浏览量99851628次，互动拼图参与人数1634人。

现场跨界展览：2014年4月12日跨界展览"时装周里的慈善意味——新天地彩妆画艺术展"。

于同日举报跨界慈善盛典。

项目评估：

活动期间网友微博参与次数（阅读）达257759次，转发量28857次。

活动期间网友微博参与次数（转发量）达6535次，其中微博转发量最高的一条，高达4021次。

活动期间，艺人和艺术家纷纷发微博为活动助阵，将活动推向一个高峰。

活动期间，微博话题—玫琳凯爱·出色美丽跨界盛典话题量达20000条。

微博搜索"玫琳凯爱·出色",可找到 21668 条结果。

微博搜索"玫琳凯爱·出色美丽跨界盛典",可找到 15049 个结果。

案例点评:

"爱·出色"活动是玫琳凯(中国)化妆品有限公司对履行社会责任的一次成功尝试。

以"爱"为活动指针,面向自闭症、唇腭裂儿童设立"玫琳凯感恩公益基金",面向贫困山区儿童设立"快乐课桌公益项目",给孩子们真诚的帮助,为孩子们带去爱心与温暖。这与玫琳凯"乐施与感恩"的文化理念基础相契合,既有助于企业的社会价值实现,也有助于"爱"的企业形象树立,无形中增强了品牌的竞争力。

以"出色"为活动理念,有一语双关之意。一方面是指活动的形式,即运用彩妆绘画来跨界艺术、通过艺术来跨界慈善;另一方面是活动效果,通过彩妆绘画、拍卖等活动,旨在实现传播"正能量",产生良好的社会效益。

通过微信、微博、电视等媒体形式对"爱·出色"活动进行传播报道,最大范围地传递社会正能量。在活动获得关注的同时,玫琳凯的企业理念与品牌形象会潜移默化到公众的心中,形成了良好的口碑,无形中提升了玫琳凯品牌的知名度、美誉度和忠诚度。

玫琳凯"爱·出色"活动是公益活动,更是高超的品牌推介活动。"爱·出色"像翩翩飞舞的爱心天使飞翔在活动现场的每一个角落,玫琳凯也自然而然住进了公众的心间,爱上玫琳凯成为参与者不二的选择。这既为玫琳凯的"基业长青"创造了良好的外部环境,也有助于提升内部员工的精神境界,一箭双雕。

点评专家:王欢
北京邮电大学公共管理学院院长、教授

伊利方舟工程

执行时间：2012 年 11 月至今
企业名称：内蒙古伊利实业集团股份有限公司
品牌名称：伊利方舟工程
获奖情况：2014 最具公众影响力企业社会责任奖

项目背景：

近年来，儿童安全事故频发，地震、火灾等自然灾害侵袭引起社会的关注。中央高度重视，并提出全社会关心青少年儿童成长，支持青少年儿童安全的工作方针，但国内目前尚未建立一套完善的儿童安全建设模式。为此，伊利集团发起全国首个以儿童安全为主题的大型公益项目"伊利方舟工程"，通过携手各行业专家进行安全知识教习、指导，开展系列安全教育专项活动，使广大青少年儿童树立安全意识，了解安全常识，学会自我保护，以此建立适应性、可持续的儿童安全建设模式。

项目调研：

根据《国家中长期教育改革和发展规划纲要（2010－2020 年）》、《中小学（幼儿园）教师专业标准》要求，地方政府和学校要加强师生安全教育和学校安全管理，提高预防灾害、应急避险能力；教师要将保护学生生命安全放在首位，熟知安全应急预案，妥善应对突发事件。通过调研我们发现以下几个问题。

儿童安全事故频发，而且重大恶性事故增多。

由于儿童普遍安全意识淡薄，缺乏自我保护能力，安全教育普及势在必行。只要安全教育到位，80% 因意外伤害的死亡是可以避免的。"伊利方舟工程"携手各界权威专家开展安全专项培训，就是希望从根本上提高儿童的安全防护及自救技能。

现代家庭普遍都是独生子女，一个孩子的安危直接影响到整个家族的幸福指数，关注儿童安全工作的落实关系到社会的和谐稳定。

（1）项目 SWOT 分析。

优势：①这是国内首个以儿童安全为主题的大型公益项目；②有各界专家鼎

力支持，予以现场专业指导；先进的安全教育理念和完善的安全配套设施。

劣势：①全国各地安全教育水平差异大，安全工作的开展较为困难；②目前我国没有成型的儿童安全教育范本，只能在摸索中寻找适合各地的安全教育模式；③全国公益活动甚多，如何在传播上做到独树一帜。

机遇：①落实党中央关注儿童安全的号召；②儿童安全事故频发，儿童对安全知识及技能的需求强烈；③全国各校校长、老师及家长迫切希望开展一系列儿童安全教育活动。

挑战：①形式多样化，让儿童安全知识通过多样化的形式进行普及推广；②内容具体化，让每一次安全教育的内容都落到实处，不流于形式；③受众扩大化，让更多的孩子了解和掌握安全知识及技能的运用。

（2）调研结论。

开展"伊利方舟工程"儿童安全公益项目是伊利集团践行的社会责任，伊利方舟工程不仅要打造成为持久性的公益品牌，更要将儿童安全工作做细、做深、做实。

项目策划：

（1）目标：打造伊利公益品牌，积累伊利集团品牌资产，打造国内最大规模儿童安全公益项目，带动伊利品牌的美誉度。

（2）策略。

● 引进科学的安全培训模式。

联动全国各地安全类相关专家，亲临各校指导校园安全问题。研发探索符合全国各地环境特征的安全培训模式。研发符合学生特性的安全培训方法。引进日本安全背包等安全配套产品。

● 儿童安全"种子"培养。

通过对全国各地学校校园工作者进行集中培训的形式，培养更多的教育工作者作为播撒儿童安全的"种子"，并针对"种子"所覆盖的学校进行回访会诊，通过安全培训指导每所学校帮助建立属于当地的儿童安全建设模式。

● 打造"校园安全示范校"。

针对我校、我师、我生和我

家的特殊性,从最紧迫的安全问题着手,逐步形成属于每个学校的"我"的方舟,最终将覆盖的每所学校打造成为校园安全示范校,发挥其示范和辐射作用,以此提升周边校区的安全教育水平。

(3) 目标公众:5~12岁儿童、教育工作者、家长。

(4) 主要信息(形式创新)。

● 校园工作者集中安全培训。

校园工作者作为"方舟种子",各有角色分工、合作互补,在培训结束后承担当地区县二级培训的职责。培训形式:以授课讲解、观摩示范、经验交流为主。

● 针对留守儿童首发"三联+两票"安全明信片。

全国农村留守儿童数量超过了5800万人,有全国人大代表表示,关爱留守儿童的关键不是经济和物质上的援助,更多的是教育和心理方面的关爱。基于此,"伊利方舟工程"首次设计了针对留守儿童的"三联+两票"公益明信片,此明信片可在学校和留守儿童父母之间往返免费邮递,促进孩子、学校和父母三方的交流沟通。

● 在中国西部开设第一堂"性别教育"课程。

面对儿童性侵事件的频发,"伊利方舟工程"携手性别教育课程研发学校——上海理工大学附属小学开设"性别教育课",课程通过讲故事、看漫画、猜谜语、做游戏等多种形式开展,效果甚佳。

● 用音乐传递安全知识。

单一的安全培训形式,并不能让每个师生达到高效吸收的效果。"伊利方舟工程"邀著名音乐人常石磊加盟,亲自创造"儿童安全三字经"歌曲,并现场互动教学,教学效果显著。

(5) 传播策略。

● 打深度:通过杂志报道、图文报道等形式,深度挖掘伊利方舟工程背后的深意和故事。

● 打广度:通过电视、报纸、网络的覆盖,广泛地影响受众。

● 打高度:通过影响企业的杂志进行深度专题报道,树立伊利方舟公益品牌在"善的商业价值"、"企业社会责任"等方面的高度。

● 打口碑:通过新浪微博、微信、APP、双屏互动、BBS、SNS等社会化媒体的运用,打造良好的口碑。

(6) 媒介选择。

大量运用新媒体及互动类媒体作为传播主导,如微博、微信、APP、论坛、博客等。同时传统媒体辅助扩散，如活动区域平面媒体、网络等。

项目执行：

"伊利方舟工程"项目已持续开展三期，分别通过考察培训和回访调研全面展开项目工作。自2012年11月启动至今，已对全国22个省市地区的教育工作者和孩子们进行了40余场专项儿童安全集中培训，展开儿童自然灾害、人身安全、心理安全等三大类的普及培训和辅导，涉及地震、消防、防溺水、防砍杀、性别教育、儿童心理、交通知识、电梯安全等10余个专业领域的内容。共捐赠10万顶安全小黄帽、10万套安全背包（含阻燃头巾、安全雨衣、报警器、安全手册等）。

项目评估：

（1）活动效果。

先后对22个省市区千余名校园工作者进行了校园安全集中培训，对十万余师生进行了安全培训，并辐射周边上千所学校、上百万名师生，被教育工作者纳为各校"安全应急预案"，被学生称为"学习安全知识和方法的最有效培训"，被家长评为"解决父母最大困扰的公益项目"。

（2）传播效果。

"伊利方舟工程"被专家定为"中央提出'全社会都要关注青少年的成长'重要指示后的首个儿童安全公益项目，在全国范围内起到了探索和示范的表率作用"。被媒体誉为"护航校园安全的公益样本"。

• 平台矩阵。中央电视台、中国教育电视台、区域卫视、中国人民广播电台、区域电台、中国青年报、新京报、京华时报、新民周刊、南都周刊、中新社、新华社、微信、APP等多形式媒体进行了报道，引起了社会各界对儿童安全的高度重视。

• 权威证言。公益领域意见领袖通过微博、博客、论坛等平台集体发声，直接提升伊利方舟工程在公益界的影响力和权威性。

• 学员助推。为全面落实伊利方舟工程，各参加培训地区和回访培训地区在当地进行了全面报道，为推动儿童安全二级传播起到了良好的推动作用。

亲历者说：张莉娜 "伊利方舟工程"主办方——伊利集团公共事务部

伊利方舟工程启动之前，国内还没有针对儿童安全的公益项目，在这方面，我们占了先机，同时也是社会各界对项目的一次重大考验。

一个面向全国的公益项目，做到对每个学校频繁的安全培训是不现实的。但是只靠一两次培训，并不能对保障孩子们的安全起到实质作用。在与中国西部人才开发基金会、上海展望学院的共同努力下，我们突破了这一难题，形成了集中培训、分头回访、实地会诊、树立样本、安全演练的活动模式。在这一模式下，针对我校、我师、我生和我家的特殊性，从最紧迫的问题开始着手，逐步建成适合各个学校的"我"的方舟。

案例点评：

家庭、学校和社会一直重视儿童教育问题，但如何做实做好，针对儿童的认知实际开展，并得到有效的传播却并不容易。"伊利方舟工程"这一项目名称中使用诺亚方舟这个典故，使人产生正面积极的联想，体现了独特的创意。

把握人类共同需求，引发关注和参与。安全需求是人们生存最基本的需要。是儿童牵动每个父母的心。"伊利方舟工程"针对的是儿童的安全需要，容易引发公众的情感共鸣。尤其是这项工程针对留守儿童的心理和教育问题，公益性强，容易得到政府的支持、学校的配合和媒体的报道，并引发公众的关注和参与，从而塑造"伊利"公益品牌形象，提升其品牌价值。

由点至面推广，具有可行性。由于一个企业的资源有限，俗话说"授人以鱼不如授人以渔"，通过专家指导、安全"种子"培养、"校园安全示范校"等项目，起到舆论引领和行为示范的作用，使得这项活动由点到面的推广，且可以不断延续下去，传播效果可以得到强化和持续。

针对不同地区学校的特殊情况开展，传播方式贴近儿童的认知习惯。音乐传递安全知识，通过讲故事、看漫画、猜谜语、做游戏等多种形式开展"性别教育"，更容易让孩子们接受和理解；针对留守儿童首发"三联＋两票"的安全明信片的活动，促进孩子、学校和父母三方的交流沟通，不只是"说"，更重要的是在"做"。利用明星的知名度及粉丝崇拜，最大限度地吸引公众注意力，通过整合新媒体和传统媒体资源实现立体传播，使得该工程迅速地为公众所了解并得到积极参与。

点评专家：张景云
北京工商大学商学院教授

2014最具公众影响力品牌传播大奖

"舞众不同" 劲霸男装上海 5 年盛典

执行时间：2014 年 8 月 17 日
企业名称：劲霸男装（上海）有限公司
品牌名称：劲霸男装
获奖情况：2014 最具公众影响力品牌传播奖

项目背景：

2009 年 5 月 9 日，劲霸男装品牌总部正式迁驻上海，5 年来，劲霸男装不仅推进实现了整个管理运营团队的职业化变革，梳理并树立了全新的企业核心价值观和事业使命，更成功借力上海人才和技术的优势资源，为整个品牌在研发设计提升、供应链整合、零售体系打造、营销渠道建设等诸多方面，带来了焕然一新的创变，走出了一条"与众不同"的跨越式发展之路，初步达成了既定的品牌战略转型目标。

上海 5 年，劲霸男装"出江入海"，拟策动一场面向消费者和普通公众、全方位展示阶段发展成果和茄克产业核心优势的时尚盛典，此次盛典将以"舞众不同"为题，创下品牌活动规模的历史：现场来宾将近 4000 人，出席嘉宾包括来自劲霸男装邀请的政府及行业领导、商界领袖、专家学者、时尚达人、合作伙伴等，他们将在上海，一同见证劲霸男装与众不同的上海 5 年之舞。

项目调研：

我们就此次"舞众不同"的命题，从企业传播与品牌传播这两个层面分析了劲霸男装上海 5 年盛典的整个项目需求，通过上述两个层面的深入调研，我们获得以下发现：

（1）企业传播层面的需求：出江入海，与众不同。

对于劲霸而言，来到上海不仅是一个全新的起点，更是一个近乎挑战性的战略目标，"出江入海"所带来的颠覆性变革，的确让劲霸有了直达基因的蜕变。

首先，5 年间，劲霸品牌继续在其茄克定位上取得不断精进：中国茄克色彩研发基地的落户、国家级茄克实验室的审核通过和检测范围扩大、茄克国家标准修订的主导推进完成、成为国家"十二五"重点扶植企业等一系列实质性行业荣誉的获得，为构成劲霸男装品牌基础的茄克定位，确立了更强有力的基础。其次，5年间，劲霸男装的品牌价值从2009年的127.39亿元一路攀升至2014年的287.55亿元，牢牢地固守着中国商务休闲男装第一价值品牌领先地位。再次，5年间，劲霸男装的产销运营体系和市场销售规模也得到持续增长，在"上海市私营企业和非国有控股企业纳税百强"榜单中，成功跻身前30位。这些由内而外的可喜变化、积极信息亟待梳理并向公众传达。

（2）品牌传播层面的需求：茄克标杆，国际时尚。

作为专注茄克34年的品牌，总部迁入上海后，劲霸借力上海的人才和技术的优势资源，逐步实现了整个研发设计团队构成和创意视野的国际化转变，推出了一系列备受时尚界推崇的新季产品，一大批服务国际品牌的顶级面料供应商的加入，让劲霸男装的品质更加高端精致；通过在批发转零售战略模型上的变革和专业化团队的引入，劲霸男装也在不断变化的竞争格局和零售环境下，以各种契合终端需求的最佳实践，形成了以"着装管家"和"配装顾问"为体验核心的劲霸终端特有战略优势价值。希望借助此次盛典，向消费者传递劲霸"为创富族群提供茄克领先的商务休闲男装，成为他们的着装管家"的品牌使命，分享品牌5年一路成长，共同见证劲霸品牌的精彩变化。

项目策划：

（1）公关传播目标：展示劲霸出江入海五年成就；突破晋江局限凸显上海高度；定义劲霸茄克国际风尚标杆。

（2）公关活动受众：广大劲霸茄克消费族群；服装业界的相关领导、专家学者以及同业人士。

（3）公关活动策略。

• 立标杆：借力权威财经媒体——第一财经频道的中国经济论坛为节目窗口，以"中国服装品牌定位升级发展"为议题，汇聚行业领导、学者名家的精彩观点，带动服装行业对坚守定位和品牌升级的深入思考。

当下中国整体经济形势正步入一个"经济增速放缓期、经济结构的镇定期、刺激政策的消化期"，三期同至的特定时期，包括服装产业在内的大多数行业和企业都将面临和经历一个重要、深刻的升级、重整、再发展的过程。劲霸男装是中国服装产业的发展历史的缩影。借此上海五年公关传播的契机，由劲霸男装推动主办"中国服装品牌定位升级发展论坛"不仅能够为行业各界提供交流智慧、碰撞思考、探索发展的机遇，也为品牌公关传播核心内容产生提供了重要抓手和

平台。一方面是劲霸作为领军品牌责无旁贷社会责任感的体现，另一方面是本项目作为公关传播在业界高度的体现。

到场的中国最高规格的商务部专家、营销专家、媒体专家等各方嘉宾的睿智思想、精彩发言也为本项目的后期传播提供了丰富的传播内容，直接决定了本项目在服装品牌公关传播案例中的内容高度。后期执行过程中，主办方第一财经中国经济论坛电视节目策划专业、制作精良，论坛在第一财经播出后，引起了社会的广泛关注，数百家媒体竞相报道转发，已成为服装品牌行业佳话。

● 树榜样：定义意见领袖，从中看到品牌与人的关联。我们将5个男人的5年变化娓娓道来，以此具象化描述劲霸目标消费族群——中国"创富者"们的5年精彩转变，从中反映劲霸品牌的成长。

品牌在上海的5年变化是质的改变，但这些抽象的变化如何用消费者能够理解的方法去实现公关沟通是本项目的策略重点。我们与《周末画报》合作，邀请了5位5年来在各自的事业领域取得突破发展的成功男士，讲述他们的5年故事。他们主动拥抱变化，改变自己，对未来有着主动选择的能力和坚定的信念，而且他们正是劲霸所定位的目标消费者"创富人群"的典型代表，深深地带着品牌的烙印。此时，我们的传播对象通过对这熟悉的5位名人的认同，从而产生跟劲霸的品牌联想，最终向消费者传递了品牌精神。

● 定品牌：劲霸用茄克定义了自己，同时，茄克也开创了"男装商务休闲"这一新时尚消费领域。作为领导品牌，此次公关项目的重点是"茄克创新研发中心"的揭幕，以此为抓手向公众传播劲霸男装上海5年品牌的升级转型，为劲霸男装贴上上海标签。茄克创新中心成功揭牌，对外，承载传播劲霸在茄克领域的技术成果和版型积累的公关使命；对内，促进茄克实验室"版型"数据库建立的战略配称；

同时我们有必要回望与梳理茄克在服装发展长河中的点点滴滴，以通俗的脚本语言加之灵动的视频呈现，通过现场"茄克文化长廊"的创意展示布置，并借助网络传播，帮助与会嘉宾和消费者了解茄克的渊源，感受劲霸的品牌文化。

● 微传播：注重传统与数字媒体的有机整合，重点卡位社交媒体平台，借助网络以及社交媒体，达成与消费者之间的及时沟通和互动。包括微信预热攻势、微信创意邀请函、微信创意签到、门户网站盛典直播等，360度全景式呈现盛典活动，见微知著，表现劲霸品牌的深度。这些包括新媒体在内的全媒体的创新互动，不仅在活动执行层面，为消费者提供了便捷的服务和人性化的体验。更在本次公关传播项目中消费者沟通层面起到了关键性的效果。项目当天，有60多家电视、报纸、网络等媒体参与报道，乐视、搜狐都进行了网络直播，劲霸的官方微信也进行了微信直播。特别是后期制作的超高清360度全景照片，内置12条现场视频，在技术上突破很大难关，在微信传播上取得了轰动的效果。

● 大气场：从场地遴选到视觉创意，从视频企划到音乐匹配，均体现着劲霸的主场气势和领导品牌风范：因"舞"与"5"的谐音相近，我们以舞为形为劲霸盛典提炼出强有力的视觉识别符号并设计创意流程环节与之匹配；选择了亚信峰会的召开地——上海世博中心的7500平方米超大会场，采用238平方米环形幕作为背景屏；以大气磅礴、同样代表着挑战命运和迎接新生的爱尔兰大河之舞引导盛典开场环节；知名模特组成的经典茄克风尚大秀，展示来自劲霸男装茄克设计研发团队的一件件扛鼎之作；由中国纺织工业企业家协会、中国服装设计师协会、中国服装协会的领导与劲霸男装共同发起创立的茄克行业首个创新研发公众服务平台——"中国茄克创新研发中心"也在本次盛典中正式宣告成立。

项目执行：

一个具备产业高度的论坛：2014年8月17日下午2点，2014第一财经中国经济论坛之中国服装品牌定位升级高峰论坛在上海世博中心隆重召开，来自于政府、商界、服装企业和知名媒体的200余位嘉宾齐聚一堂。第一财经传媒总经理秦朔为论坛开幕致辞，时任中国纺织工业联合会副会长杨纪朝、商务部研究院消费经济研究部副主任赵萍、特劳特中国区合伙人兼总经理邓德隆、劲霸男装（上海）有限公司CEO洪忠信等分别从各自角度解读了中国服装行业目前遭遇的问题和产业结构升级、品牌定位升级的创变之道。头脑风暴环节，《嘉人》杂志主编邓立、《创业家》杂志社创始人牛文文、东华大学服装艺术设计学院教授包铭新等嘉宾也加入其中，围绕中国服装产业转型发展之路，发表真知灼见。这既是服装业内对中国服装市场定位营销的一次集中思考，也是一次跨界观点的交流总结。

这是一次前所未有的茄克文化展，通过8条浓缩了茄克百年时尚演进历史的原创视频，巧妙串联起一部充满人文美学意味的茄克大片，让徜徉在现场的"茄克历史长廊"中的嘉宾，完成了一场对茄克的情感认知之旅。这是国内服装品牌第一次用视频整理出了茄克发展的 300 年历史沿革，讲述了法式茄克、机车茄克、工装茄克、兰博衫、牛仔茄克、军旅茄克等文化故事。在为中国服装文化做出了贡献的同时，也使消费者对劲霸品牌的茄克品类专注定位更趋认同。

这是一场与众不同的品位盛典，2014 年 8 月 17 日晚 7 点，4000 余名嘉宾齐聚上海世博中心大厅。由《创业家》总编辑牛文文、华住酒店集团 COO 解云航、联想集团首席市场执行官魏江雷、第一财经主持人马红漫、戴闻国际集团总经理邱洁明等 5 位男人讲述各自五年来的舞台与角色转换经历。

在一段阐释与众不同的人生感悟的短片之后，盛典正式拉开帷幕。伴随着经典的爱尔兰大河之舞，引导出由劲霸员工讲述心路历程的企业视频，展现着劲霸品牌由内而外的 5 年巨变，引发现场 4000 多位观众的共鸣。

劲霸男装 CEO 洪忠信在盛典上做了主题为"与众不同"的即兴演讲，他充满真情实感地带领现场嘉宾总结回顾了劲霸男装进入上海 5 年"与众不同"的不凡之路。

而经典茄克风尚大秀，来自劲霸男装茄克设计研发团队的一件件扛鼎之作，在中外名模的倾力演绎之下，让所有嘉宾对于茄克的时尚认知有了前所未有的改观。

最后，茄克行业首个创新研发公众服务平台——"中国茄克创新研发中心"正式宣告成立。时任中国纺织工业联合会副会长杨纪朝、中国纺织工业企业家协会副会长魏林、中国服装设计师协会副主席张庆辉、中国服装协会秘书长杨金纯、中国流行色协会秘书长朱莎、中国纺织工业协会流通分会副会长钱晋等领导与劲霸男装董事局主席洪肇明、CEO洪忠信共同为中国茄克创新研发中心揭幕。

项目评估：
让我们透过数值看盛典。

7500平方米超大会场，4000位邀请嘉宾。238平方米环形屏幕，超过72小时搭建时间，创造品牌公关活动历史记录。

1000家发布媒体，60家到场媒体，一个月内超过千家媒体集中报道，短期内爆发出媒体公关传播最强音。

东方卫视、第一财经、星尚等电视媒体到达人数381万。

优酷、爱奇艺、土豆等主流视频网站到达人数54万。

21世纪经济报道、东方早报等知名纸媒到达人数1400万。

腾讯网、人民网等一线网站到达人数423.1万。

通过乐视及搜狐平台上播的劲霸盛典直播视频近13万次。

劲霸相关推广信息到达近1000万次。

劲霸官网跳转访问共计28000次。

劲霸男装百度指数整体同比上升9%，整体环比上升46%，移动同比上升36%移动环比上升61%。

亲历者说：崔玉善　劲霸男装品牌管理中心公关部经理

对于完成5年"出江入海"战略跨越的劲霸男装来说，"上海5年"盛典无疑是品牌所有战略达成全情展现的焦点时刻，是所有劲霸人最为看重的年度事件。

自2009年5月9日公司总部迁驻上海以来，劲霸男装用了整整5年时间，推进实现了整个管理运营团队的职业化变革，梳理并树立了全新的企业核心价值观和事业使命，更成功借力上海人才和技术的优势资源，为整个品牌在研发设计

提升、供应链整合、零售体系打造、营销渠道建设等诸多方面，带来了焕然一新的创变，走出了一条"与众不同"的跨越式发展之路，初步达成了既定的品牌战略转型目标。

而2014年8月17日选择在上海地标性建筑世博中心举行的"上海5年"盛典，在筹备一开始我们就决意要策动一场面向消费者和普通公众、全方位展示品牌阶段发展成果的时尚盛典。在项目执行过程中，劲霸则依托自身在茄克产业领域的领先优势，透过一个展览——创新多媒体形式的茄克百年历史展示长廊；一场论坛——与第一财经频道中国经济论坛跨界携手举办的"中国服装品牌定位升级发展高峰论坛"；一场大秀——由劲霸男装茄克设计研发团队贡献的经典茄克风尚大秀；一个仪式——中国纺织工业企业家协会、中国服装设计师协会、中国服装协会与劲霸男装共同推进的茄克行业首个创新研发公众服务平台——"中国茄克创新研发中心"启动仪式；一个演讲——由劲霸男装CEO洪忠信现场带来回顾品牌上海5年"与众不同"不凡之路的即兴演讲等"五个一"亮点内容，为品牌传递出焕然一新的上海品牌印记和非同以往的传播感知。从最终的活动结果和传播成效来看，基本达成了我们最初既定的目标。

案例点评：

这是一次大手笔、高规格的庆典活动。套用现在很流行的一句网络热词就是："有钱就是任性。"这样盛大的活动不是谁都能做出来的，尤其在服装这样的传统行业领域。这个活动的成功举办，本身就是劲霸品牌地位与实力的最好彰显。具体来讲，这个活动有如下亮点。第一，"出江入海"这一活动主题，生动地讲述了从小晋江到大上海的品牌发展路程，有力诠释了劲霸"拼搏进取"的品牌精神。而最值得称道的是，在现场邀请5位劲霸目标消费者"创富人群"的典型代表来讲述他们的5年故事，通过紧密的品牌联想有力地传递了品牌的精神理念。第二，一系列的主题活动，都是围绕服装行业的"技术"和"文化"这两个关键词在展开，抓住这两个方面，也就确立了自己在行业的领跑优势和品牌地位。第三，注重活动的宣传报道及网络互动。积极主动地加强与各大媒体间的信息沟通，加强与公众在线上的互动交流，制造互动话题，引起极大的关注度和社会影响力，品牌的知名度得到进一步提升。

点评专家：胡建斌
华中科技大学新闻与信息传播学院博士生、井冈山大学讲师

QQ 会员"做个出众派"品牌粉丝文化营销

执行时间：2014 年 6 月至 8 月
企业名称：北京炫橙文化传媒有限公司
品牌名称：腾讯 QQ 会员
获奖情况：2014 最具公众影响力品牌传播奖

项目背景：

如今，90 后，00 后开始主宰网络流行文化，"没个性，真可怕"成为品牌文化输出的底限。而 70 后操盘的品牌营销也在与新生代文化几经碰撞后，通过不断试错让 90 后的族群脉络逐渐清晰。对于最接近网络先锋族群的 QQ 会员而言，为了充分适应这一用户群急剧变革期，也开始尝试贴近 90 后的时代命题：个性化生存。

网络的普及与发展让 90 后伴随扁平化而生，没有时势造英雄的外部环境，只能让内在独特元素更加显性化来获取存在感。同样，标准化的网络服务带来公平，而差异化的会员服务却能彰显个性，于是，"出众"便成为 QQ 会员与年轻用户的共鸣暗号。在 2014 年初确立"出众"这一品牌文化升级举措后，炫橙传媒帮助 QQ 会员历经半年先后发起"我是出众派"符号演绎，"做个出众派"符号体验。在推动品牌独特性与新生代用户诉求不断融合的进程中，最终催生了一个全新的族群："出众派"，开启了一篇崭新的品牌文化。

回顾"出众派"传播始末，这场流行于微博、微信、心理 FM、暴走漫画、地铁等众多新新人类聚集地的大型线上线下 campaign，从仅仅为用户贴上出众标签，到激励用户以"做个出众派"为流行符号，QQ 会员充分满足了 90 后的"胃口"。

项目调研：

QQ 会员所倡导的"出众"精神，是抛开固化在人们脑海中的条件反射，忠于自己的真实感受所做出的行动。但现实是，大多数的人生都平淡沉闷，波澜不惊，而内心又渴望自己能在某种层面摆脱平凡，活得出众，可行动上却还在媚

传播背景 延续"出众"品牌主张，深化"出众"价值体验

俗。面对这种矛盾感，"做个出众派"首先要解决的是如何激发大多数用户将渴望付诸行动，真正参与到品牌文化塑造中来。

为此，炫橙传媒以调研问卷、大数据抓取等用户样本为依托，深度审视 QQ 会员用户群，从中发现，已成为 QQ 会员主导力量的 90 后用户，具备广泛的兴趣爱好，并乐于以独特兴趣为标签，彰显存在感，获得关注。这群用户并不顺从于传统意义上的"成功"定义，更乐于在自己在意的领域活出特色，用户中不乏高能游戏达人、DIY 达人、原创音乐达人，甚至互联网创业达人。

让 QQ 会员用户发现自己的"出众"，并来展示自己的"出众"，是品牌文化输出最好的素材。为此，在经过 2014 年初"我是出众派"的品牌标签化铺垫后，2014 年 6 月，"做个出众派"开始引领用户从"说"到"做"，将 QQ 会员出众精神深化到用户互动体验层面，让粉丝主导打造自己喜爱的品牌文化。

项目策划：

（1）传播目标：深化 QQ 会员"出众"品牌文化，鼓励用户从认知"出众"过渡到加入"出众"体验，通过系列互动沟通，进一步发酵粉丝文化运营，达成对用户群的培养。

（2）传播思路：充分利用引爆点法则达成"出众"流行三要素的构成。以放大用户对出众渴求的痛点激发情感共鸣，通过对比引导用户从"大多数"蜕变为"出众派"，积累流行当量。多维度埋下出众榜样力量，渗透草根族群视野，为出众精神提供行为依据。以多样化的互动方式，发挥用户主动性，为体验出众实践提供动力。

（3）目标受众：以QQ会员粉丝为核心目标群体，通过出众榜样力量辐射更多新生代用户。

（4）主信息：不做大多数，做个出众派！

（5）传播策略：有节奏地逐步升温，通过情感共鸣达成行动趋同，让"出众"发生。以吐槽式的情感激励直戳用户出众欲望，以接地气的出众榜样带动出众行动，以全开放的恶搞态度玩转出众心愿，最终落地。

如何引爆出众潮

传播节奏：以情感共鸣达成行动趋同，让"出众"发生

预热：讲述普通的人生 引起共鸣，引出主题
病毒式长图文
在微博/微信传播

引爆：不做大多数 #做个出众派#
品牌视频
病毒海报及UGC
官网MINISITE
腾讯/新浪微博热门话题

升温：定制出众列表 "做"个出众派
出众清单+愿望清单制作器
触屏活动、微信互动
KOL定制示范
心理FM合作、暴走漫画合作
地铁安全出行线下活动

（6）媒介策略：多种渠道配合，让有趣的内容形成线"上海陆空轰炸"，线下焦点爆破，立体化地卷入更多的目标人群。

• 广覆盖：传统媒体与社会化媒体联动。以QQ会员官网、手机QQ为活动主阵地，腾讯微博、QQ空间配合扩散。以新浪微博、微信、论坛为用户互动阵地，配合视频门户、地铁广告、网络、平面媒体露出。

• 群落渗透：与暴走漫画、心理FM热门互联网应用展开深度合作，串联用户群，以娱乐营销影响潜在用户。

• 创新玩法：提供用户UGC阵地。制作"2014出众愿望清单"图片生成器，整合优质用户创作素材；开展微信DIY海报互动玩法，扩散用户的出众宣言；手机QQ"摇一摇"+微信抽签，分享自己的出众清单。

项目执行：

（1）"出众"第一波——激发共鸣。不会吐槽，就别跟90后玩。

"拒绝说教，喜欢自黑"是90后的沟通特点。"德田有希小贱人"漫画风格十分符合用户的"出众"渴求。这种"吐槽更健康"的沟通，在90后群体中引起了强烈的反响，成功引发"出众"共鸣。

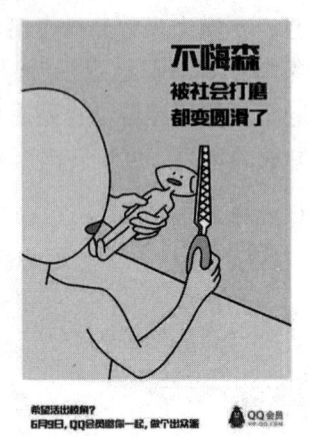

（2）"出众"第二波——树立榜样。不能接地气，就别跟90后玩。

借助榜样力量的投射，以QQ会员品牌视频塑造"出众"生活范本，以年轻人关注的热点题材正式拉开"做个出众派"的互动大幕。

活动方与热门网络电台"心理FM"共同发布《不做大多数，做个出众派》专辑，给品牌与用户提供了更接地气的沟通方式。网络电台征寻并播出网友身边的"出众"故事，以80后、90后、00后中真实的出众人物为代表，讲述草根英雄从平凡到出众的蜕变。

节目中诞生了"宅男女神"叶梓萱与独立制片人陈茜凌两位草根出众榜样。"出众"实践以此为突破口，建立手机QQ"做个出众派"体验之旅，以聆听两名年轻女孩儿的出众奋斗史为契机，让"出众"榜样的形象更迅捷、广泛地扩散出去。

QQ会员同步在官网建立主题推广页面，让用户依据品牌视频选择"出众"派别对号入座。同时，还在微信公众号上发起"DIY出众海报"互动，号召大家定制属于自己的"出众"个性海报。

（3）"出众"第三波——释放心愿。怕恶搞，就别跟90后玩。

立足前两波攻势的用户互动数据，"做个出众派"从网友碎片化互动中洞悉出用户呼声最高的"出众心愿"，发起"2014最想做的出众事"盘点。6项结合生活场景以及6项结合QQ会员特权"出众"清单发布，成了"出众派"从"说"到"做"的关键催化剂。

"做个出众派"通过不同平台扩散了 12 张微博票选最想做的"出众"事图片，同时通过手机 QQ 摇一摇和微信公众号挑选"出众上上签"，邀请名人微博示范。

进而"做个出众派"创作了星星风格"2014 出众愿望"漫画，并将此作为模板，加入到暴走漫画官方制作器中，为广大网友提供贱贱惹人爱的"出众愿望"发挥空间。

（4）"出众"照进现实——落地实践。没创意，就别跟 90 后玩。

地铁无疑是将"做个出众派"落到实处的最佳线下活动场所。2014 年 6 月至 9 月，品牌卡通形象红毛小 Q 成为了港铁（深圳）4 号线的安全形象大使，尝试创新的地铁安全传播行动。

除了安全宣传海报的投放，2014 年 7 月 26 日至 27 日活动方在港铁 4 号线（龙华线）少年宫站举行了"地铁奇幻旅程 Show 出众"主题体验日活动。活动以 3D 创意画面投影形式，吸引行人与创意画面合影，制作安全出行画报。

此外，结合安全出行绘制的"地铁里的 8 种死法"创意海报，一方面展示地铁车站车厢里的不文明、不安全行为，另一方面吸引民众的关注，了解地铁安全出行的重要性。

项目评估：

（1）传播总体效果概述：有效覆盖网络新生代用户，与用户达成真实互动。

（2）百度舆情指数：百度"QQ会员"搜索指数（含PC+移动）整体涨幅超过7%，2014年6月9日到7月9日的传播周期内，搜索指数稳定在6000点以上。传播周期内共引发两次传播峰值，分别为6月18日"做个出众派"视频传播及世界杯热点借势出众海报发布及7月1日"2014最想做的出众事"盘点和"愿望清单生成器"传播。

（3）媒体效果统计：无论以"QQ会员"还是以"出众派"为搜索关键词，均能在百度新闻收录中获取"做个出众派"相关稿件信息，用户传达率较好，新闻稿百度收录率达100%。"出众清单"发布成为媒体关注焦点，平均媒体转载率达42%。

（4）用户互动效果：结合品牌视频、世界杯热点发布#做个出众派#话题系列海报，引发了用户创意模仿，社会化扩散传播期间各类原创作品达百余件。新浪微博、腾讯微博、微信、QQ空间齐发力，带动出众风潮，累积用户关注量达1亿人次，引发用户互动内容达124万条。

新浪、腾讯两大微博平台形成#做个出众派#微博话题，集中优质草根UGC内容，新浪微博#做个出众派#话题登上热门话题榜第16位。

各网友、微博红人、草根名人转发"2014最想做的出众事"，励志内容引发网友激烈探讨。该内容累计用户覆盖量达3000万人次，用户主动跟进内容达50万余条。

制作"2014愿望清单生成器"，主动引导用户发布各类出众愿望，累计用户生成作品2万余件，累计100万次用户浏览。各类漫画家、娱乐明星、星座达人、知名博主等的积极参与，引发各自粉丝及网友主动跟进发布自己的出众愿望，共计覆盖用户1000万人次，带动用户主动分享图片超过8000张。

（5）暴走漫画平台合作效果：合作发布出众清单创意征集活动，获得暴走漫画官网首页活动推荐，配合微博、微信、贴吧、APP等渠道推广，累计曝光量超过3000万人次。以"做个出众派"为主题，征集网友最"出众"、最"逗比"、最"邪恶"、最"特别"、最"励志"5大愿望。累计参与用户达102万人，累计发布作品达2000余件，活动直接覆盖人数超过500万人。

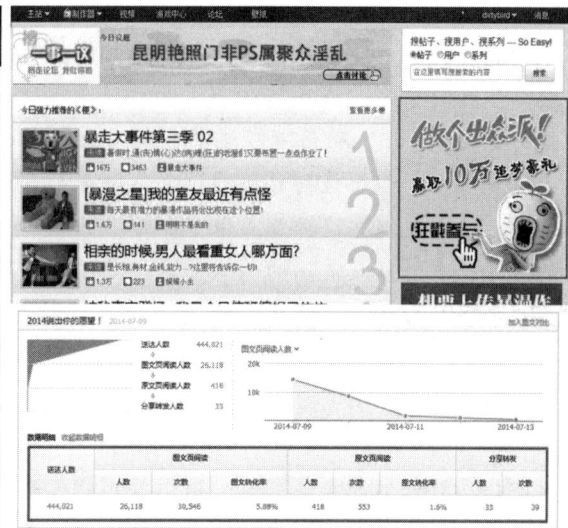

（6）心理 FM 平台合作效果：选取"出众"榜样故事，合作发起《不做大多数，做个出众派》专题栏目，传播"出众"正能量，获得了网友的一致好评。栏目共覆盖网友 400 万人次，累计互动用户超过 1000 余人。喜马拉雅听书、蜻蜓 FM、豆瓣心理 FM 小站等热门网络听书站点对此做了转载。

（7）地铁创意活动效果：红毛小 Q 进驻地铁践行出众派安全出行理念，并举办线下 3D 投影互动活动，吸引了众多网友的主动合影及分享。活动总体曝光量达上亿人次，共计参与互动用户超过 200 万人次。

亲历者说：Yanny　炫橙传媒策略总监

为期两个月的"做个出众派"轰轰烈烈收官，一场有"痛点"、有"槽点"、有"笑点"、有"泪点"、有"high 点"的"出众"体验之旅，获得了近 400 万条真实用户 UGC 响应，如今"出众派"已然成为大家耳熟能详的既有名词。

QQ 会员所引发的"出众"正能量浪潮，不仅符合 90 后人群的需求，更是主流文化大时代的榜样。2014 年初 QQ 会员借着品牌 13 周年的契机，做了一波"我是出众派"品牌传播整合战役，强调的是 QQ 会员作为 VIP 的"出众"感受。这次是 QQ 会员的第二波大型品牌传播战役，希望以"做个出众派"的主题立体化出众感受，让每一个人都行动起来，不要做平凡的大多数。我们帮助 QQ 会员打造年轻人的正能量，希望通过"出众派"让用户看到更好的自己，进而引发参与者在态度和情感上的共鸣，同时也可以驱动非会员用户更好地认知 QQ 会员品牌。

案例点评：

这么年轻的案例，找我这种岁数大的人来点评是非常恰当的，以后我们60后的案例也要找90后来点评。这个案例，首先找到了社会的痛点，芸芸众生，社会变化中每个人都想找到自己的位置，每个人都想和别人不一样，这是所有传播的起点。这个案例把这种痛点做了非常"出众"的表达，"出众派"想要成为搜索的目标，成为万众关注的焦点，这个定位非常准确。虽然这种洞察很多品牌也都有，很多广告传播都在讲，但是这个案例最突出的一点是不折不扣地执行，充分利用社会化、媒体的传播、数字的传播。我特别喜欢图片生成器，UGC做了非常完美的实施，让近100万人把图传上去，这是个非常大的数字，非常了不起。

再有，从做传播的角度来说，这个案例让我非常嫉妒，因为你们一系列手段都可以运用，虽然在这过程中不知道你们有没有说过"片子别拍了，钱没有了"等，总之从目前达到的效果来看，这已经是非常理想的状态。总的来说，这是全体系、全产业链中非常完整的传播案例，非常令人嫉妒。祝贺你们。

点评专家：李国威
GE大中华区传播与品牌总监

感谢炫橙公司提供的案例，我自己作为QQ用户，我都知道"再不'出众'就老了"。这个题目，至少很打动我。从公关传播角度讲，我觉得你们契合了用户的特点，非常好，虽然我不是最有代表性的，最能代表你们的用户是90后，以学生为主。他们每个人都希望自己是独一无二的，希望自己是"出众"的，你们设计的话题应该和每一个90后的想法相契合。其实不只是90后，我们60后也想出众。你们选的题目非常好，你们用的沟通方式非常吸引眼球。本来对于QQ，腾讯肯定是用自身平台进行营销，但是你们选择用新浪微博营销，用腾讯视频，还用暴走漫画，线上、线下的活动都有，采用的都是大多90后很喜欢的渠道。首先，你们把痛点找到了，然后通过不断地传播，展现粉丝的特色，从而树立QQ用户的独特定位，也就是要彰显"我的QQ用户和别人不一样，我们是'出众'的。"并且你们又借助了榜样的力量。我觉得从传播的角度，从立意，从创意，从信息的传达，以及选用的方式都是目前新新人类喜欢的，这个方案做得非常出色。

点评专家：杨美虹
大众汽车（中国）副总裁

海尔"活出新鲜"智能家电品牌传播项目

执行时间： 2014 年 1 月至 10 月
企业名称： 海尔集团
品牌名称： 海尔家电
获奖情况： 2014 最具公众影响力品牌传播奖

项目背景：

对绝大多数中国消费者而言，智能家电一直是"神秘"或"可望而不可即"的。因此，尽管主流家电厂商都推出了相对成熟的智能家电产品，但市场一直是"叫好不叫座"的局面。为此，海尔设计了"活出新鲜"整合营销项目，瞄准对智能家电最易接受且有购买能力的群体——80 后，将海尔智能家电与 80 后的生活情感巧妙关联，围绕 80 后的社交圈和生活态度，设计出 3 大项目，拉近 80 后与海尔家电品牌以及智能家电之间的距离，实现了消费者认知与市场营销的双驱动。

该项目包含 1 个调研（80 后调研白皮书）充分挖掘目标消费者洞察；1 场行业峰会（家博会）借助行业权威影响开启传播第一轮高潮；5 场主题活动（世园会主题活动）持续发声，5 大 80 后情感主题关联 5 类智慧解决方案，情感引爆线上线下互动，彰显"活出新鲜"主张；1 个线下巡展（智慧城市体验之旅）深入市场终端，通过线下互动拉近品牌与消费者之间的情感关联，通过覆盖全国的终端触点实现智能家电近距离的互动体验。该项目历时 10 个月，覆盖 20 省份，活动场次达 60 场，掀起一场线上线下、跨越多地的"智慧科技，活出新鲜"的新鲜运动。

项目调研：

海尔智能家电"活出新鲜"品牌传播项目基于海尔联手益普索的80后专项调研——80后家庭生活与家电需求调研报告。

1. 调研目的

（1）洞察中国80后一代人在家庭价值观方面的新特征与独特情感需求（这些特征与需求将不同于50、60后，也不同于中国传统的儒家家庭价值观），以及影响这些特征和需求的关键要素。

（2）基于对中国80后一代人新家庭价值观的认知，了解他们对"家"在物质层面（包括家用电器）的新需求、以及新的消费和采购行为。

（3）通过本次调研以及相关的公关宣传，展示海尔产品品牌对新一代消费人群的理解，并提升海尔产品品牌"年轻化"的形象。

2. 调研范围

（1）受众特征：1980–1989年出生的人群，拥有独立的经济能力，月收入大于2000元，或家庭整体年收入大于8万元；

（2）受众分布：

城市比例：70%居住在一、二线城市；30%居住在三至五线城市。

男女比例：50%：50%。

未婚、已婚、有小孩的家庭比例：50%：25%：25%。

（3）可用样本数量：1000个。

3. 调研内容

（1）关于家庭观念：对"家"的定义和理解；构成"家庭"的必要元素有哪些；家庭信念或家规；婚育观。

（2）关于家庭关系：理想或者向往的整体家庭氛围和风格、理想或者向往的夫妻关系、亲子关系、父子或母女关系。

（3）关于家庭管理：家务分工、娱乐休闲、责任与义务。

（4）关于家庭建设：理财观、消费观、购买决策与行为。

（5）关于家电与家：家电在"家庭建设"中的地位与作用、决定家电采购的因素、理想的家电产品具备的特征，与家电有关的、令你印象深刻的经历和故事（这一点可以通过群组访谈的形式进行）。

（6）关于有代表性的群体：了解80后有代表性群体的特性化思考和需求，例如丁克族、孩奴、啃老族等。

4. 执行情况

该调研通过北京、上海、广州、沈阳、成都5大城市10组家庭深度座谈会，以及一线到五线城市在线调研（一线、二线城市完成840份样本，三线、四线、五线城市完成360份样本，共收回有效问卷1200份），了解80后：①对家的定义和理解；②理想的家庭氛围和家庭关系；③对家庭的管理；④对家电消费的观点和态度；⑤理想的家电需求；⑥家电需求的差异表现。

项目策划：

通过对80后调研，在充分了解80后人群特征、价值观、家电需求、消费行为特征等信息后，以智能家电"去神秘化"为目标的项目策划出台："智慧科技，活出新鲜"。整个项目以"新鲜"为原点，链接产品功能卖点、消费者兴奋点、80后情感共鸣以及社会热点，并通过三大"新鲜策略"来实现传播目标。

策略一：新鲜打造智慧平台。

海尔U+智慧生活操作系统是全球第一个智能生活的操作系统，为用户提供了一个快速体验智慧生活的入口。用户在这一系统上可以简单便捷地组建自己的个性化智慧家庭。它可以使用户、软硬件企业和开发者进行连接，具有全开放、全个性和全交互的特性。而通过这一系统，用户只需12秒就可以实现与所有智能家居终端的互联互通。谈U+，让消费者更易于使用智能家电。选择在家博会上发布U+，也是利用家博会的行业影响力，首先获得行业KOL认同，前期首轮传播浪潮。随后，通过世园会一个世界级平台，持续长期地与80后进行多个维度的沟通，在长达半年时间内，制造多轮话题和社会热点。同时，通过智慧之旅移动平台，将海尔智慧家电带到80后的身边，并进行线下交互，成多轮的O2O传播。

策略二：新鲜展示产品优势。

从空气、水、食物、娱乐及护理这5大80后日常生活必备元素出发，设计不同的生活体验场景，让海尔智慧家电有机地融入到80后生活中，而不是单纯碎片化或片段式地展示某些产品的功能卖点。

策略三：新鲜沟通品牌主张。

通过80后社交图谱——父辈、爱人、孩子、好友以及自己，来设计5大主题活动，通过线上线下交互，共同勾勒出智能家电带给80后的新鲜生活场景，

引发 80 后共鸣。"活出新鲜"不仅仅是海尔智能家电带给 80 后的产品使用感受，也是海尔家电品牌向 80 后传递出来的生活态度和追求。海尔以"活出新鲜"的态度，拉近品牌与消费者内心的距离，构建网络时代可信赖的首选家电品牌。

简言之，整体传播策略强调 80 后情感关联而非产品功能强推，并对内容进行"新鲜"的定制化沟通，围绕 80 后兴趣点、关系网打造 5 大生活场景与情感线。媒介选择更加多元，3 大媒介载体（家博会、世园会、巡展车），3 类品牌大使（粉丝、极客、KOL 及专家），360 度全媒体（线上到线下，传统媒体到社会化媒体）引爆话题。

项目执行：

1. 80 后调研

该调研通过"定性+定量"研究方法，一方面使用图片、文字等各种刺激物，让消费者形容心目中对家电的理解与看法；另一方面通过定性研究提炼的理想家电品牌的词语、短语，再进入定量中进行量化测试，以实现"深度挖掘"和"广度解读"的效果。

2. 家博会

借助家博会这一行业平台，首发推出海尔智能家电解决方案，以行业事件为背书，掀起第一轮传播高潮。2014 年 3 月 17 日，"2014 海尔智能生活体验分享会"新鲜开启，推出全球首个 U+智慧生活操作系统，并展示基于 U+操作系统的 5 大智慧生活生态圈；3 月 18 日上海家博会媒体日及 3 月 19 日粉丝互动日，通过互动游戏、交互体验全方位展现海尔新鲜的智慧生活。

3. 世园会

借助 2014 青岛世园会的全球性平台，掀起一场名为"Hi Cool 鲜主张"的主题活动。针对 80 后的行为特征和偏好，海尔 2014 年 4 月至 10 月期间在世园会特别策划了一系列线上线下的互动活动，通过情感层面和品牌层面实现与 80 后的深入沟通。具体活动如下：

（1）海尔世园会官方网站活动。世园会期间，海尔世园会官方活动网站将发起"我和海尔照片墙"、共写"地球智慧书"等一系列互动活动，用户可通过参与活动，赢得世园会门票以及海尔产品等奖励。海尔世园会官方活动网站以 360 度全视角在线模拟游世园，让网友如临其境率先体验世园会及海尔智慧生活馆现场。还有在线提供世园会服务：网友可在线预约世园会门票，下载世园会海尔馆电子导游 APP 等。

（2）海尔世园会极客招募活动。为了让用户更好地理解海尔全套智慧生活解决方案的理念，海尔在世园会期间将特别邀请游走在智慧前端的创意极客们担当"解说"嘉宾，与参观者展开一场关于家电产品的"发烧级"创意交互。在此次极客招募活动中，海尔将借助海极网的平台在全国范围内招募百名"极客"，组成世园会"极客体验团"。活动共分为招募期、培训期、PK期、评选期4个阶段。极客体验团招募从2014年3月开启，最终招募到的极客解说嘉宾将于2014年5月至10月期间参观交互活动。

（3）海尔世园会5大主题月活动。在世园会期间，海尔全情投入，围绕"空气、水、食物、娱乐、护理"等与生活息息相关的5大主题，从情感层面与海尔品牌和产品层面为80后定制了专属版世园会。基于对80后人群家庭新观念的深刻洞察，从情感上与80后一同向时代致敬，从行动上唤起80后炫酷的精神态度。在空气主题日中，权威气象学专家、人气明星白凯南、80后极客、海尔U+操作系统负责人等各方力量齐聚一堂，为还原蓝天白云的纯净生活群策群力；水主题日中，海尔为现场的年轻朋友们开启一场名为"活水之源"的水主题互动课堂，共同探寻当下80后的"爱己主义"，并分享了引领健康生活新风尚的"海尔水智慧"；食品主题日中，海尔以"爱的礼物"为命题，邀请当红明星严屹宽及其妻子杜若溪开启一场关于爱情与生活的深度探讨；娱乐主题日中，郭晓冬明星父子齐上阵，海尔家庭娱乐产品的全线出击，为家人的亲情注入更多鲜活、快乐的元素；护理主题月，欢"洗"闺蜜主题上演，当红荧幕女星戴娇倩携闺蜜谈论情感故事，世园会主题活动完美收官。

（4）"智慧生活"体验之旅。"人机互动"的智能冰箱、按配菜来搭配红酒的酒柜，通过智能手机可随时进入工作状态的洗碗机、消毒柜及智能烤箱……智慧生活体验之旅，搭载着最新智慧家电的巡展车将陆续开进全国18个城市，力图用最真诚直观的方式携消费者领略最新鲜的理念、最前沿的科技、最智能的家电，诠释智慧科技与新鲜创想的融合之美。并将"活出新鲜"的品牌主张与智能家电产品以巡展车的动态形式，落实和延展到市场终端，最终驱动营销。

项目评估：

该项目覆盖北京、上海、深圳、青岛等共计20个省份，60个县市。

（1）现场效果。截至2014年10月17日，海尔智慧生活馆接待133万游客，4万人与海尔极客展开了一对一的交互或交流，发展海尔新会员13万人。巡展车活动使788万人了解到海尔智慧家电，单场活动影响17万人；同时，使30万人现场体验海尔智慧家电，单场约8000人；22万人新增为海尔智慧家电的粉丝。（该活动截至2014年10月底）

（2）媒体传播统计。网络新闻影响受众 3500 万人；微博、微信、论坛等社会化媒体营销覆盖影响人数接近 10 亿人，其中微博影响受众 9.12 亿人，微信影响受众 7900 万人。

（3）调研统计。根据益普索《海尔品牌跟踪研究报告》，在短短半年内，"海尔品牌形象"相关数据显示："时尚"（30%增长至33%）、"年轻有活力"（31%增长至35%）两个指标分别有3%和4%的增长。

（4）销售统计。海尔博观800智能冰箱在世园会智慧生活馆2014年6月底首发，获得市场极大关注，并带动海尔对开门冰箱整体销售同期增长33%。

亲历者说：王国华　海尔产品品牌总监

海尔是智能家电研发的先行者，并在过去数年间不断推出获得国际大奖、引领业界潮流的产品设计。但是，受以往信息传播的影响，大多数中国消费者对智能家电的态度是"观望"。怎样能让更多人的轻松、简单地感受、认知和使用海尔的智能家电产品，一直是我们传播需要解决的核心问题之一。

而与此同时，80后已经逐渐成为中国家电消费的主力军。海尔的80后员工也逐渐成为公司的主力。我们意识到这一代人既是中国全球化和网络化第一批受益者，同样也是陪伴海尔共同成长的一代人，他们是海尔智能家电进入大众视野最好的敲门砖。对80后家电消费的调研结果，也印证了我们的判断。

因此，我们提出"活出新鲜"的理念与主张，利用一系列能将智能家电可视化、生动化的平台（家博会、世园会、智慧之旅巡展），把智能家电这个比较空泛、距离远的产品概念，转换为了"活出新鲜"这个更情感化、更贴近消费者的生活方式；同时，把创客众筹、参与设计和售后互动延伸到产品体验中，让智能家电在与用户的互动中，实现优化，更好地走进80后生活。

我作为80后的一员，既参与了这个项目的设计，也亲身体验了这个项目给我带来的"新鲜"感受：开放式的用心沟通，能够与用户一起创造价值，实现多赢。

案例点评：

锁定80后目标人群，可以提高品牌传播效果。家电产品具有耐用性，加上体量重大，如果不是出现故障，影响使用功能，一般家庭不会轻易更换。80后是组建新家庭的主力群体，因而也是家装的消费主体，瞄准80后开展智能家电品牌传播活动必然能够提高销售业绩，还可通过80后的口语传播影响身边70

后、60后、50后的人群关注与消费智能家电产品。

  活动长达10个月的组合传播利于清晰品牌理念。从1月份的80后家庭价值观与家电新需求调研开始，经过3月份的上海家博会投放展示、4月至10月份的青岛世园会线上线下互动、5月至10月份的全国18城巡展现场体验，历时10个月。这样长时间、多形式地对同一主题开展传播沟通活动，对增进公众建立智能家电消费观念是有好处的。

  当然，在传播的对象和诉求上尚有改进空间。比如80后无疑是消费新家电的主力群体，但未必是购置高价家电的权力顾客；解决不同品牌智能产品互联、防止家庭资讯外泄的方案也更能切实入心。

点评专家：杨晨
公关方向博士
上海外国语大学国际工商管理学院公共关系学系主任

"一起跑，慢慢爱"卡萨帝 3KM 家庭马拉松

执行时间：2014 年 4 月至 2015 年 1 月
企业名称：海尔家电
品牌名称：海尔卡萨帝家电
获奖情况：2014 最具公众影响力品牌传播奖

项目背景：

2014 年，海尔卡萨帝家电将推广阵地转移到互联网平台，希望在互联网平台通过体育跨界传播的方式聚拢都市高端家庭，借对生活方式的倡导，倡导他们回归家庭生活，享受和家人在一起的美好，最终增加他们对卡萨帝的品牌好感度。

跑步已经成为体育营销中面对高端家庭的一个最恰当、最有效的方式。众多高端人群开始选择跑步锻炼身体，感受"慢生活"。卡萨帝品牌从跑步切入体育跨界营销，意在迅速锁定目标人群、与目标人群进行高效沟通，提升品牌知名度。

今年，卡萨帝品牌不再在传统媒体进行广告投放，而是在新媒体领域进行了更为全面的推广，如何利用好互联网营销，精准影响目标人群，并产生互动，最终提升品牌在用户心中的知名度，是这一年卡萨帝品牌需要解决的问题。

在全国多个城市通过"卡萨帝 3KM 家庭跑"的方式聚集并影响目标受众，在北京、深圳、武汉、南京、成都、大连通过家庭跑的方式倡导一种健康高端的生活理念。

项目调研：

（1）运动的选择：跑步运动已经成为高端人群运动和释放压力的一个重要

方式，在跑步中，人们不但可以更好地锻炼身体，让身心得到放松，同时，跑步是个随时随地可以展开的运动，高端人群可以在跑步过程中享受和家人在一起的快乐时光。

（2）数字营销的发展：线上推广目前已经逐渐有赶超传统媒体的趋势，卡萨帝选择互联网媒体进行重点推广可以让品牌和目标人群的沟通更为高效、更为多元化。

项目策划：

（1）目标：全方位立体化传播，通过线上互动和参与人群招募以及线下活动和视频拍摄等方式在虎扑体育扩大卡萨帝在目标人群中的知名度，在目标人群中扩大品牌影响力，提高品牌魅力；借助体育运动，启发中国高端人群对家庭价值的认知的回归，构建全新高端"慢享"生活方式潮流。同时以有关科技、精致、艺术的卡萨帝家电及家居艺术体验，和都市精英家庭一起实现健康而精致的生活。借力虎扑优势媒体平台，精准锁定目标受众；品牌通过虎扑体育这一媒介与受众互动，增加与高端跑步人群之间的黏性，提升卡萨帝的品牌形象。

（2）策略：卡萨帝倡导的3KM家庭马拉松通过独特维度吸引目标消费者参与关注，并在线上进行广泛传播。线下举办跑步活动点燃当地目标受众激情，为品牌推广助力！

（3）目标群体：卡萨帝需要影响的是都市高品质生活方式的高端人群，他们有一定消费能力和阅历、积极向上、热爱运动，但是苦于工作和家庭生活不能很好平衡，没有更好的机会关怀家人健康、珍惜家庭生活。希望寻找到一个在时间、地点、体力输出方面都较低的门槛，来和家人进行更好的交流，让家庭生活更加美满。

项目执行：

（1）线上传播：在虎扑体育开设招募专区。专区承载内容为每站活动信息预告、活动推广视频播放、上传自己的跑步路线（让路线与卡萨帝不同产品的调

性相贴合)、卡萨帝洗衣小贴士、我的马拉松故事、卡萨帝家庭马拉松精彩时刻以及产品图片等。通过虎扑体育在资源以及硬广层面的配合，提升品牌在虎扑体育这一平台的曝光度。同时在虎扑体育跑步频道的右侧开辟专栏，对活动重要信息进行突出介绍，辅以多个硬广进行全方位曝光。

(2) 跑步选手招募：虎扑在每站活动前都要为活动招募选手。邀请当地比较知名的跑步 KOL 参与活动，同时通过他们在社交媒体和朋友圈对活动的宣传影响更为精准的目标人群，垂直化覆盖受众。

(3) 跑步路线推荐：每个人心中都有一个自己城市的理想跑步路线，活动根据每座城市的跑步路线进行标签区隔：古典、大气、专业。并让这三个路线贴合卡萨帝的产品，参与网友选择了自己的跑步路线后，就会出现贴合的卡萨帝产品（如古典路线对应卡萨帝朗度冰箱），在互动中传递品牌产品信息，让消费者更容易认同品牌特性。

(4) 活动宣传视频拍摄和推广：为配合活动的推广，虎扑体育拍摄了若干个宣传视频在平台以及视频网站进行播放，通过跑步爱好者的讲述和城市画面的展现，体现出跑步对城市高端白领家庭生活的影响。并通过产品的巧妙植入展现产品优势。让产品信息和故事内容有一个很好的融合方式。

如聚焦首站北京的宣传视频，为了打响活动首站声势，特围绕跑步爱好者拍摄视频，通过对北京跑步圈知名跑者及其妻子孩子的跑步经历的深度访谈、拍摄，体现卡萨帝"一起跑、慢慢爱"的主题，拉近和目标人群之间的距离，对健康生活进行倡导，并对首站活动进行预告；后续视频制作和推广，并不仅仅展现一个城市的跑步活动，而且聚焦多个家庭和情感关系的人群，如情侣和已经结婚的家庭，涵盖多个城市，通过他们对跑步的理解和跑步在家庭生活中展现的作用，体现卡萨帝所倡导的生活是积极、正面且给予高端人群"正能量"的，最终起到提升品牌美誉度的作用。

(5) 明星参与：体育明星所代表的健康、阳光及其美满的家庭生活都与卡萨帝倡导的生活理念不谋而合，而其背后庞大的粉丝群体是品牌最为重视的资源，为了扩大活动声势，拉进品牌与用户的距离，使其切身了解卡萨帝所代表的品质、理念，每一站活动，虎扑都邀请世界冠军家庭参与卡萨帝 3KM 家庭马拉松的活动。如北京站的体操明星滕海滨和张楠夫妇、深圳站的花样滑冰明星陈露以及武汉站的跳水明星胡佳等。通过形象健康、家庭和睦的体育明星家庭参与活动，并通过其自媒体对活动进行推广，吸引了众多跑步爱好者报名参与，并自发进行口碑传播。随着项目进展，虎扑进行了更为精准的调整，选择更易传播的微视形式对明星进行采访，并邀请明星参与到与现场选手互动的过程中，引发参与者的自主传播热情，收到了极佳的传播效果。

项目评估：

截至成稿前，本次活动页面共曝光 1084442987 次，点击 2536713 次。每站共招募 20 组当地城市跑步名人参与。整体推广起到了很好的推广效果。同时，有上百组网友通过虎扑体育卡萨帝专区进行报名和跑步路线分享，同时虎扑体育所邀请的跑步 KOL 和体育界明星都通过社交媒体平台对活动进行大范围且有效的报道。

本次推广在文体圈中得到了较好的覆盖和传播效果，准确及时地将卡萨帝所倡导的家庭生活精神理念推向目标人群，赢得一致好评，通过营销活动诠释了海尔卡萨帝其高端生活倡导者的地位。

亲历者说：王向鹏　虎扑体育华北销售副总监

2014 年对于海尔集团及卡萨帝品牌是极为重要的一年，停止向杂志投放硬广，转而加大新媒体方面的合作，海尔成为首家放弃杂志硬广，转向新媒体广告的传统家电企业。"对海尔来说，无价值交互平台的交易都不应存在"。在双方的沟通过程中，客户始终在强调这个理念。摒弃杂志等传统媒体不仅仅是因为其属性，更是因为传统的广告展示形式不足以满足客户的需求。传播应该更加注重与用户的互动沟通及了解其反馈和感受，单向传播无法与用户形成及时互动，这个法则同样适用互联网媒体，仅仅通过常规投放无法满足客户需求，虎扑作为国内最大的专业媒体承载着卡萨帝家庭跑大本营的角色，如何利用自身资源，与目标用户充分互动，打通线上线下环节，是我们面临的挑战。根据上述要求，虎扑通过 PC 端、移动端及虎扑社会化媒体资源进行宣传，扩大活动影响力，并在虎扑跑步频道为卡萨帝开辟专栏，全程跟踪报道卡萨帝家庭马拉松；邀请奥运明星、跑步圈 KOL 家庭参与线上招募及交流、专栏撰写、宣传视频拍摄、线下互动微视拍摄；通过虎扑 PC 端、移动端、社会化媒体账号及第三方媒体平台形成完善的媒体矩阵进行立体化传播，真正实现了一站式整合营销。

案例点评：

在新媒体时代，如果企业传播仅仅局限于传统媒体广告投放和媒体的采访报道，很容易沦为企业的自娱自乐。海尔公司没有停留在以往公关活动的层次，而是将线上活动与线下活动相结合进行整合营销。海尔以日益受到目标受众群体欢

迎的跑步活动作为切入口，进行全方位立体化传播，包括线上互动、参与人群招募、线下活动、视频拍摄等方式。在跑步选手的招募中，活动发起方邀请当地比较知名的跑步者参与活动，同时通过他们在社交媒体和朋友圈对活动的宣传影响更为精准的目标人群，垂直化覆盖受众，这都是非常契合新媒体时代传播特点的做法。在互联网平台用体育跨界传播的方式聚拢都市高端家庭，倡导回归家庭的生活方式，海尔的此次活动有效地增加了卡萨帝品牌在目标人群中的知名度、品牌好感度，提升了卡萨帝的品牌魅力。

点评专家：范红
清华大学新闻与传播学院教授
国家形象传播研究中心执行主任

ThinkServer 助力中国载人航天，
提升联想企业级产品形象

执行时间：2012 年 6 月 3 日至 2014 年 3 月 31 日
企业名称：联想
品牌名称：ThinkServer
获奖情况：2014 最具公众影响力品牌传播奖

项目背景：

ThinkServer 是联想企业级业务家族全新的服务器品牌，该品牌及家族新品的发布是联想进军企业级业务的重要标志。在短时间内，迅速吸引公众的注意力，令 ThinkServer 服务器品牌和联想的企业级业务策略迅速在目标受众心里留下深刻的印记，并进而促进联想服务器业务的业绩增长，是本项目的目标。

项目调研：

信息爆炸的时代，品牌和产品的特点很容易被稀释和湮没，特别是对于 B2B 业务而言，晦涩的产品话题使得品牌和产品更加不易于被公众所接受，这是我们面临的最大挑战。

项目组通过对核心媒体、渠道合作伙伴和目标客户的调研发现，受访者对于联想服务器品牌的认知度不高，原因是联想此前在服务器市场的优势主要集中在中低端产品上，而目前的产业趋势是以技术驱动产品，只有在顶尖技术或高端产品上拥有话语权，才能在市场上取得更大的成功。

载人航天项目是我国国力的象征，在民众中拥有非常强大的舆论号召力和关注度，同时载人航天项目也代表着我国科技发展的最前沿。经过多方面评估，项目组认为，通过与载人航天项目的合作，既能全面展现联想在企业级产品、技术领域的最新成果，传递联想发力高端领域的决心，在短时间内迅速提升公众对 ThinkServer 品牌创新形象的认知，也能令服务器产品的目标受众——渠道合作伙伴以及大型企业和机构类客户的 CIO、IT manager 对 ThinkServer 的创新、安全、

可靠、高效等特性更加信服，提升新品牌竞争力，提振客户和渠道信心。

项目策划：
（1）传播目标。
● 面向既有客户（联想产品在客户内部占据份额超过10%）、渠道合作伙伴：①广泛告知ThinkServer品牌发布及新品上市信息，引发关注；②将两类人群的认知平滑过渡到新品，进而提升新品竞争力，提振信心；③持续增加明星产品曝光，全方位影响不同客户群，助力销售。
● 面向潜在客户（联想产品在客户内部占据份额低于10%）、业界和公众：展现联想在企业级产品、技术领域的最新成果，传递联想发力高端领域的决心，提升联想商用技术及品牌的创新形象。

（2）传播策略。
● What to say
联想对前沿技术趋势的洞察和自身的战略布局；√ThinkServer产品特性，联想创新、高品质的商用技术形象；ThinkServer助力载人航天工程。

● How to say
建立完善的标准话述体系，统一、一致地对外传递信息；对传播信息进行分层，针对不同受众群为各类媒体提供针对性的素材，回应媒体问题，实现多角度报道；通过载人航天项目参与者、渠道伙伴、典型客户、分析师等证言，对ThinkServer给予第三方话语支撑。

● Where to say
圈选重点财经、IT专业媒体，行业媒体，门户网站深度沟通和策划选题，实现深度报道；选定B2B核心媒体社区，与核心受众精准沟通，实现2B精准传播；中央与分区、专业与行业媒体纵横配合，形成立体化传播矩阵。

项目执行：
（1）编制《联想科技助力中国载人航天工程白皮书》：蓝色光标系统梳理了ThinkServer品牌的内涵与特质，将其稳定可靠的特性，与"神舟"系列载人飞船太空对接、女宇航员天地授课的热点事件相结合，提出了"稳定大局"的核心理念并建立了整套话语体系。

（2）核心客户、意见领袖赴发射现场探营，在微博平台率先引爆。邀请核心客户和意见领袖共40余人在"神十"发射现场观礼，前方直播加线上互动，观礼意见领袖原发微博48条，形成质量极佳的推广素材。并通过马鼎盛、丁辰灵等军事、财经微博名人和蛮子文摘、互联网的那点事等知名自媒体账号以及媒体官微进行大范围推转。

（3）结合太空授课热点，策划影视媒体专题报道。项目中事先获悉授课内容但又因保密要求不能提前曝光，为此，我们于央视直播授课前 16 小时，在北京 101 中学现场搭建了一套与天地授课原理相同、内容相似的环境，与中科院天文台、安徽滁州中学进行了一场三地远程授课，以"让天际不再遥远、让学习无处不在"为主题，把真实授课的内容与其他宇宙中的奇妙景象巧妙结合，并将联想与载人航天的合作、载人航天背后的故事、科技与教育、百姓民生的话题巧妙融合，让学生和记者们大呼过瘾，当晚就在 CCTV、BTV 呈现了专题报道。

（4）平面、网络媒体全面稿件曝光。凤凰周刊等财经、IT、行业媒体，以讲故事的形式进行了多角度的深度报道，拉近公众与联想 ThinkServer 服务器品牌之间的距离；联想集团副总裁、中国区大客户事业部总经理童夫尧做客凤凰网《航天会客厅》栏目接受专访，揭秘载人航天背后的 IT 系统，视频总播放近 50 万次，网友评论近 200 条；十大科技网络阵地累计曝光 3 轮，总曝光近 300 天次，其中网站首页及服务器（企业级）频道焦点图近百天次。

（5）Social 平台全面互动。"神十"发射当天，联想企业级业务官方微博进行全程直播，并邀请军事、IT、财经微博名人和知名自媒体账号，以及权威媒体官微参与互动。项目持续期间对"神十"任务进展持续跟踪报道，官方微博发布相关话题并邀请 KOL 推转；《蛮子文摘》发布信息推送微信 1 条；在科普网站果壳网进行专项合作，通过小组贴、问答等形式，讲述联想助力载人航天项目的细节故事。

（6）搜索引擎优化。从传统广告的搜索引导中，我们将这部分数据引流到已经优化好的搜索引擎中，搜索 ThinkServer 会直接引导至 ZOL 商情平台。

（7）"神十"主题平面、网络广告投放。在神十发射期间，我们对外发布了创意广告，并植入凤凰网《航天会客厅》视频直播栏目和《神十飞天，圆梦天宫》专题两大"神十"报道专题。紧贴航天这一大事件，将航天品质与产品品牌和产品建立强关联。并在传统广告上，加入了二维码、微博信息、搜索引导、400 电话等内容。通过二维码的扫描，将用户引导至手机官网和 Minisite。

（8）Minisite。在 Minisite 中，我们设置了航天技术解读、白皮书下载、产品方案展示等内容，从客户的注册信息中，筛选出购买意向。Minisite 中的大客户服务热线，令我们可通过400电话call入的方式，不断积累商机。通过微博、媒体专题、影视媒体报道、搜索引擎优化等形式，我们将用户关注数据导流到Minisite和手机官网，通过丰富有趣的互动游戏，吸引用户进入IT垂直网站的电商页面，达成购买或产生意向数据，最终形成传播闭环。

（9）客户活动。在全国各地举办与ThinkServer主力中国载人航天事业相关的主题客户活动210场，覆盖客户7404人。

（10）线下商机跟进。传统广告、官方微博、Minisite、手机官网等平台产生的数据，转交Sales跟进，并将已经成交的客户信息，纳入REL客户数据库。对于已经在数据库中的客户，我们开展了"神十"发射观礼款待活动，增强了客户对联想产品高品质的认知和粘度；搜索引擎优化吸引的潜在客户，可以通过电话、电商、线下等方式，成为渠道的商机。而未达成购买的人群数据，也将由渠道伙伴归入自己的潜在客户数据库，进行维护和进一步挖掘。

项目评估：

通过为期两年的整合推广，活动成功完成了从传播到销售的营销闭环的过程，将商机落地，实现了联想ThinkServer服务器品牌形象和销售业绩的双重提升。

2013年底，根据联想委托第三方进行的调研数据显示，活动拦访经提醒下对ThinkServer品牌创新的认知度超过80%。

2013年9月，IDC发布的《2013年第二季度中国服务器市场调研报告》显示，联想成功以12.2%的市场份额成功跃升为中国第三大X86服务器厂商，成为首个超越国际品牌的本土服务器厂商。

2013财年（2013年4月1日至2014年3月31日），联想服务器营收实现超过市场平均增速1.5倍的增长。

公关、广告（平面、网络、户外）共影响近5亿人次，搜索引擎关键字关注度提升500%，有效数据引流6900万人次，搜集客户行为数据120万条，根据客户行为，定制内容投送80万次，产生商机290条，确认商机6亿美金。

举办客户活动210场，覆盖客户7404人，新增客户数据1237条，形成正面客户口碑765条，挖掘销售线索超过10亿美金，白皮书、销售工具支持渠道超过10000家。

亲历者说：程宇　联想集团中国区大客户事业部营销和推广高级总监

每一位伙伴专业、敬业的工作态度以及高效的工作能力让此次活动取得了圆满的成功。活动不仅有效提升了新品牌竞争力，同时通过有效的传播手段帮助商机最终落地，切实推动了业务的发展。让我们伴随联想企业级业务扬帆起航，一起面对未来的全新挑战！

亲历者说：崔欣　联想集团中国区大客户事业部高级推广经理

在时间紧、任务重、协调资源多的情况下，此次"ThinkServer助力中国载人航天，提升联想企业级产品形象"的活动依然取得了圆满成功，不仅为ThinkServer打下了坚实的品牌知名度，同时获得了强劲的市场声量，成功实现了联想ThinkServer服务器品牌形象和销售业绩双重提升！

案例点评：

服务器类的B2B业务通常因技术复杂、离日常生活遥远等原因，不为公众所熟知，推广起来难度偏大。本案例选择的切入点十分巧妙。载人航天项目在我国民众中拥有非常强大的舆论号召力和关注度，象征着我国科技发展的最前沿，对于提升公众对ThinkServer品牌创新形象的认知具有很强的带动作用。

本案例在传播的内容和渠道上下了很大功夫，没有让联想止于"赞助商"等消极角色，而是积极参与到"神十"发射的各个环节，如编制《联想科技助力中国载人航天工程白皮书》，邀请核心客户和意见领袖共40余人在"神十"发射现场观礼，通过马鼎盛、丁辰灵等军事、财经微博名人和蛮子文摘、互联网的那点事等知名自媒体账号以及媒体官微进行大范围推转，结合太空授课热点，策划影视媒体专题报道。通过全方位立体传播，本案例在短时间内有效吸引了公众的注意力，令联想的企业策略和ThinkServer服务器品牌给目标受众留下深刻的印记。

在本案例中，联想还通过微博、媒体专题、影视媒体报道、搜索引擎优化等形式，将用户关注数据导流到Minisite和手机官网，通过丰富有趣的互动游戏，吸引用户进入IT垂直网站的电商页面，达成购买或产生意向数据，使公关活动与营销行为实现了无缝对接，也是对传统公关活动的一种突破。

点评专家：范红
清华大学新闻与传播学院教授
国家形象传播研究中心执行主任

China's Most Influential Public Relations Case Studies in 2014

2014最具公众影响力公关活动大奖

58同城·中国梦
——2014年58同城"中国好商家"评选活动

执行时间：2014年4月15日至2014年11月19日
企业名称：58同城信息技术有限公司
品牌名称：58同城
获奖情况：2014最具公众影响力公关活动奖

项目背景：

从2013年4月开始，58同城开始举办以"平台决定未来 服务改变生活"为主题的全国大型商业评选活动——58同城"中国好商家"评选活动。活动至今已经连续举办两届，涵盖全国27个城市及其周边区域，涉及房产、搬家、家政、汽车服务、商务服务等20多个生活服务行业，涵盖超过百万中小微企业及生活服务商家，超过5万家企业报名参与评选，完成43场区域评选活动，入围5000多家58同城中国好商家，其规模及影响力堪称生活服务界的"奥斯卡"。

58同城"中国好商家"评选活动，是生活服务领域覆盖商家数量最多、影响范围最广、知名度最高的评选活动，为中小微企业带去了巨大的品牌效益和发展支持。

项目调研：

（1）市场环境。

● 中小微企业已经无可争议地占据我国经济版图半壁江山。据国家工商总局在其网站公布的《全国小型微型企业发展情况报告》，截至2013年3月底，我国实有小微企业1169.87万户，占企业总数的76.57%。若将4436.29万户个体工商户视作微型企业纳入统计，小微企业在工商登记注册的市场主体中所占比重达到94.15%。

● 中小微企业发展阻碍多，急需借助外力修内功，提升核心竞争力。中小微企业普遍受到规模小、资金不足、技术落后、管理薄弱、缺少营销意识等各种阻碍，发展受限。这一系列难题已经严重影响其生存与发展，亟需提升企业自身竞争力。然而受限于这些因素，中小微企业又无力改变现状，因此急需借助市场力量、第三方营销平台等外力，提升核心竞争力。

（2）国家政策环境。

国务院密集出台政策措施扶持小微企业，助力发展。完善财税支持政策，扩大中小微企业专项资金规模，中央财政安排 150 亿元设立中小微企业发展基金，主要支持初创小型微型企业；努力缓解融资困难，建立小企业信贷奖励考核制度；加快技术改造，提高装备水平，提升创新能力；加强服务和管理。建立和完善 4000 个中小微企业公共服务平台。

（3）58 同城自身条件。

● 品牌及平台资源。58 同城作为全球最大的分类信息网站，网站内容覆盖全国 380 个城市，平台活跃商户数量已经突破 700 万，月独立用户访问量已超过 3 亿，月度发布超 1 亿条信息。强大的品牌背书和用户流量，使得 58 同城有能力扶持中小微企业发展。

● 不断更新的营销工具.截至 2014 年，58 同城下载量居生活服务领域首位，高达 1.4 亿次。用户在选择主流移动生活 APP 时，有 50.4% 的用户首选 58 同城，58 同城的用户常用率为 71.7%，远高于其他生活服务类 APP。除了 PC 端的网站，58 同城紧跟移动互联网趋势，全力打造移动端大平台，通过 58 帮帮、微站通等手机移动端营销工具，帮助商家克服资金、技术难题。

● 顺应国家政策扶植方向和社会产业结构调整。针对中小微企业在市场运营中碰到和困难和短板，58 同城希望通过市场竞争、标杆榜样、优胜劣汰、资源扶持，为这些企业的快速发展和持续产业升级，奠定稳健的商业基础和发展平台，这是 58 同城独特的行业定位和价值选择，更是 58 同城所拥有的企业愿景和社会责任。

（4）项目可执行性。

● 该活动获得 58 同城高层领导的认可和各个部门的资源支持，全国 27 个分公司提供强大的执行区域及团队。

● 活动具有很大的社会意义及媒体传播价值，获得全国各个区域及城市媒体的鼎力支持。

● 该活动能够净化行业环境，优化行业竞争，给广大生活服务商家提供强大的品牌和发展支持，获得全国超过百万商家的支持。

● 活动致力于为消费者推送更加优质的服务和商家，提供更加便捷，低成本的服务体验，为消费者创造放心、便捷、有保障的消费环境。

项目策划：

（1）目标。

遴选各行各业的优质商家，优化行业生态环境，引导行业健康发展。

依托品牌支持、通过营销培训、标杆塑造、行业探讨、商业联盟与优质商家评选等多商业维度，帮助生活服务领域的中小企业提升竞争力。

依托市场自身的调节能力和优胜劣汰的竞争压力，帮助中小企业良性发展和产业升级。

提升行业服务水平，为消费者推送更加优质的服务，提供更加便捷、低成本的服务体验。

传播58同城平台及产品服务的价值，提升认可度和影响力，支持市场拓展。

（2）策略。

经过全面的市场调研和客户群分析，中国中小微企业在激烈的市场竞争和严苛的生存环境中面临着"三大难题"：推广难、传播难、提升难。缺少品牌形象，缺少资金支持，缺少行业标杆，他们在自我发展和自我成长的道路上走得非常艰辛。

基于此，58同城大平台战略应运而生，利用58同城互联网络平台的巨大的信息优势、数以千万的商家聚集、数以亿计的用户关注，58同城在大平台的支撑下，通过市场支持、创新产品、营销工具等为中国中小微企业提供一个提升自身竞争力和前进发展的机会。

58同城中国好商家活动是58同城大平台战略的线下延伸和重要组成部分，通过标杆企业塑造、明星企业效应，优化竞争环境，帮助中小微企业摆脱发展困境，健康快速发展。

（3）目标受众。

招聘、房产、二手车、宠物、本地服务等生活服务领域中小微企业、个体户等，含58同城合作商家、会员和普通用户、非会员商家。

（4）主要信息。

58同城在全国范围内发起线上线下报名，涉及20几个生活服务行业的参赛商家都需要经过区域海选、消费者投票选拔、专家、媒体评选及暗访团抽查暗访的重重挑战，才有机会问鼎58同城"中国好商家"这一殊荣。

（5）传播策略。

紧紧围绕"中国梦"这个年度主题，体现58同城"中国好商家"全国评选活动在打造生活服务行业"中国梦"的过程中贡献自己的一份力量。

紧扣国家政策方向，顺应社会潮流，深度阐释小微企业的梦想，经58同城"中国好商家"帮助小微企业实现梦想。

从活动覆盖范围及社会影响力层面出发，58同城"中国好商家"是中小微企业中知名度最大的全国性商业评选活动，堪称生活服务领域的"奥斯卡"。

塑造明星企业案例，打造行业标杆，引导行业健康发展。

（6）媒介选择。

全媒体覆盖。横向综合邀请电视、平面、网络等媒体到场并进行广度传播，纵向利用新媒体传播渠道如微博、微信进行深度传播和互动。

内外并进。除了外部的媒体传播，充分利用自媒体矩阵传播及公司员工进行扩散传播。

项目执行：

2014年4月15日，第二届58同城"中国好商家"全国评选活动正式启动并展开报名。

通过企业规模、产品质量、服务水平、行业口碑多个维度的多重考察报名商家，设置严格的评选流程：区域海选、消费者投票选拔、专家、媒体评选及暗访团抽查暗访。

第二届58同城"中国好商家"全国评选活动总共在27个城市举办了区域好商家颁奖典礼，每场颁奖典礼都有区域好商家联盟签字仪式、填写梦想卡放入梦想胶囊等精彩环节。

2014年11月19日，第二届58同城"中国好商家"年度颁奖典礼在北京饭店金色大厅举行，58个58同城"中国好商家"获奖者齐聚北京，接受颁奖并加入58同城中国好商家联盟，58同城CEO姚劲波更化身梦想大使，帮助商家圆梦。

项目评估：

第二届58同城"中国好商家"全国评选活动历时7个月，席卷6大区域27个城市，涉及房产、家政、汽车服务、商务服务等二十多个生活服务行业，从全国范围内数千家入围企业中评选出近500个区域"中国好商家"、58个全国"中国好商家"，促进了区域市场的拓展和销售拉动。

8条传播主线，18个传播角度，200多篇公关及新闻稿件，完成超过1.5万次媒体传播，传播到达人数累积近4.8亿人次！

获得100多家电视媒体现场采访播报，覆盖全国各个区域近百家主流报纸传

媒和户外媒体，新浪、搜狐、网易、腾讯等主流新闻媒体网站和比特网、凤凰科技、tech web 等 IT 行业网站跟踪报道，微博、微信等新媒体深度传播。

亲历者说：张方方　58同城市场营销部总监
　　　　　　　58同城"中国好商家"全国评选活动项目负责人

　　58同城"中国好商家"全国评选活动始于2013年，至今已经连续举办了两届，现在很多人可能都只看到了活动的成果及效果，而不能了解我们在背后付出的辛勤和汗水。活动有全国27个城市及其周边区域超过5万家企业报名，需要对这些商家从企业规模、产品质量、服务水平等多个维度进行考察，从区域海选、消费者投票、专家评审到暗访团抽查暗访，需要我们市场营销部及全国27个分公司几百个工作人员不分节假日，主动放弃周末才能完成。但是，努力没有白费，我们的活动最后获得了巨大的成功，得到参赛商家和消费者的一致认可，也获得了全国各个区域主流媒体的跟踪报道。做这个项目，让我们坚信，只要有付出，就一定会有收获。

　　在活动评选过程中，在全国5万多个报名企业中我们发现了很多小商家。与很多中型企业比，这些小商家规模太小了，知名度也很有限，但是他们提供的产品和服务都很优质，这样的案例令我们的评审们产生了激烈的讨论，像这样的小商家是否应该获奖呢？经过了多次的讨论，最后，评审委员会认为，小商家是生活服务行业的重要组成部分，他们的提升是行业整体发展和进步的基石，58同城有责任鼓励和支持这样的小商家健康地向前发展，因此，在最后的获奖名单上，大家可以看到我们评选出了很多优秀的小商家，这些小商家用他们的努力和成就赢得了与大中型企业并驾齐驱的机会。

案例点评：

这个案例最大的出彩之处，在于巧妙、充分地利用了天势、地利、人和。从"天势"来说，新一届政府特别重视和强调对小微企业的支持和扶持，这在以前是从来没有过的；从"地利"来说，58同城是一个生活服务方面的网络平台，拥有几百万活跃商户，小微企业群集；从"人和"来说，平台上的小微企业和登陆平台的用户都迫切需要平台的良好服务、创新服务，而平台也需要更多的商户和用户的进入。因此，这是一个非常值得借鉴的案例。评选优秀商家的活动很多，是比较常用的公关活动类型了。但这个案例能得奖，绝非偶然。

点评专家：张云

华东师范大学教授

品牌文化与公共关系研究中心主任

极致驾驭,"净"在掌握
——全新飞利浦9000系列电动剃须刀主题发布会

执行时间： 2014年9月12日
企业名称： 飞利浦
品牌名称： 飞利浦男士理容
获奖情况： 2014最具公众影响力公关活动奖

项目背景：

剃须，是一个永不落幕的男性话题。从亚历山大时期开始，剃须就成为士兵上战场前的必做功课，到了1705年沙皇彼得甚至开始提出征收"胡子税"，剃须风风靡整个欧美大陆。在当下，剃须的意义早已超出了其行为的本身。经常而有规律的剃须体现了一种礼貌和修养。对别人这是尊重，对自己这是爱护。因此正确剃须，选择合适的剃须刀对于男人至关重要。

可能有人会说，胡须可以体现男子气概和与众不同的风度，但是医学专家却告诉我们，留长胡须会影响健康：人体呼吸的废气、吸烟者吐出的烟雾、大气中含有的重金属颗粒，都可以附着在男士的胡须上，同时长胡须的皮肤油脂分泌较多，平时用清水洗脸时又往往很难洗去，而油脂又有粘积灰尘的特性。

由此可见，剃须不仅关乎"面子"，更涉及健康问题。自然而然，剃得干净就成为男士对剃须刀的首要要求。目前常见的剃须方式有两种：手动剃须和电动剃须。尽管手动剃须历史悠久，但由于其剃须过程复杂，花费时间较长，且对剃须技术有相当高的要求，因而随着科技的发展已经逐渐被电动剃须所取代。作为现代男士理容的首选工具，电动剃须刀使用便捷，安全方便，且剃须过程相当舒适，没有任何操作难度。

项目调研：

根据调研，71%中国男性饱受油性皮肤的困扰，粗大的毛孔被油污堵塞形成粉刺或暗疮，若护理不慎，脸部常会留下凹洞疤痕。众所周知，男士"胡子区"

的皮肤非常脆弱，因此，每日的剃须工作就好比给胡子区的皮肤做一次小型的手术，如若处理不当，后果将不堪设想。

因此，男士对于剃须的要求不再仅限于剃得干净、舒服，须前须后的面部护理开始越来越得到他们的重视。虽然围绕着剃须而诞生的衍生产品令人眼花缭乱，男士的面部洁面仪器也开始慢慢推广，但素来要求简单、便捷、快速的精英男士们，总是希望拥有一个集多种功能于一身的"变'型'金刚"，既能满足极致剃净的要求，同时又可以提供多种理容选择，这才是追求效率和简约生活的男士首选的法宝利器。就像一辆最好的汽车，可以帮他驾驭前进的方向；一台最新的电脑，可以帮他驾驭工作的挑战；一部最智能的手机，可以帮他驾驭交往的迅捷；同样，如果拥有一把最顶级的剃须刀，就可以为成功男士提供最极致的剃须体验，时刻驾驭完美外在表现，自信面对每一个挑战！

项目策划：

作为男士理容的领导品牌，自1939年发布全球第一款电动剃须刀至今，飞利浦电须刀始终秉承着"创新为你"的品牌理念，致力于为全球精英男士提供最极致的剃净体验以及更优质的理容选择，真正为消费者带来健康舒适的优质生活。多年来，飞利浦电须刀不断突破、不懈革新，以卓越的品质，杰出的创意，一路为先的探索精神铸就了不可复制的品牌传奇。

自2011年启动将中国打造成"本土市场"战略开始，飞利浦就愈发深耕本土，把握市场前沿趋势。越来越多的男士开始追求高品格的生活，使用高品质的产品，而他们接受信息的方式和娱乐习惯则日趋数字化。由此，飞利浦主动出击，旨在以耳目一新的方式荣耀发布麾下最尖端的须刀作品，进一步向中国消费者提供飞利浦所倡导的健康舒适和高品质的生活方式。如何才能在传统媒体平台或新兴数字媒体平台最大化品牌声量，让更多人深入而全面地了解飞利浦麾下最尖端的须刀作品，感受飞利浦全球领先的创新成果和卓越成就呢？

以"极致驾驭，'净'在掌握"为主题，首先渲染飞利浦剃须刀75周年辉煌成就，回顾飞利浦"创新为你，成就不止"的品牌传奇；借助极致典范高以翔的亲身示范，诠释成功男士对"极致驾驭，精准把握"的至高境界，由此联系对极致剃须的追求；深刻透析独特的产品设计理念和尖端的创新科学技术，感受"驾驭未来，净无止境"最佳极净剃须体验。飞利浦9000系列电动剃须刀主题发布会上告诉了大家飞利浦创新的品牌故事、创新的尖端产品、创新的活动形式以及创新的营销策略。

创新，这对飞利浦来说既是一个不可避免的命题，也是飞利浦与生俱来的

基因。

项目执行：

基于对现代男士"快速便捷、贴面舒适、一物多用、随心应变"等理容需求的精准洞察和把握，此番全新亮相的飞利浦9000系列电动剃须刀毫无疑问正是飞利浦聆听消费者心声，实践"创新为你"，让TA以完美一面自信面对挑战的又一次有力证明。

（1）创新产品：智臻剃须，全能理容。

诞生于飞利浦荷兰Drachten研发中心——全球最大最先进的电须刀研发和制造基地，历时7年专注研发，全新飞利浦9000系列电须刀是飞利浦麾下最尖端的作品，实现了在贴面、切剃、多功能、护肤和清洁5大方面全方位的革命创新。

最尖端V型精确切剃系统，精准旋转的V型刀片比普通须刀更贴面30%，将每根须发精准定位，实现最佳角度剃须。配合首创的8向贴面感应科技，每次驱动浮动刀头8个方向，最大限度地贴合复杂的面部轮廓，更可以多捕捉20%以上须发，带来极致剃净的完美体验。此外，全新9000系列电须刀的smart-click系统，更配备智能卡入式剃须刀，胡须造型器与控油洁面刷，随心满足多种理容需求。做到完美剃净、全能理容、深层洁面，革命性地实现三大功能自由转换，让男士以完美自信的一面应对各种挑战，更好地驾驭人生，开启男士理容未来的无限可能。

（2）创新活动：科技引领，创意无限。

在"极致驾驭，'净'在掌握"主题发布会现场，无论是现场布置还是流程设定，无一不独具匠心地传递着飞利浦"创新为你"的品牌理念。从给人以极大视觉震撼的大型飞机户外静态展示，到宛如幻境般的75周年时空隧道，再到配合三屏互动的全息模式产品科技解析的270度U型环幕，极具科技感的创意布置在光影交错的时空穿梭中，传递着非同一般的先进科技力量和尖端技术魅力。这不仅与"极致驾驭，'净'在掌握"的活动主题密切呼应，同时也恰如其分地展现了"最尖端须刀"的高科技态度。

而在发布会精心设计的极具话题热点的创意互动环节更使得现场高潮迭起，聚焦"好东西要秀出来"的时下潮流热事，"晒照片集点赞"自媒体分享的环节设置反响热烈，近80%的来宾和媒体迫不及待地在微博、微信等社交平台上分享他们在飞利浦9000系列电动剃须刀上市发布会上前所未有的神奇体验。基于产品本身的强大功能和科技含量，加之极具创意的营销宣传手段，飞利浦9000

系列发布会一度成为关注热点，现场嘉宾平均每条信息获赞数高达 30 条，单条最高收集到超过 100 条赞。发布会活动结束后，热度依旧不减，短短 4 小时内，一线权威门户网站率先进行报道，网络新闻达 73 篇。在活动结束一周内，总共获得 6 家电视新闻、19 家视频网站新闻、11 篇平面新闻及 191 个网络新闻报道。

（3）创新风采：明星助阵，关注升级。

作为飞利浦男士理容明星代言人，台湾艺人高以翔先生亲临现场，不仅带来精彩绝伦的产品秀，更与大家分享自己对全新 9000 系列电须刀的喜爱："符合人体工程学的握感设计，细节处理和材质选择十分用心，最尖端科技让剃须更干净，更快速，更舒适。更惊喜的全能理容配置，可以让我随心打理多种造型，满足不同工作需求。绝对是我最喜爱的男士理容新品！"

此外，高以翔还和大家一起分享了自己的人生故事："无论是初入演艺圈，还是在事业上升期，工作上我随时可能面临多样挑战。需要不断突破自我，需要时刻保持自信，飞利浦电须刀让我用完美的一面应对各种挑战，完美驾驭模特、演员双重角色，精准把握每个不期而遇的机会，自信驾驭人生。"

（4）创新营销：数字化整合宣传。

飞利浦一直努力让"有意义的创新"不仅经由产品本身，更通过整合营销的宣传模式，发生在消费者生活的方方面面，在商业思路、渠道管理、营销模式上有着不少创新举措。飞利浦优质生活事业部大中华区总裁黄瑞仁先生表示："今天越来越多的消费者接受信息的方式和娱乐习惯日趋数字化，从产品研发到终端销售的每一个环节，我们数字化理念贯穿始终。"

此次全新 9000 系列电须刀的市场营销策略，也多方位挑战传统，致力创新。电视广告投放上，创新采用"First View"策略攻占 4 大主流视频网站，上线首日就获得超过 1.3 亿人次观看的巨大流量。线下活动中，首次运用的 Pop – Up Store，将传递高端形象和高人气路演销售创新结合。更首次利用"交互式游戏"和"Viral 话题营销"两种创新形式，为 9000 系列赢得超高网络声量和传播。

亲历者说：黄瑞仁　飞利浦优质生活大中华区总裁

一直以来，飞利浦优质生活事业部在男士须刀、护发产品、女士剃脱毛器、电熨斗、挂烫机、口腔护理、吸尘器、和空气净化器等领域都稳居市场领导地位，更连续4年蝉联"SUPERBRANDS 中国人最喜爱的品牌"。问及取得如此傲人成绩的原因，飞利浦优质生活事业部中华区总裁黄瑞仁先生表示："飞利浦所追求的创新是用有意义的创新改善人们的生活，除了产品技术层面的创新研发，我们更围绕和关注消费者需求，让"健康舒适"体现在消费者优质生活的方方面面。"

今年来，飞利浦不断突破常规，大胆创新，9000系列电须刀的耀世诞生正是飞利浦对现代男士理容需求的深刻洞见和精准把握，用有意义的创新，为消费者带来最先进的剃须理念的又一例证。"想要用真正有意义的创新改善人们的生活水平，就意味着不单纯追求技术上的创新突破，更需要考虑如何用创新切实满足消费者需求。"黄瑞仁先生指出，"大部分中国男性都希望剃须是快速简单、贴面舒适的，但随着社会发展，为了应对不同场合也会有不同的造型需要。今天，飞利浦将全新9000系列带到中国市场，希望可以带来最先进的剃须理念，最极致的剃须享受和最创新的剃须产品的同时，更帮助中国男士在生活和工作上更进一步，自信面对挑战，极致驾驭人生。承载75周年的荣耀成就，我们也将持续深耕男士理容市场，继续引领全球男士理容新风尚。"

案例点评：

新产品发布活动要想取得成功，传播策略十分关键。飞利浦公司通过细致的前期调研，确定了发布活动的传播主线为"驾驭和科技"，表现出他们对市场环境和目标消费群体的准确把握："科技和创新"乃当今时代的主流趋势，而追求"驾驭感"则是男性特别是成功男性（他们正是飞利浦9000系列电动剃须刀的目标消费群体）的性格特征。飞利浦对传播主题的恰当选择既体现了他们深厚的公关洞察力，也为发布会现场环节的设计定下了基调。

发布会的现场布置和环节设置环环相扣地呈现出传播主题，并配合传播主题营造出"最尖端"的氛围：从呼应"驾驭"主题的大型飞机户外静态展示，到科技感十足的75周年时空隧道，再到270度U型环幕、配合三屏互动的全息模式产品科技解析，都让来宾感受到非同一般的先进科技力量和尖端技术魅力。

为了便于目标公众直接感受和体验产品，新产品发布会通常都在线下举办。但在新媒体全面"入侵"生活的当下，新产品的发布不能线上"缺席"。大部分新品发布方的做法是"线上"配合"线下"，在微博、微信发布活动通告、直播活动进程并发动大账号进行转发等。而飞利浦9000系列电动剃须刀的发布会很有新意地设置了"晒照片集点赞"的即时自媒体分享环节，近80%的来宾和媒体都将自拍和活动照片即时分享至各社交媒体平台，取得了非常好的传播效果，让我们看到"老"企业是如何玩转新媒体、实现线下和线上的无缝对接。

飞利浦这款新产品的发布活动，从传播主题和核心信息的选择到现场环境的布置和现场活动的设计以及线上和线下的配合等各个环节，均有不俗的表现，在创意方面新奇中不乏严谨、在执行方面规范中又有创新，确实是一个成功的公关案例。

点评专家：王晓晖
国际关系学院文化与传播系副教授
国家职业资格工作委员会公共关系专业委员会副秘书长
中国国际公共关系协会学术工作委员会委员

2014 APEC 工商咨询理事会年度活动

执行时间：2014 年 11 月 7 日
企业名称：中粮集团有限公司（根据惯例，"ABAC"年度活动由轮值主席承办）
品牌名称：APEC 工商咨询理事会（ABAC）年度活动
获奖情况：2014 最具公众影响力公关活动奖

项目背景：

亚太经合组织（APEC）第二十二次领导人非正式会议于 2014 年 11 月 10 日至 11 日在北京举行，中国是本届 APEC 轮值主席国。

作为 APEC 旗下的重要机构，成立于 1995 年 11 月的 APEC 工商咨询理事会（APEC Business Advisory Council，简称 ABAC）是 APEC 唯一代表工商界的常设机构，负责为创造有利于工商界的发展环境提出设想和建议，每年直接向 APEC 各经济体最高领导人呈交咨询报告，与领导人进行直接对话。2014 年中国担任 APEC 轮值主席国，中粮集团董事长宁高宁担任 2014 年 APEC 工商咨询理事会主席。

2014ABAC 年度活动是 ABAC 年度会议的关闭环节，标志着年度会议的讨论工作完结，将进入工商界企业代表与 APEC 领导人对话阶段。在活动中，轮值主席国将举办盛大的招待晚宴和大型文艺演出对远道而来的各国工商领袖和来宾进行欢迎，国家重要领导人将亲自出席活动。

围绕 APEC 精神，站在国家高度，如何打造一场充满文化魅力，彰显国家文化"软实力"的国事活动，体现国家形象，展现文化内涵，这成为本次活动的关键课题。

项目调研：

APEC 会议是 2014 年的一场重要政治和经济事件，时隔上次在我国举办已经过去 13 年，现在我国已经跃升为全球第二大经济体，伴随着经济结构转型和"创新"发展的改革思路，该年度活动的顺利举行将向世界传达更加和谐、开放、包容和充满活力的中国，并透露出中国不仅将在亚太地区经济事务中承担更多责任，同时将引领、主导亚太规则的信号。

而作为 APEC 年度会议的重要环节，历届的 ABAC Gala 盛典非常引人关注，体现出的是一个国家的文化与历史，展现的是国家的软实力与内涵。

2012 年、2013 年，俄罗斯和印度尼西亚分别作为主轮值主席国举办了两届 ABAC Gala 盛典，举办方均采用最具民族代表性的元素展现国家文化，同时借助传统与现代的结合，营造出轻松愉悦的氛围。在演职人员和节目表演环节，更是选用了国家顶级演出团队，极具艺术性和观赏性。

作为服务于本次活动的公关公司，森博公关集团接到了活动承办方——中粮集团的邀请，双方携手对此进行了深入调研。同时，在与 ABAC 的深入对接和沟通中，对活动有了更加深刻的了解和认知，明确了这场高规格、高品位的国家活动的价值与意义所在。

项目策划：

（1）目标。

传播中国以儒家思想为代表的悠久文化，展现文化内涵与魅力，彰显国家文化的"软实力"。

打造高规格、高品位、高品质的国家级商务与文化活动，匹配 APEC 会议基调，展现国家形象与地位。

传递中西融合的理念与精神，加强各成员国代表的信心，增强亚太区工商领导人之间的凝聚力。

（2）策略。

针对这场极具高度与影响力的活动，森博公关集团根据 APEC 会议的精神，从活动的设计构想、现场策划、组织管理到晚宴节目类型的创作表达、舞美等方面，进行了全面的创意策划。

"中国元素"的创新演绎成为贯穿整场活动的核心。在整个过程中，森博摒弃以往的"模式化设计"，从外场环境设计到内场表演内容，从签到、酒会到互动、晚宴，都将"中国元素"进行创新提炼与重组，将文化作为沟通语言寓于活动之中，向外界传递出与众不同的东方大国的文化内涵。

据此，森博精心选取了其中最具代表性的"茶＋国粹＋国乐"三大元素进行演绎，传递中国文化，而牡丹、中国结、瓷纹等也成为现场重要的文化符号。同时，结合数字技术与大数据平台支持，嘉宾签到、晚宴座位排序、现场表演等模块进行了精细化管理。

(3）目标受众。

国家领导人、亚太各国工商界领袖、企业家领袖、重要新闻媒体等 300 余人。

项目执行：

主视觉以国花"牡丹"为核心视觉设计元素。牡丹花大而香，有"国色天香"之称，承载着中国文化，最具中国传统文化审美和美好愿望的牡丹花纹，凸显了鲜明的中国特色和民族风格。

（1）来宾信息录入——数字化管理系统。

来自亚太各国的嘉宾众多，座位的排列与现场的引导成为关键课题。为此，我们设计开发了专门的数据系统，用于嘉宾信息管理。提前将各国嘉宾信息完成数据录入，完成现场座位安排，嘉宾输入姓名即可呈现。同时，在现场签到领取印章号码卡以及晚宴桌号卡，包括来宾饮食禁忌等细节。

（2）富有文化感的签到，标签化的礼物。

印章是中国文化与历史的符号，周朝时就已存在。我们改变以往刻板的签到模式，为每一位来宾打造了唯一的印章。在活动前，我们结合姓名特点、国家、文化背景，为近300名来自各国的嘉宾做好中文名字翻译，并在技术后台进行数据录入。到场来宾通过iPad中的数据输入、检索，进行身份确认。在签到处领取专属印章，通过在印章墙上的印刻，组成ABAC的图案。

（3）打造"江南园林"，充满中国风的冷餐会。

来宾签到完成，一场充满东方韵味的冷餐会成为ABAC Gala Dinner的开胃菜。"亭台、屋檐、中国结、荷花、竹林、花艺、琴箫合奏、茶艺……"人景互动，营造出优雅的"江南园林"。

用"鲜花"扎制而成的中国结，在琴、箫合奏与茶艺表演中，营造出浓郁的文化感。

（4）ABAC Gala Dinner。

作为整场活动的重头戏，晚宴有着更加深远的意义。在中国的历史上，

"宴"有着深远的内涵，既为平安之意，也是宴饮聚会之情。一场"宴"，不仅仅是"美食饕餮"，更是一种交流的媒介和平台。而晚宴设置在中国最具象征意义的活动场地——人民大会堂金色大厅，代表的则是国家背书。所以，晚宴从视觉传递到节目编排、设计上，围绕中国文化展开了多元化的表达，借此传播国家精神，展现国家历史。

简洁、大气，充满艺术气息与文化感的设计。舞台设计上采用融"简洁、科技、文化"于一体的全 LED 分屏舞台设计形式，体现现代时尚感，牡丹等文化元素在舞台上立体化呈现，营造出祥和、大气的氛围。

《茶道中国》——原创节目展现中国茶文化。中国素有"客来敬茶"的习俗，茶是文化，更是礼仪。大型舞台剧《茶道中国》以"茶乐东方＋茶之韵味＋茶之魂·中国之礼"三大篇章作为晚宴开篇，强调中国儒学的文化和礼仪——"有朋自远方来，不亦乐乎"以及"客来敬茶"之道，表达对远道而来的客人的欢迎，传递中国悠久历史的茶文化，以一种宏大的气氛展现茶的韵味、茗香、空谷幽兰的气度。

《论语·学而》中的"有朋自远方来，不亦乐乎"，表达了对客人的欢迎之情。

30 名旗袍舞者与一名汉服舞者拖着茶海在舞台中央舞动，若茶、若水、若灵动的中国符号。

国乐表演《百鸟朝贺》。国乐是中华民族的代表，晚宴将经典的"百鸟朝贺"进行了全新演绎。所有乐器均从敦煌莫高窟的壁画中进行复刻、还原，通过国家级民乐演奏大师的表演，展现百鸟相聚的景象。

互动表演《水墨舞韵》。水墨画是中国国画的一种，也是国粹的代表。在《水墨舞韵》中，唯美的水墨画与舞蹈、民乐完美结合，打造纯粹的中国风。同时，科技与艺术完美融合，以人屏互动的方式展现人景合一。

器乐演奏《琴声绽放》。在中西文化交融的背景下，邀请小提琴艺术家和二胡艺术家在现场上演一轮热血沸腾的"斗琴"表演，创新的演绎表达将中西乐器完美地融合在了一起，呈现出一场非凡的视听盛宴。

京剧国粹《国色梨园》。京剧是我国国粹艺术的代表。此次晚宴上，通过呈现"生、旦、净、丑"等戏剧人物角色的演艺特点，将京剧这个富有东方魅力的戏曲形式进行了全面展示。

杂技《邀月弄影》。全新创作的情境杂技剧《邀月弄影——芭蕾对手顶》，杂技演员仿佛是八音盒中走出的两个芭蕾舞者，掌心、肩膀，无一不是芭蕾舞者足尖下的舞台，在现场上演一幕幕中国独有、精彩绝伦的杂技绝活技艺。

对于国外的来宾而言，杂技在他们眼中始终是代表中国文化的一个重要内容。

结束演出《筑梦未来》。作为晚宴表演的压轴节目，为了表达一股浓浓的舞台气势，现场采用钢琴演奏、陕西腰鼓、芭蕾舞（拉丁舞）等多元化组合的形式，在传统与现代、民族与国际的和谐交融碰撞中释放出巨大的感染力。

互动舞蹈《阿细跳月》。彝族最具代表性、互动性的民族民间舞蹈，在舞蹈演员载歌载舞中邀请现场来宾进行互动，迅速带动现场氛围。

Party。将中国经典歌曲以西方的爵士乐进行改编，通过中西文化融合，《掀起你的盖头来》、《彩云追月》、《万水千山总是情》、《夜来香》、《甜蜜蜜》、《青春舞曲》等经典乐曲通过现场乐队的演奏，营造轻松、闲适的氛围，让来宾们共舞共交流，为活动画上圆满句号。

项目评估：

2014ABAC年度活动呈现给嘉宾的是一场大气、祥和、愉悦、温情的视听盛宴，节目表演上既彰显出国家文化，又图变求新，整场演出巧妙地向与会嘉宾释放出中国在APEC会议上向亚太成员国传达的国家战略，在"有朋自远方来，不亦乐乎"的中国儒学思想下，充分表达了主人的好客之意。

从签到环节的独特设计到充满中国文化的"冷餐酒会"，让来自亚太各国的嘉宾感受东方文明古国的魅力所在，签到印章也被作为珍贵的礼物所保留。同时，代表中国茶叶顶级品质的"中茶"礼盒作为礼品馈赠给到场嘉宾更是将中

国的文化元素进行了最好的表达。在短短的 5 分钟时间，完成 300 多名各国来宾的签到接待服务，也打造了国事活动接待的一个经典案例。

晚宴环节，从《茶道中国》到《百鸟朝贺》，节目所展现的中国文化内涵吸引了到场所有嘉宾的关注，赢得了阵阵掌声。在小提琴和二胡的斗琴《琴声绽放》节目中，小提琴演奏家与台下客人的配合演奏引发现场高潮。在节目《邀月弄影》中，杂技演员心有灵犀，配合默契，将一个个高难度动作展现给现场300 多名世界各国来宾，会场掌声不断，靠后几桌的来宾几乎站立前望，惊叹不已。在《筑梦未来》节目中，陕西小伙子们用充满黄土气息的腰鼓，配合着气势磅礴的黄河背景，震撼全场，台下光闪不息。最后的 Party 大联欢，在场人员无不被现场气氛所感染，纷纷走向舞池手拉着手欢快起舞。

中央电视台、新华网、人民网、《人民日报》等主流媒体对活动进行了详实报道。同时，部分外媒也对此次活动给予了多方关注。

亲历者说：于林义　森博公关集团总裁

中国已经开启了国家形象公关的新篇章。"中华优秀传统文化是中华民族的突出优势，是最深厚的文化软实力。"此次 APEC 会议也从内到外表达了中国对国家传统文化与儒学思想的关注，强调国家形象的塑造和国家文化的复兴。现在，国家形象公关已经被提上一定的战略高度，肩负向世界传递更好的中国形象的使命。

此前，森博曾经参与过许多国家级的活动，比如 2008 年奥运会，2010 年"世博会"以及今年 7 月份的第十届全国学生运动会等，积累了丰富的经验。当我们接到此次 APEC 活动的邀请时，既感到荣幸，又感到压力。毕竟，这是一个不容有失的国家任务，森博公关肩负的使命是传播国家的形象与文化，同时也是对中国文化"软实力"输出的一个过程，考量我们的首先是对于国家文化的理解，其次是创意与表达，还包括组织、协调、管理等多个方面，这是一种极大的荣誉，但也是一场充满难度的挑战。

为了更好地区别以往的盛典活动，脱离固有的"模式化"，我们除了注重对国家文化的挖掘，同时在中西文化的交融，而且在所有环节与细节设计上，力求原创表达。

在视觉设计上，我们把牡丹作为平面设计的核心元素，用鲜花制成的中国结作为冷餐会的主标签，印章签到体现了独特的中国风；在听觉上，琴箫组合结合茶道营造现场氛围；晚宴开启，我们采用代表儒家文化精髓的"有朋自远方来·

不亦乐乎"以及"客来敬茶"的传统礼仪，打造"茶道中国"。在晚宴过程中，我们对"京剧、杂志、民乐"等代表中国文化的元素进行创新组合，以区别以往的方式进行演绎，传递多元化的文化魅力。

在未来，森博也希望参与到更多的国家形象公关活动中去，传播中国的国家形象，展现国家文化的软实力。

案例点评：

2014APEC工商咨询理事会年度活动（简称"ABAC"）是一场完美的"中国文化SHOW"。通过有形的"茶、国粹、国乐"与"牡丹、中国结、瓷纹"，无言地叙说着中国文化的深厚底蕴和无穷魅力，彰显了中华文化的"软实力"。作为APEC年度会议的重要环节，历届的ABAC Gala盛典都非常引人关注。"高端"、"大气"、"上档次"的北京"ABAC"活动，向世界表达了中国的真诚之意与好客之情。

"ABAC"的成功得益于媒体报道的成功。首先，媒体本身就具有聚焦功能，短时间汇聚到尽可能多的受众"注意力"。运用电视、官网、报纸主流媒体与部分国外媒体进行复合式宣传报道，扩大了"ABAC"的影响范围，把全世界的"目光"凝聚于此。其次，在媒体上获取新闻信息具有平等性。媒体对"ABAC"的活动进展进行全方位、立体式的报道与解析，任何人都可随时随地获取到与此相关的信息，"ABAC"不再只是上层社会才能参与或关注的，普通受众也能了解和感受到"ABAC"的精彩与魅力，"ABAC"的影响力不再局限于特定人群。最后，依托媒体搭建的"拟态环境"，受众不再仅是沉默不语的"看客"，积极参与到评论与互动中来，为裂变式的传播提供可能。

点评专家：王欢
北京邮电大学公共管理学院院长、教授

长安 CS 系列自在星空之旅第二季

执行时间： 2014 年 8 月 7 日至 9 月 16 日
企业名称： 重庆长安汽车股份有限公司
品牌名称： 长安 CS 系列自在星空之旅第二季
获奖情况： 2014 最具公众影响力公关活动奖

项目背景：

长安首季自在星空之旅，在 2013 年以分站活动的方式完成了第一季，获得了良好口碑并引发星空拍摄、观星热潮，至今仍在升温、发酵。作为星空之旅发起者，长安汽车进一步强化 CS 品牌与星空的关联，将星空元素打造成 CS 系列的专属资源。目前 CS 系列产品以 CS75 与 CS35 为主导，CS75 在上市初期便获得舆论强烈关注，在北京车展期间被评为最受关注新车；CS35 销量节节攀升，在竞争激烈的紧凑型 SUV 领域站稳脚跟，跻身市场主流明星车型。

当前，CS 系列产品已颇具知名度，针对市场的推广重点应聚焦在打造品牌美誉度，提升品牌溢价方面。

项目调研：

长安 CS 系列自在星空之旅第一季追星族以神奇天文景观为憧憬，逃离城市，拥抱自然，以逃离束缚诠释自在精神。长安 CS 系列自在星空之旅第二季以圣湖为目的地，力求于征途中领会圣湖的宁静、纯粹、圣洁，寻求心灵的净化，体悟身心空明的自在。经过实地考察，疆北大通道和西部大回环组成的线路贯穿了中国境内大部分拥有神秘传说的圣湖，在这条路线上不仅拥有绝色美景和璀璨星空，更有大量人文历史故事值得探索，整条线路包括新疆路段和西藏路段。全长 15000 公里左右，预计行驶时间为 45 天。

在喀纳斯、班公湖、纳木错设置媒体探班路线，邀请媒体与星空客一同感受自在。

项目策划：

（1）目标。

- 打造专属性：设定自在星空之旅专属活动形式，实现长安CS系列与星空元素的"占位性"关联，打造CS系列的年度性专属品牌活动。
- 提升美誉度：全媒体领域甄选优质媒体平台，制作精品传播内容，深度阐释自在品牌理念，打造品牌美誉度，提升品牌溢价。
- 实现社会效应：通过活动使参与媒体及嘉宾深刻感受自在理念，实现心灵净化，并树立典型形象、制造正面社会效应、提升活动调性和影响力。

（2）策略。

- 征集一群不同领域的人——打造属于自在星空之旅的星空客。
- 开辟一条前所未有的探星路线 – 圣湖项链，即疆北大通道与西北大回环。
- 发掘对"自在"一词的深度阐释。

（3）目标公众：年轻上班一族，小型SUV车主。

（4）传播策略。

- 将自在星空之旅打造成长安CS系列专属品牌系列活动：实现长安CS系列与星空元素的"占位性"关联；扩展传播阵地，辐射影响受众，打造全网影响力；提升内容品质，深度阐释自在理念，打造品牌美誉度。
- 全领域顶尖网站合作：与摄影、旅游、情感娱乐、汽车行业等领域顶尖网站合作，打造全领域网络影响力。
- 探班媒体深度报道：邀请以网络为主的汽车行业内媒体探班活动，增强长安在车主群体中的品牌好感度。
- 新媒体平台进行无缝扩散传播：通过微博、微信、论坛等新媒体平台，结合创意内容实现活动信息的及时、扩散性传播。

（5）媒介选择：在汽车之家、天涯、乐途和蜂鸟网四大网站建立专题，进行人员招募、活动进展报道、活动综述全环节合作。

项目执行：

历时40天，行程15000公里，南北穿越新疆、西藏两省，跨越城市、荒漠、草原、高山、高原等多种地貌路况，成功穿越世界上平均海拔最高公路219国道，连续20余天行驶在平均海拔4000米以上的公路，其最高海拔达5300米。在过程中，队伍完美地经受住了考验。随着路途的逐步推进，我们不断完善着执行细节，在与三站星空客及三组创作团队的不断沟通中提升车队行进中的管控能力，让媒体充分完全地自由试驾，让每一位参与者深度感受CS75与CS35的完美体验。

项目评估：

（1）效果综述：本次活动从汽车之家、乐途网、天涯网、蜂鸟网共计招募了22位星空客体验活动，分别覆盖旅行、摄影、汽车等多领域网络红人及意见领袖。这些原本与长安汽车甚至自主品牌无关的人通过本次活动对长安汽车产生了全新的认识，他们在网上的口碑效应也极大地提升了网络对长安汽车的关注与好评。

（2）现场效果：活动引发了天文、星空摄影、摄影周边产业、手机APP推广、自媒体人微信推广等数个领域的主动传播。

（3）受众反应：

完美品质打动车手：15000公里严苛路段0故障。

惊艳油耗震惊媒体：CS35最低百公里油耗6.5L，CS75最低百公里油耗7.3L。

优秀动力征服高原：轻松翻越十余座海拔5000米左右的雪山。

（4）市场反应：各位媒体与长安汽车用户一起感受CS75与CS35，车辆得到一致好评，成为了同等价位汽车中的首选。

（5）媒体统计：招募到有效报名人数1003人；实现点击量1779695人次；实现曝光量达到581901169人次。31家行业内媒体探班，其中包括网络媒体28家、平面媒体2家、电波媒体1家，实现首页（频道首页）焦点图21家1次，首页要闻区文字链9家1次，电波连线15分钟。通过微信、微博、论坛等平台全程直播过程中，共发布微博240条，转发量177223次，总评论量达到17768次；微信发布28篇；论坛发布20篇，共发布716家，总点击量达到2336177次，总评论量10689条。

亲历者说：范雪婷 长安CS系列自在星空之旅第二季项目负责人（迪思传媒集团）

长安CS系列自在星空之旅第二季自2014年8月7日正式踏入征程，车队首发集结27人从五湖四海由星空之旅聚集到一起，开始了探星之路，寻求心灵的净化，发现每个人心中的自在。

每个人对自在的阐释不同，但我相信自在星空之旅给予每一个人的自在是独特的，永远难以忘记的。我们一起到过富蕴福海湖，一起在美丽的喀纳斯湖畔拍摄星空寻求自在，在克拉玛依美丽的魔鬼城日落寻求自在，在壮伟的赛里木湖寻求自在，在翻越独库公路时寻求自在，在雄伟的那拉提草原寻求自在，在伟岸的霍尔果斯口岸寻求自在，在喀什老城那夕阳的黄昏下寻求自在，在红其拉甫口岸漫天飞雪的景观下寻求自在，在天路零公里处寻求自在，在新藏219线上寻求自在，在翻越新藏线无数大阪处寻求自在，在美丽的班公湖寻求自在，在神奇的扎达土林与令人惊叹的古格王朝寻求自在，在冈仁波齐、西藏三大圣湖——玛旁雍错、羊卓雍错、纳木错寻求自在……所有的一切最终和艰辛、困难、努力、感动、难忘、汗水、泪水、不舍汇在一起，他不仅让每一个人成长，更让每一个人终生难以忘怀。

这次活动不能用简单一则故事，一句得与失来形容，因为其间所经历的每一分每一秒对于活动参与者来说都是令人感动的，兴奋的，我们只有一句话可说，那就是期待自在星空之旅第三季的尽快到来。

案例点评：

伯德·施密特博士在其著作《体验式营销》中指出，体验式营销站在消费者的感官（Sense）、情感（Feel）、思考（Think）、行动（Act）、关联（Relate）5个方面，重新定义、设计营销的思考方式。美国战略地平线LLP公司的创始人约瑟夫·派恩和詹姆斯·吉尔摩将体验经济定义为企业逐步要适应以服务舞台，将产品和服务作为道具，以顾客为中心，不断积极地去创造能够让顾客参与进来，并且留下美好回忆的活动。基于这些理论的指导，体验式营销成为当下汽车行业提升自身竞争力，为客户提供差异化服务，提升客户忠诚度的优秀策略之一。

长安CS品牌从汽车之家、乐途网、天涯网、蜂鸟网招募了覆盖旅行、摄影、汽车等多领域网络红人及意见领袖的共计22位星空客参加长安CS系列自在星空之旅第二季活动。使这些原本与长安汽车无关的人通过参与体验活动，用感官、情感、思考、行动、关联5个方面，对长安汽车产生全新认识，并把自己的体验历程通过线上和线下进行传播，提升人们对长安汽车的关注与好评。同时引发天文、星空摄影、摄影周边产业、手机APP推广、自媒体人微信推广等5大领域的主动传播。体验者可以在活动中领会圣湖的宁静圣洁，寻求心灵的净化，体悟身心空明的自在。企业准确地把握了当下城市年轻人压抑的社会现状，鼓励人们远离繁华，实现心灵净化，带来积极健康的态度引导，树立了健康自由，富有追求的品牌形象。以星空为产品代言，充满遐想和创意。一路同行中，参与者亲身体验产品，将汽车产品完美融入到星空之旅这个项目中，极好地凸显了产品的优越性能。为产品打下了活口碑，更具有直观说服力。

此项目在利用微博、微信等新媒体平台方面充分考虑到了当今社会信息多层次的传播，通过平面媒体、网络等方式无缝为自己的产品宣传造势，设置媒体探班路线，推广传播透明畅通。项目还与摄影、旅游、情感娱乐、汽车行业等领域顶尖网站合作，打造全领域网络影响力，一方面能使自己的品牌活动更具专业性，另一方面可以制造话题、打造热点，很好地将活动影响辐射开来，增强品牌和产品知名度。

此次活动在策划上凸显了两个亮点：

其一是体现在将品牌的深层次的理念与体验星空的高远意义巧妙进行融合。长安 CS 系列自在星空之旅第二季设计的品牌体验集结 27 人，他们从五湖四海聚集到一起，开始探星之路，寻求心灵的净化，发现每个人心中的自在。通过体验活动让消费者感受到长安 CS 能带给他们的全新生活方式。CS35 和 CS75 两款产品不仅以卓越的性能在市场上备受欢迎，其内涵的自在品牌理念也成为都市年轻一族的生活新风尚。他们性格积极乐观，充满激情和活力，乐于享受生活，所以产品本身贴合目标受众。作为长安汽车的首款 SUV 产品，长安 CS35 紧跟时代潮流风向，充满时尚气息，完全个性化设计，在外形方面更是很好地诠释了"自在自不凡"的理念，与年轻消费群体崇尚探索精神，追求身体力行的开拓完全相符。所以在驾乘过程中，企业让消费者充分体验到了品牌的内涵，感受到品牌想要传递给消费者的一种生活理念，让客户与企业产生良性互动，从而影响客户、感染客户。长安 CS 自在星空之旅开创了行业内首个以"拥抱自然、追逐星空"为主题的专属品牌活动，向全社会倡导走出城市、拥抱自然、净化心灵的生活理念，便是对长安 CS 系列自在品牌内涵的完美演绎。

其二是将产品功效与体验活动全过程进行有效融合。长安 CS75 在今年北京车展上市以来，一直就以其"新锐造型、多维安全、超大空间、驾乘舒适、强劲动力"成为了超越同级别车型的"焦点"。长安 CS75 采用了长安汽车全新的设计理念，车身线条完全凸显城市 SUV 的精致感。车辆整体风格兼具霸气、时尚和动感，彰显长安汽车在 SUV 车型设计上的成熟。在乘坐空间上，CS75 头部宽敞的设计避免了驾乘的压抑感，与"拥抱自然、找寻自在"的"星空之旅"主题十分贴合。宽敞的车内空间不仅为旅途增添了更多舒适的享受，也承载了"家庭出游"的重要使命。此次星空之旅途径喀纳斯、班公湖等地,当地路况比城市复杂很多,整个旅程对长安 CS 系列都是一次考验。凭借质感极其强大的底盘,领先于同级的 BlueCore 2.0VVT 强劲能发动机及 Blue Core 1.8T 涡轮增压发动机,匹配 6 速自动高效变速箱,百公里仅为 11.5 秒的加速时间,最高时速达 180 公里以及低油耗技术让长安 CS 系列具备了更强劲的持久力。长安 CS 系列并没有让试驾者体验到路途的坎坷,一路走来,稳妥而舒适的试驾感受呼赢得了所有人的称赞。在西藏这片粗犷的土地上,长安 CS 系列完美地诠释了速度、激情与释放的内涵。在长安 CS75 和 CS35 不凡的表现下,试驾者迎来了与漫天繁星的一次亲密的拥抱。在终点纳木错湖畔,美丽的星空下,长安 CS75 流畅的线条仿佛在诉说着一个唯美浪漫的爱情故事。在广阔与宁静的自然风光中,长安 CS75、CS35 以卓越的品质和深厚的品牌内涵为所有人带来了一次自在洒脱的追寻。其独特的产品设计,带给客户独特的产品体验,创造了难忘的体验过程,从而达到广泛的传播效果。

点评专家:赛来西·阿不都拉
浙江大学城市学院公共关系研究中心主任、副教授

挑战 6000——2014 青藏高原昆仑雪山自驾寻源之旅

执行时间：2014 年 4 月至 2014 年 8 月
企业名称：昆仑山矿泉水有限公司
品牌名称：昆仑山雪山矿泉水
获奖情况：2014 最具公众影响力公关活动奖

项目背景：

《2013 中国环境状况公报》数据显示，中国 50% 的水源受到污染，高达 65% 的人饮用浑浊、苦碱、含氟、含砷、工业污染的水，只有不到 11% 的人饮用着符合卫生标准的水。

昆仑山雪山矿泉水，独占青藏高原海拔 6000 米昆仑雪山珍稀水源，具备天然、高海拔、零污染的特性，且历经冰川岩层 50 年过滤和矿化，拥有丰富均衡的矿物质和微量元素。在如今水源地成为核心竞争力的市场局面下，珍稀的水源地无疑已经成为昆仑山区别于竞争对手最有力的武器。

自 2009 年上市以来，昆仑山每年都会面向社会征集媒体及消费者代表，前往格尔木市昆仑山工厂及昆仑雪山脚下的四级水源保护地参观，截至 2013 年，超过 4000 名消费者见证了昆仑山珍稀的水源地。

2014 年，昆仑山对雪山寻源项目进行重磅升级，面向标杆市场北京、上海、广州和重点开拓市场深圳、武汉、杭州、温州、成都、西安等 9 大城市进行招募，并邀请网球女王李娜、奥运冠军陈一冰、人气明星安以轩参与其中，以自驾形式，深度探秘昆仑山雪山矿泉水珍稀水源，以权威媒体、消费者代表的见证夯实品质口碑，并依托明星领袖的参与获得品牌形象、品牌区隔、品质认同层面的巨大提升，实现与竞争对手的有效区隔。

项目调研：

在项目策划前期，昆仑山针对媒体、消费者、项目可执行性进行了深入调研，确保实现项目的既定目标。

（1）媒体层面：2013年农夫山泉事件之后，大众对于瓶装水安全的关注度飙升；水源地污染事件频发，也让饮水安全危机日益加剧。在这种局面下，大众饮水习惯及饮水理念已经到了不得不变革的时代。2014年，恒大冰泉横空出世，搅动了原本昆仑山一枝独秀的高端水市场。媒体对于高端水、天然矿泉水市场表现出极其浓厚的兴趣，他们迫切希望揭开高端水的神秘面纱。昆仑山雪山矿泉水是高端水的代表性领导品牌，通过自驾寻源活动，媒体可以在整个行程中自由捕捉新闻素材、深度探秘雪山矿泉水、水源地究竟如何与众不同，充分满足了他们的需求。

（2）消费者层面：昆仑山雪山矿泉水是高端水领导品牌，强调自身来自高海拔、零污染的昆仑雪山珍稀水源地。选择购买昆仑山的消费者心中对于昆仑山存在诸多疑惑，昆仑山为什么卖这么贵？昆仑山的水源地真的是雪山么？每一瓶雪山矿泉水都是在昆仑雪山灌装的么？昆仑山雪山矿泉水跟其他高端水有什么不同……邀请消费者代表前往昆仑雪山工厂、水源地见证，无疑能够以一种更具公信力、口碑效应的方式，解答消费者的各种困惑。

（3）项目可执行性：传统见证项目中，品牌只是邀请消费者前往工厂或原料产地，活动内容浅显，往往流于表面，消费者难以对品牌、产品产生深度的认知。而昆仑山通过自驾寻源的方式，让媒体可以实现对于其品牌、产品全方位、无死角的认知，这无疑更具社会关注度及公信力。昆仑山邀请专业自驾团队设定线路，选择了最能代表青藏高原、昆仑雪山特色和珍稀属性的景点，不仅让每一位见证者可以感受到青藏高原高海拔、零污染的原始生态环境，更通过对当地地理风貌、人文特色的感受，夯实人们对产品珍贵属性的认知，提升消费者对于昆仑山品牌的好感度及忠诚度。

项目策划：

（1）目标：从消费者层面夯实雪山矿泉水品类区隔优势，推广雪山矿泉水品类，抢滩饮水热销季市场。

（2）策略：启动仪式发布会阶段，主办方邀请曾经于探访昆仑山水源地、刚刚喜获澳网冠军的网球名将、昆仑山代言人李娜现身发布会，以亲历者身份呼吁媒体和消费者探访昆仑山水源地，见证珍稀水源，引发媒体和消费者高度关注。

9大城市招募阶段，以自驾寻源探秘昆仑雪山为刺激进行线下消费者代表招

募，引发各大城市大众参与的狂潮，在招募过程中，广泛深入传播昆仑山雪山矿泉水来自昆仑雪山珍稀水源地的信息。在饮水热销季来临前，抢占各大重点销售城市阵地，拉动线下销售，提升品牌认知。

自驾寻源见证阶段，邀请曾担任饮用水升级大使的奥运冠军陈一冰、人气明星安以轩作为明星队长，参与，提升活动关注度；神州租车、佳通轮胎两大行业领导品牌作为合作伙伴参与其中，提升了活动专业性及影响力；专业纪录片团队全程记录自驾寻源过程，高度还原昆仑山水源地珍稀属性，高度提升活动公信力。

（3）目标公众：注重品质生活的高端人群；注重健康生活的家庭成员；注重消费潮流的青年大众。

（4）主要信息：昆仑山雪山矿泉水邀请全国媒体及消费者代表，见证高海拔、零污染的珍稀水源地。

（5）传播策略：从启动仪式到后续自驾寻源见证，以李娜、陈一冰、安以轩三大重磅明星参与，引爆大众和网友对于事件的全程关注。

媒体见证代表覆盖中央电视台、《中国国家地理》、新华社等国家级媒体；《京华时报》、《新闻晨报》、《武汉晚报》、《羊城晚报》等标杆市场和重点销售市场的主流都市媒体；《文汇报》、凤凰卫视、凤凰网等典型媒体，抢占权威媒体，高端舆论定调，充分确保了传统媒体上的精准、权威影响。

迎合目标人群消费习惯，在新浪微博、微信、视频网站等平台上，通过微海报、微信互动游戏、病毒视频、纪录片、新闻手机客户端多种方式进行传播，全面影响。

项目执行：

2014年4月20日，在北京瑞吉酒店举办启动仪式新闻发布会，加多宝集团品牌副总经理王月贵、神州租车副总裁臧中堂、佳通轮胎车队队长黄威志、网球名将李娜参与，央视名嘴童可欣担任主持人，著名网球评论员许旸到场助阵。

2014年5月31日至6月底，先后在广州、深圳、武汉、成都、杭州等9大城市展开线下招募；"挑战"6000微信互动游戏上线，拍摄视频进行传播，实现线上、线下同步招募。

2014年7月18日至7月25日，由明星、媒体代表、消费者代表组成的百人车队从西宁出发，历经青海湖、茶卡盐湖、都兰、诺木洪、格尔木、胡杨林，最终抵达昆仑山工厂及水源地，见证中国最顶尖的珍稀水源。陈一冰参与西宁站发车仪式、青海湖互动；安以轩参与昆仑山工厂站，与车队挑战者共同挑战海拔6000米昆仑雪山。纪录片团队全程记录；BTV生活频道《四海漫游》栏目独立策划四期相关节目，全程报道。

9月初，《挑战6000》纪录片出炉，青藏高原昆仑雪山自驾寻源完美收官。

项目评估：

9大城市招募参与者，线下覆盖人数超过4万人，实现了雪山矿泉水在标杆市场、重点开拓市场的品类推广和销售拉动。

挑战6000昆仑雪山自驾寻源活动先后在中央电视台第五频道、北京电视台生活频道、广州卫视等权威电视媒体上进行了新闻报道，其中北京电视台生活频道策划的《四海漫游》——挑战6000特别节目，更是收到观众的极大好评。

《京华时报》、《新闻晨报》、《武汉晚报》、《羊城晚报》等9大城市主流平面媒体，专题全程跟踪报道，对挑战活动做全景呈现，实现了活动的持续、深度影响。

凤凰卫视、凤凰网、《文汇报》参与报道。

《中国国家地理》也作了图文深度专题报道，解读昆仑山珍稀水源地。

招募视频、"挑战6000"微信游戏及视频、挑战6000纪录片的总点击量超过100万次。

微博、微信累计曝光量达1.8亿次以上，抢占了热销季的新媒体口碑舆论战场。

李娜个人微博、安以轩个人微博、李娜球迷联盟、安以轩粉丝联盟等发布活动相关信息，有效拉升新媒体上关注及话题热度。

腾讯新闻手机客户端体育频道多图文报道，实现移动互联网上的创新探索。

亲历者说：白利权　友拓传播机构客户总监

雪山寻源项目是昆仑山一个比较有影响力和持续性的活动品牌，2009年以来每年都在做，但2014年的升级让这个项目有了脱胎换骨的变化。

首先是主题上，将挑战的概念引入，并牢固绑定"6000"这个数字，直接让每一个关注活动的人联想记忆昆仑山雪山矿泉水来自海拔6000米的昆仑雪山。

另一方面，在活动形式上，昆仑山开创了饮用水行业的先河，整个活动周期长达4个月，活动覆盖全国100多个城市，最后招募活动落地9大城市，最终邀请了100多个媒体和消费者代表，组成了一个由32辆车构成的探秘寻源车队，整个行程平均海拔在3000米以上，活动发布的微海报有几十张，拍摄的大片更是多达上千张。不管是活动形式、覆盖规模、持续周期，还是营销手段的丰富应用，昆仑山都开创了行业的第一，也正是这些第一，让昆仑山的活动不仅线上关注度超高，线下参与火爆，最终每一个参与和关注的人更是有极大好评。活动的结果是超出了我们的预期的，尤其是在新媒体上的热议。

但是我们也不得不正视其中一些不足的地方，比如在线路的设计上还可以更具有故事性，纪录片的呈现可以更有人文情怀，另外媒体代表的选择上也可以更精简，选择更具有权威性的媒体合作。

案例点评：

在该活动中，"体验"扮演了重要角色，成为了让受众更多参与的助力。如何吸引受众参与活动是较为重要的，该案例有以下几个特点。

首先，在李娜代言的前提下，多明星的参与形式，形成1+1>2的效果。多明星参与以及多明星亲自体验对受众而言都具有较强的吸引力，因而可以形成更广的受众面。其次，活动形式迎合了大众近年来的生活休闲的时尚形式——自驾游。而这种方式与昆仑山自身的品牌定位以及目标受众的生活品味是相吻合的，更容易引起受众参与体验的热情。再次，该活动直接引导受众奔赴海拔6000米的昆仑雪山水源地，不同寻常的经历让受众在体验中形成对水源无污染、零添加的认知，印象更为深刻。

就体验性活动而言，特殊性的"体验"使得记忆更为深刻，同时也更易形成二次传播。该活动选取地点属于较为特殊的地区——雪山。其次长时段、多明星、事件性，容易引起媒介二次甚至多次报道。同时，该活动形式也展现了新时代积极向上的生活理念，这对品牌形象而言也具有较好影响。

但这类活动也存在一定困难，如多明星及受众参与使得活动方在安全措施及资源协调上难度更大。大型活动的举办，同时需要兼顾可能带来的污染问题，这一点处理不好，会影响企业的声誉。

点评专家：陈经超
厦门大学新闻传播学院 助理教授 硕士生导师
厦门大学品牌与广告研究中心 副主任

China's Most Influential Public Relations Case Studies in 2014

2014最具公众影响力数字营销大奖

怡丽无添加卫生巾数字营销项目

执行时间：2014年8月至11月
企业名称：金王（苏州工业园区）卫生用品有限公司
品牌名称：怡丽
获奖情况：2014最具公众影响力数字营销奖

项目背景：

2014年上半年频频爆出卫生巾产品荧光剂添加问题，一时间卫生巾产品负面新闻不断出现。消费者对卫生巾产品的安全问题惶惶不安，面对这样的市场局面，金王集团旗下卫生巾品牌怡丽作为得到市场肯定的优质产品的代表，面临着一次新的市场机遇及挑战。经过社会化监听与市场数据分析，我们决定将"无添加"概念作为品牌2014年下半年的推广主线，主打上海、江苏、浙江等华东区域市场。作为第一个提出"无添加卫生巾"概念的品牌，产品面临着用户认知理解教育、用户信任度沟通的诸多推广挑战。同时，也面临着如何吸引年轻目标受众、关注及参与并最终转化为消费行为的挑战。

项目调研：

近几年来，几大卫生巾领导品牌及诸多品牌在产品的功能上一直强调的依然是超强的吸收力、柔软面层、超薄小巧等已无太多新意的诉求点，产品功能的同质化极为严重，用户选择困难。同时，相较于护肤美妆大品类，卫生巾品类的全面整合性的在线互动式传播相对欠缺，在互联网上各品牌对基于整个行业的建设行为几乎没有。我们首次提出"无添加卫生巾"，创造了一个全新的产品概念，这是对整个行业的一次突破性的建设，为同质化严重的市场格局带来前所未有的新鲜感。

2014年上半年，卫生巾产品安全问题受到消费者高度关注，并在年中持续发酵，在这样的时间点上，我们于2014年下半年推出"怡丽无添加卫生巾"，产品本身已然呼应市场的强烈需求。当然，这个概念的确定最终来自于social listening数据分析报告，也就是说，我们在产品规划阶段已然开始了我们整个营销策略的介入。

当然,"无添加"的产品概念在护肤美妆品类中已经有相当良好的市场教育,长久以来广受用户追捧与好评,这为怡丽提供了很多良好的参考及市场验证,同时也为"无添加卫生巾"的推出扫除了很大的概念教育障碍。

项目策划:

(1) 传播目标:①活动期间,200万消费者参与活动互动,达成引流激活率55%;②通过相关平台进行品牌及产品教育;③提升消费群对品牌的好感度;④极大化地传播怡丽"无添加卫生巾"的概念及卖点、利益点。

(2) 传播策略:借助传统媒体的公信力及影响力发酵备受用户关注的卫生巾荧光剂问题,提出我国卫生巾行业产品质量标准缺失问题,触动大众的敏感神经,并疏导大众的认知。

专家、达人、第三方机构权威证言,提出"无添加卫生巾"并深度教育产品概念,"无添加卫生巾"不含荧光剂、柔软剂、刺激香精,无比舒适、无比安心。

普通消费者产品试用,真实体验为产品证言,趣味化的产品教育和证言表现方式引发网络热议。

病毒式社交媒体创新互动游戏,将推广从产品层面提升至情感层面,创造目标人群与产品的情感维系,激发强大的参与热情。

(3) 目标受众:18-29岁的女性消费群,以江浙沪及华东地区为主。

(4) 主要信息。

- 传播核心主题:怡丽——无添加无比舒适。
- 项目推广时间:2014年8月至2014年11月中旬。
- 传播节奏:第一阶段,市场呼吁无添加卫生巾。
  第二阶段,无添加,安心OK万人赞。
  第三阶段,更亲密,无添加。

(5) 传播策略:传统媒体引发社会新闻话题,引发用户关注,并为产品进入市场提供足够的期待及公信力。

科学机构媒体平台第三方证言,为产品提供坚实的市场信任度。

垂直网站建设主站平台+外围social media导流。

找到目标人群所在的平台,全方位接触,并持续发酵,引发话题。

(6) 媒介选择。

- 传统媒体《扬子晚报》制造社会新闻热点。
- 将女性时尚垂直网站YOKA网作为本轮推广的主站平台,建设品牌专区。
- 行业网站建立公信力,百度WIKI、豆瓣、QQ群、微博定向推广、微信、

视频网站推广全方位制造口碑，整合运用导流。

项目执行：

项目管理分组制执行，单项话题进行分组内容管理，并进行创新执行，保证每个话题在初创阶段及执行阶段的思维一贯性。

效果控制及管理，在执行过程中引入第三方监控体系，本次采购秒针监控系统，以数据T+1形式进行话题效果规整，随时发酵监控网友行为，并升级相关话题资源。

有了缜密的创新策略，在实施的过程中，我们强化了几个细节的把控和创新。

注重内容营销。如何与目标人群进行对话并让她们愿意参与进"卫生巾"这样一个相对私密的话题中，如何让她们能接受一个全新的相对枯燥的产品概念并且持续跟进产生共鸣。我们运用轻科普视频、《十大冷知识》漫画、测试达人测试视频、神级PS真人漫画等完全贴合目标人群喜好的多媒体、多形态展现的内容，用"她们"的语言，"她们"的思维模式，"她们"娱乐一切的精神呈现推广主题，在趣味和互动沟通中让品牌自成为目标群的小伙伴，推荐品牌产品。在网友的参与创造中优质的内容便已产生了强大的传播力。

把握推广的节奏，让不同的人、不同的媒体平台发声。本次推广的开端从《扬子晚报》挑起新闻话题开始，一篇《卫生巾安全再成焦点——专家呼吁出台更科学全面的国家标准》将此前频曝的卫生巾荧光剂问题深究到国家的行业标准现状，一时间，这篇稿件在网络上引发上百家主流媒体的转发与关注。此后，推广全面引爆，各层次人群包括妇科专家、皮肤科专家、科普达人、测试达人、美妆达人等以不同的角度和语言方式均围绕"无添加卫生巾"话题展开讨论，呼吁女性消费者使用"无添加卫生巾"更安全，随后自然地将活动推进到一个"万人齐点赞"的网络行为中。推广节奏的把握，目标群体的情绪点的把握，让什么样的人，在什么时候，以何种方式发声，显得尤为重要。

情感的维系与提升。项目进展到9月份，活动从产品功能的沟通开始过渡到情感维系与共鸣。我们将"无添加"的产品概念提升至更能让消费者感知的"亲密（接触）时光"中。"私密肌与卫生巾的亲密时光""你与TA的亲密时光""更亲密 无添加""大姨妈VS亲密关系""今天，你们的亲密时光胜过大姨妈了吗"……有点无厘头却又充满温情的"亲密时光机"游戏，一上线就赢得了目标群体的广泛共鸣。上线一周即达到近20万人的积极参与及转发。一个基于微信朋友圈的轻APP游戏，以人与人之间"亲密关系"为创意出发点，在微信这样一个平台上得到了最优化的病毒式传播与发酵。

亲历者说：李青　上海新锐文化传媒有限公司策略总监

  今天的数字营销公司已经不仅仅只是为品牌进行整合的营销推广，我们要深度研究品牌，研究他们的产品，研究他们的行业市场、目标群体、媒体，这所有的研究，借助于社会化监听及大数据分析技术。帮我们从看似捉摸不定、快速变换的市场探寻出用户真实的行为需求，并由此倒推指导品牌下一步的产品及其概念的规划。也就是说，作为品牌的营销代理公司我们需要懂推广，也要懂产品，推广从品牌的产品规划阶段就已经介入其中。不是将已有的产品推广出去，而是反过来呼应用户的需求，将用户真正想要的产品生产出来。

  如果说此轮推广前半阶段的新闻事件借势、各阶层人群证言等一系列网络口碑传播行为是我们"预谋"已久成竹在胸的，那么在后半阶段的情感维系提升则是我们在整个创意过程中面临的最大的难题。我们要探究的是一个以理性层面诉求的产品线如何持续至与用户进行情感的共鸣，一个相对私密的话题，如何让用户愿意参与并且分享出去，用何种形式进行沟通能够传达产品理念，同时还要是有趣好玩。事实上"更亲密 无添加"主题思路的梳理早已完成，但如何去表现"亲密关系"这样无法具象的东西是一个让所有人头疼的事。所以"亲密时光机"，也是在项目既定上线时间的最后一刻赶工上线的。

案例点评：

  我从传播的角度评价，觉得这是一个很好的案例，从几个角度来看，第一，现在在中国，所有生活用品的安全是大家非常关注的点，你们抓住了社会关注的焦点问题，利用焦点问题进行发挥，这一点非常好。同时也给制造了很多新闻的话题。另外，你们对消费者，你们的目标受众有深入地了解，这一点非常重要。我们很多的工作，完全取决于目标受众是谁。你们抓住了她们深度关注的问题，然后准备了关键信息。基于你们对目标受众的了解，你们会寻找到这些目标受众关注率更高的网站，同时用这些传播的平台所喜闻乐见的方式，各种各样的形式讲故事，这是突破传统的。另外一点让我非常感兴趣的是，整个的项目对公司业务的增长是有直接作用的，有非常好的数字表现，我们做PR，绝不能高兴于多了多少个关注者，每个人最后能掏出钱买我的产品，这才是最有效的。好的，谢谢！

点评专家：沈澈
万博宣伟公关顾问中国执行副总裁

怡丽的案例中，有几个非常好的特点。第一，从怡丽作为传播者来说，非常关注消费者，特别关注她们的需求和她们的心理，因为卫生巾对女性来讲是很需要的产品，但它需要在较为私密的社会化媒体渠道来营销，在产品粉丝群里进行营销正是体现了这个产品私密的特点。第二，通过看这个案例我才知道，原来卫生巾里也有许多添加的东西，长期接触有些添加剂还会对身体产生不好的作用。"无添加"作为怡丽卫生巾品牌传播的核心价值，无疑，能够将它和别的卫生巾品牌快速区别开来，容易记忆，容易产生对品牌的好感。第三，这个企业非常值得尊敬，它提供给女性的是安全的产品，在粉丝群营销活动中，讲到一些简单易懂的女性卫生和科普知识，用非常好的方法传播，让消费者觉得这是一个很有责任感的企业。企业的社会责任在今天非常重要，让消费者知道这是什么样的产品，讲产品的真实材质、性能和安全，没有任何哗众取宠的成分，很实在，很可信。第四，怡丽很懂得用新的传播工具来建立消费者的喜爱。很多品牌需要更加精准的营销，更加贴心的营销。不是每一个产品都需要通过广告等渠道来成为大众熟知的品牌，新媒体、社会化媒体的营销方式，在互动性、双向性等方面强于"一对多"的大众传播，更能快速精准地占领消费者的心。

这个案例让我们认识到，不同类型的品牌需要找到与众不同的、适合自己消费者群体的传播方式。向消费者展现责任、传达可信的信息，是企业塑造品牌形象的重要途径。公关传播让消费者喜爱企业和产品，但更需要让消费者尊重企业，让消费者信赖产品。

点评专家：范红
清华大学公共关系与战略传播研究所所长

加多宝第三季中国好声音创意传播

执行时间：2014 年 7 月 18 日至 2014 年 10 月 7 日
企业名称：加多宝（中国）饮料有限公司
品牌名称：加多宝
获奖情况：2014 最具公众影响力数字营销奖

项目背景：

2014 年，加多宝以高价竞标夺得第三季中国好声音的独家冠名权，开启"三度联姻"之路。然而，中国好声音前有世界杯占位，后有《爸爸去哪儿 2》正面交锋，在大事件传播和娱乐营销传播高发期，加多宝面临着新的机遇与挑战。

（1）机遇。

第三季中国好声音成为 2014 年夏天唯一一档音乐选秀节目，可谓独享"天时"之利，凭借今夏一枝独秀的优势，收视率也将有所保障。

新媒体的崛起为项目提供了良好的媒介环境。

（2）挑战。

近些年选秀节目极度泛滥，观众已产生审美疲劳，加之好声音三季以来受引进机制限制，赛制不变，创新不足，播出后观众的反应不可预知，对于品牌传播来说效果也是不可预见的。

虽然享选秀节目独档，但来自同档播出《爸爸去哪儿 2》的收视压力同样不可小觑。

华少口播广告词逐渐弱化，新一季节目需要品牌与节目的新结合点。如何让节目粉丝迅速转化为品牌粉丝成为传播的关键。

项目调研：

经过大量调研，我们发现，作为今夏唯一一档音乐类综艺节目，观众对第三季中国好声音的评价褒贬不一，但大多数观众依然表示期待。而《爸爸去哪儿 2》的观众期待指数也有所下降，尤其是播出后口碑下降，这无一不给以真声音、真音乐为定位的第三季中国好声音更多抓住观众眼球的机会。

第三季中国好声音跟腾讯、安慕希等品牌合作，在视频网站、微博、微信等各大平台角力。新媒体成为各大赞助商抢占的关键，有创意有话题的传播显得举足轻重。

2014年数据逐渐成为企业营销的战略资源。在电视综艺节目营销上，尚无利用大数据的优秀先例。第三季中国好声音的传播中，如何巧妙地利用大数据平台尤为重要。

项目策划：

（1）传播。传统的娱乐节目营销重点集中于节目播出过程中。对于2014年7月开播的第三季中国好声音，必须直面已经播出近一个月的《爸爸去哪儿2》，直面人群已经形成周五晚上看湖南卫视的习惯。而扭转局势的关键在于开播之夜。加多宝第三季中国好声音，将传播资源集中于开播之前。打造了"刷墙体""抱歉体"等自媒体上的社会化广告，在开播之际便一鸣惊人，"刷墙体"等内容已经成为各大品牌争相模仿的对象。之后持续引导用户在周五晚上收看好声音。加多宝在所有的赞助商包括中国好声音官方的推广中，是唯一一家持续强化"周五晚9点10分"开播时间点的企业，而最终电视收视的数据也证明，9点10分是浙江卫视收视率跃升的一个重要节点。

（2）内容。在节目内容传播方面，信息告知的时代已经过去，新媒体时下流行的微海报依然话题性不足。在第三季加多宝中国好声音的传播中，基础内容不断升级，创造了大量拥有自传播能力的社会化广告。每一期节目开播，便推出一张或一个系列独到的创意海报，如"革命体""四大名著系列"等，不仅受到华少、那英等明星的关注及采纳，更是受其他品牌争相模仿。以学员为基础的传播中，在节目开播前，便建立多个学员粉丝群，以64位转身学员的粉丝团为阵地，全力配合加多宝品牌传播。让学员粉丝向加多宝粉丝转化。

（3）渠道。与中国最强的快递品牌顺丰达成合作，以大数据的方式，筛选顺丰7亿用户当中的10万目标用户，定向投递"史上最严肃的好声音观看指南"，以内容丰富而风趣的邀请函，激发目标用户的分享和参与加多宝的互动。此外，还将好声音的互动活动，深入到全国数百个居民社区，将节目推广做到了前所未有的基层深度。

（4）技术。致力于将加多宝官方微信打造成中国好声音多屏互动的核心。过去收看电视节目的观众，无法及时表达自己的喜好及感受。第三季好声音期间，崭新的加多宝微信，让观众在收看节目的同时，可采用摇一摇的方式，为正在演唱的选手投票。那些怀有歌唱梦想，或者观看节目后也想高歌一曲的观众，则也可以对着手机唱歌，加多宝微信甚至能做到像导师一样即时的原音回复你的歌唱，让用户仿佛置身于好声音赛场上。新一季好声音加多宝推出的多达数十亿罐好声音促销装，全面开通的微信、PC、短信三大兑奖通道，实现了趣味性与实用性的掌上融合，亦帮加多宝微信积累了超过20万的粉丝。

项目执行：

（1）传播。以独特的创意形式，将传播资源大量投入于开播之后，效果显著。首期共有1.6亿人次在微博端阅读到开播信息，更在阅读人群中强化了加多宝品牌与好声音的联系。开播推出的创意海报"抱歉体""周五晚上我没空"引发综艺节目大讨论，大批其他节目粉丝关注到好声音开播的讯息。

（2）内容。每一期节目开播一周前，独特的创意海报便开始设计与制作。每一期的病毒性创意海报发布后，便吸引诸多粉丝关注。三期节目后，已有诸多网友形成了周五看加多宝微博创意海报的习惯。许多内容得到了节目方、明星及学员的认可。第一期创意海报"刷墙体"开拓了一个崭新的广告形式，不仅受到新浪微博的推荐，之后还被凤凰传奇、百度、腾讯等模仿。第二期创意海报"革命体"，华少、那英主动直发，并与粉丝互动。创意海报中携带的加多宝品牌信息也得到了极大扩散。之后的"四大名著系列"等亦收获颇丰。

（3）渠道。加多宝与顺丰强强合作，开创了快消产业与物流产业的第一次亲密"握手"，以顺丰庞大的用户群为基础，打造的邀请函，在线上线下皆取得了佳绩。

（4）技术。搭建"全民摇一摇"平台（实现史上首个双屏实时互动）时，曾遭遇诸多问题。最终经过技术修正，进行了改头换面，实现导师对战时，同一时间为两名学员进行投票。

项目评估：

多处创意组合而成的自媒体传播让加多宝在第三季中国好声音中极大提升了美誉度，并积累了大量从好声音粉丝转化而来的品牌粉丝。

10万份"史上最严肃的好声音观看指南"受到网友追捧，在表现欲的驱使下，许多网友于微博、微信上晒出邀请函。通过真实的人际圈，网络化的朋友圈，加多宝及好声音开播的信息得到了指数级扩散，也助力好声音第一期的收视率便超越《爸爸去哪儿2》。

从开播到收官，十五期的节目传播，#加多宝中国好声音#话题阅读量高达4.8亿人次，每逢节目播出，话题稳居热门话题榜。通过内容打造的#人生V时

刻,加多宝好声音 V 罐相伴#话题亦收获 7500 余万讨论量,加多宝品牌及产品信息得到了全面传播。陈冰、robynn & kendy、苹果园等人气学员受创意内容吸引,主动参与到加多宝品牌传播中来。开播期间,"抱歉体"引发了综艺节目界的大讨论,将网友关注度集中于好声音开播,节目期间塑造的"刷墙体",成为了各大品牌争相模仿的对象,凤凰传奇更是多次模仿。另外"革命体""民国体"等多个系列的创意海报受到那英、华少等各大明星的认可与转载。

加多宝微信上,独特消费者洞察的"全民摇一摇"获得了大量消费者参与,累计收获来自网友的投票高达 147 万余票。

亲历者说:赵宁　友拓传播机构副总经理

　　加多宝在中国好声音的推广上秉承了"品牌合伙人"的理念,作为年度核心推广项目之一,力保中国好声音的收视。在具体的执行层面,从第一季的贴片硬广及软文推广,到第二季借助微博等社会化媒体进行 B2C 的互动,再到第三季全媒体创意传播策略,从内容、渠道、技术乃至投放策略都进行了升级。首先内容端,将传统的微海报升级为社会化广告,打造了"刷墙体"、"语录体"、"民国体"、"四大名著体"等一系列有很强自传播能力的预热广告,并被中国好声音导师及学员采用转发或直发。其次渠道端,与顺丰合作,以大数据的方式,筛选顺丰 7 亿用户中的 10 万目标用户,定向投递"史上最严肃的好声音观看指南",以传统小广告的方式,激发目标用户的分享和参与。此外借由顺丰,深入到全国数百个居民社区,将节目推广做到了前所未有的基层深度。再次技术端,主要发力微信,将加多宝官方微信打造成中国好声音多屏互动的核心,观众在收看节目的同时,可采用摇一摇的方式,为正在演唱的选手投票,也可对着手机唱歌,可收到导师即时的原音回复。最后投放策略上,考虑到娱乐节目的独特性,采用营销资源前置、脉冲式投放的策略,节目开播前一天,多种渠道资源进行密集投放,引导用户在周五晚上收看。该项目并没有革命性的创新举措,但是正是在多个渠道上的微创新,实现了全媒体的创意传播,将中国好声音的节目与加多宝的品牌紧紧联系在了一起。

案例点评：

新媒体崛起后，企业日益意识到数字营销的意义，尽管某些企业砸了大价钱，然而真正做好的却很少。该案例中，数字营销技术与营销创意的完美结合，让传播变得有趣、互动，信息到达受众能够进而触发消费者行为，是传播成功的重要因素。而该案例除了创意外，成功根本在于它的"整合性"。

第一，赞助商与电视节目的整合。加多宝在中国好声音的推广上一直秉承"品牌合伙人"的理念，力保中国好声音的收视。因为《中国好声音》是加多宝宣传的主要载体，若载体影响力不够，加多宝的宣传活动不可能成功。若企业认识不到这一点，"一损俱损"是必然。

第二，渠道的整合。电视节目原本就是依托于电视这种传统媒体，视频网站、微博、微信等新媒体形式的加入，甚至是与快递品牌顺丰的合作，造就了立体化的传播格局，既做到网罗各个受众层面又做到对目标用户的定向营销，在媒介整合的基础上达到受众的整合。

传播内容的整合。在传播内容上，从节目开播前到开播、收官，加多宝一直保持"品牌合伙人"的理念，力推节目，借节目间接传递品牌信息，整合传播内容保证其一致性。"刷墙体"、"语录体"等到顺丰投递，再到微信多屏互动方式，创意要素一直秉持风趣好玩的年轻化特质，保证了创意要素的一贯性。

点评专家：陈经超
厦门大学新闻传播学院 助理教授 硕士生导师
厦门大学品牌与广告研究中心 副主任

ThinkStation "亮见" 整合传播

执行时间：2013 年 12 月 12 日至 2013 年 07 月 15 日
企业名称：联想
品牌名称：ThinkStation
获奖情况：2014 最具公众影响力数字营销奖

项目背景：

ThinkStation 是联想于 2008 年发布的图形工作站品牌。目前，该品牌面临的主要挑战包括以下几个方面：

品牌形象未能与销售业绩同步成长。ThinkStation 品牌发布 5 年来，取得了良好的销售业绩，但品牌拉力不足，没有形成足够的品牌溢价。因此，我们需要在进一步扩大销量的同时，迅速提升品牌知名度及内涵。

常规传播手段很难充分覆盖更多的目标受众。随着市场份额的不断攀升，联想需要不断扩大客户群范围，寻求新的业务增长点。我们的目标客户除之前定义的大型企业外，还包括数以万计的小型创作型工作室。通过既有的传播渠道，很难覆盖到这些潜在的市场。如何以更少的成本获得他们的关注，也是我们需要着重解决的问题。

项目调研：

本项目的目标受众是以个人或工作室形式进行独立创作的动漫、影视、设计等艺术相关行业从业者。在他们看似、狂妄不羁的外表下，涌动着对创作的渴望与激情。他们对生活、对世界有自己的感悟和理解。跟随自己的内心，以独特的方式表达出来。用自己的创作与世界对话。

而我们的产品——ThinkStaiton 工作站，与他们一起，是这些被赋予生命的创作的"创造者"。稳定运行支持着每一次艰苦漫长的创作过程，高效处理加速着每一个瞬间迸发灵感的实现。

因此，我们在本次项目中，需要着重强调"科技，赋能于人"的核心价值。

项目策划：

（1）传播目标：打造亮点事件，诠释产品内涵，提升品牌形象；深入解读产品核心优势，突出差异化特性，提升产品竞争力；包装重点行业应用案例，扩大行业影响力。

（2）传播策略：在 ThinkStation "亮见"整合传播项目中，我们鼓励小型工作室及个人创作者发出声音，分享、展示他们的内心及创作，展现出自己的才华，引发更多目标受众的心理共鸣。

（3）目标受众：小型图形创作型工作室和个人图形创作者。

（4）主要信息：本次传播战役的主题——"亮见"，源自 ThinkStation 的品牌主张"建所未见"，"亮见"不仅是对独一无二原创精神的鼓励，更传递出 ThinkStation 产品以最坚实的品质，支持这些创意人，成为他们手中的创作利器，助他们向全世界亮出自己的创作见解。

（5）媒介选择。

Minisite：整合信息发布平台和受众互动平台。

视频网站：发布视频内容。

微博：核心传播平台，将用户引流。

垂直网站：影响力扩散平台，提升产品曝光，形成 ThinkStation 产品与"亮见"理念的强关联。

EDM：客户精准沟通。

在线产品选型页面：实现从传播向销售的转化。

项目执行：

作为传播引爆点，我们找到三个工作室的创始人，引用这些"创意英雄"的独到见解及成功故事，激励那些默默无闻的创作者，以先行者为榜样，让 ThinkStation 成为他们成功路上最给力的伙伴。

活动持续开展，逐步覆盖到 ThinkStation 产品所覆盖的工业制造、建筑、测绘等各个行业，讲述创作者的独到见解。

（1）拍摄三支"种子"视频。

漫画家刘冬子——跟随心的方向。

从乡下少年，到欧洲知名的漫画家。我们不仅拍摄了刘冬子的成功、勤勉，更从他细腻的画风中，寻找他对生命的独特感悟。

电影预告片制作人，魏楠——创意越难越好玩。

童星、哈雷摩托发烧友、中国电影预告片第一人。魏楠身上拥有诸多传奇色

彩，我们用黑白复古风，展现了一个色彩斑斓的影视创意人。

登山记录者曾山——挖掘潜能，让生命更丰盈。

一个外国人，在中国境内登上了中国人未曾达到的峰顶。我们的镜头记录了他的劫后余生，也见证了用全身心投入的创作是多么伟大。

（2）以 SNS 为核心传播平台，与官方 Minisite 形成传播闭环。新浪微博是活动了解、参与的入口及平台。在活动开始后的仅一个月时间内，活动参与人数（网站+微博）多达 3974 人，微博评论转发 69372 人次。

（3）通过数据库 EDM，精准锁定潜在客户。活动上线当天，向潜在客户发送 10 万封 EDM。

（4）在 IT 垂直和专业类网站进行广泛传播，进一步扩大影响力。在网站上发布相关新闻稿、产品稿，并在专业网站进行产品评测 3 次，提升 ThinkStation 品牌曝光。项目执行期间，抢占网站首页文字链 25 天次，服务器/工作站频道首页焦点图 52 天次，服务器/工作站频道文字链 82 天次。

（5）在线产品选型页面，进一步提升从传播到销售的转化率。制作在线选型页面，帮助客户根据应用需求选取合适的机型，使得线上推广可以有效转化为销售线索。

（6）设计、制作 ThinkStation 白皮书，全面展示品牌形象。白皮书全面展示了 ThinkStation 家族的 4 款产品和 ThinkStation 产品在大众汽车、巴克莱银行、法国国防部等知名客户的成功应用案例，成为全面、完善的品牌展示工具。

项目评估：

2014 年 2 月，IDC 发布的《2013 年第四季度台式工作站市场调研报告》显示，在中国区市场，联想 ThinkStation 工作站占有率创新高，市场份额达到了 32.8%，已连续 19 个季度保持业界最快增长。

本次活动参与人数超过 5000 人，微博评论转发超过 7 万人次，包含产品评测 3 次。

项目执行期间，抢占网站首页文字链 25 天次，服务器/工作站频道首页焦点图 52 天次，服务器/工作站频道文字链 82 天次。

白皮书、销售工具支持渠道超过 10000 家。

亲历者说：程宇　联想集团中国区大客户事业部营销和推广高级总监

为了寻找新的增长点来实现业务的不断攀升，针对数以万计的小型创作工作室的潜在市场空间，此次活动进行了一次与创作者的情感触碰，有效地传递了"科技，赋能于人"的核心价值！

亲历者说：崔欣　联想集团中国区大客户事业部高级推广经理

此次活动形式新颖、内容贴近生活，并通过在新浪微博等新媒体平台的传播和互动，让该活动以最低的成本，最精准的传播途径触碰创作者的内心，拓宽 ThinkStation 的潜在用户。

案例点评：

在互联网营销、大数据营销日趋活跃的大背景下，联想 ThinkStation 营销团队在如何实现企业的低成本、精准市场数字营销领域交出了一份令人满意的答卷。

联想 ThinkStation 数字营销案例最大的亮点在于，营销团队突破了为了传播而传播的局限，目标的设定和衡量指标超越媒体的维度，直指企业发展所面临的问题：可衡量的品牌认知度，市场覆盖和"传播—销售"转化率，生动地展示了市场营销如何为企业创造商业价值。

在营销方式上，联想 ThinkStation 营销团队精准把握目标受众的网络行为，通过"种子"视频打造"创意英雄"，使"科技，赋能于人"的营销理念变得生动鲜活，充满营销触碰点，与目标受众产生共鸣。精选数字传播媒介，撬动目标受众的充分覆盖。

联想 ThinkStation 数字营销案例寓销于乐，独具匠心，不失为一种可复制的数字营销模式。

点评专家：赵元恒
罗德公关资深顾问

天风证券"我是球探"世界杯营销案例

执行时间： 2014年6月28日至2014年7月31日
企业名称： 天风证券股份有限公司
品牌名称： 天风证券
获奖情况： 2014最具公众影响力数字营销奖

项目背景：

天风证券展开本次世界杯营销活动，主要从品牌传播及目标受众契合两个方面考虑。

（1）天风证券作为金融行业新锐代表的品牌传播需要。天风证券是一家全牌照全国性综合券商，始终以勇于创新，年轻活力的品牌形象活跃于金融行业。在跨界金融服务专家的品牌定位下，我们希望不断地将区别与传统券商的新锐天风精神传递给更多人，故此，结合时事热点展开大规模的互动传播势在必行，而本次世界杯借势营销只是其中的开篇之一。

（2）世界杯与天风证券目标客户契合。20世纪80年代出生的年轻人正在成为理财主力人群。他们是互联网世界最积极的原住民，也是未来市场的主要增量。"世界杯"作为时下年轻人密切关注的盛会，即符合天风目标人群关注趋向，又具备足够的话题性，给天风证券品牌传播提供了良好契机。我们希望借此让他们成为天风证券品牌的拥趸。

项目调研：

（1）"投资+世界杯"打造品牌关联。通过对天风内部进行访谈，了解潜在客户对于天风证券的品牌认知，确定"投资"是使大众与品牌产生强关联的关键词，从而确定以"投资＋世界杯"的思路设定游戏规则。

（2）选择移动互联平台，贴合目标受众。面向 80 后、90 后互联网主力军进行活动偏好调研，根据其网络使用习惯选择移动互联平台作为活动主阵地。同时，优化活动交互体验，使之更易于移动互联网传播。

（3）模拟真实投资环境，提升游戏体验。面向一线操盘手及风控部门进行活动规则调研，优化活动规则，使之更符合真实投资环境，使玩家加深对金融行业理的解。

项目策划：

（1）目标。借势世界杯热点事件，通过互动使天风证券在"跨界金融服务专家"品牌定位下树立的新锐学长形象更加生动丰满，同时输出"眼界成就世界"的品牌主张。

（2）策略。在活动传播中，始终绑定学长形象，以网络化的沟通语言塑造天风年轻新锐的学长形象；同时，活动通过对世界杯周边信息的配合传播，多维度捆绑世界杯，强化天风"眼界成就世界"的品牌主张，提升品牌声量；通过将游戏与真实投资环境的关联解读，体现天风专业度，加深用户对天风"跨界金融服务专家"的认知，烙印品牌印象。此外，为了防止泛滥的世界杯营销活动对本活动的干扰，活动机制强调创新性，区别于普通的抽奖、猜比分活动而采用理性计算的活动规则，凸显金融行业特性。

（3）目标公众。以热心世界杯的足球发烧友为核心目标人群，他们对赛事评论之辛辣不输黄健翔，他们对球员之背景如数家珍，他们乐于用理性观点分析赛事走势，更乐于纵观球赛，指点江山。

（4）主要信息。这是一项依托在天风证券自有微信平台上展开的模拟经营类游戏。玩家以足球球探的身份对球员进行买卖，球员身价涨幅受到世界杯赛况及买卖热度影响实时变化，最终资产净增值最高的玩家获胜。整个游戏仿照证券操盘原理，球员身价增长由大市场环境（世界杯赛况）及个体预期（玩家对球员的预判）决定。

（5）传播策略。活动前，迅速预热：在活动前，开展"学长快看球"转发抽奖活动。挑选 12 个著名的世界杯新秀，根据他们的知名程度及球场发挥的稳定性，归至 4 种不同风险程度的投资类型（如保守型投资、稳健型投资等）不同投资类型的球星卡，配合推广预热活动；用户转发对应活动微博即可参与抽奖。在活动前 4 天，提前预热"天风球探"活动，为活动聚拢人气。

活动中，多维度扩散。活动期间，开展"球星竞猜"传播活动。在半决赛、季军赛、决赛前，发布球探游戏中即将上线的赛事球队明星的剪影，微博用户通过竞猜球员身份参与活动，前三名答对者获得奖励。通过这种赛事贴合的方式捆绑传播"我是球探"活动，进一步扩大球探游戏的传播声量，激励更多用户参与。同时，配合"今日买点"学长看球预测、游戏秘籍公布、学长K线看球长等图文并茂的活动辅助传播，丰富游戏内涵。

活动后，整合收官。活动结束后，为玩家定制电子版"球探卡"回顾每位玩家活动期间的点点滴滴，鼓励玩家分享进行二次传播；同时，邀请行业自媒体对活动进行案例分析及点评，提升行业影响力。

（6）媒介选择。以微信为游戏载体，吸引移动互联网端用户参与；结合微博广泛传播属性，做规模化的话题传播；配合金融类BBS互动贴发布，全面覆盖目标客户。全程没有应用广告投放，完全依靠社会化媒体传播，以游戏趣味性为核心吸引力，打造草根互动传播模式。

项目执行：

（1）活动前期预热：本阶段重点在于活动的短时间广泛传播，为此天风在微博平台上安排了有奖转发活动并邀请足球界知名KOL郜林参与转发，吸引41640名网友参与讨论及转发，总覆盖超过2861万人。

（2）活动中期扩散：活动中，天风保持对玩家动向的动态关注，模拟真实投资市场动态发布新球员（相当于股市中的新股IPO），给后进入游戏者以机会；面向前期参与的沉默网友后期无力购买球员的现象，及时发布"上天台"功能，给沉默网友以重新来过的机会；面向排名中段的网友上升乏力的现象，适时推出"融资"功能，给中段班以翻盘的机会。后期，面向更广泛的用户，开放PC参与平台，多平台联动卷入大量新玩家。与此同时，全程配合微博话题传播，及金融类、体育类、娱乐类大号加推，共吸引了65648网友参与活动，总覆盖量超过6536万人。

（3）活动后期收官：活动结束后，邀请自媒体进行案例评估，并获得业界肯定。

项目评估：

（1）高曝光：活动页面总浏览量达90.76万次，日均浏览量达45381次，作为一个没有任何广告传播的互动活动，凭借游戏自身的吸引力和有效的话题传播实现了持续的高度曝光。

（2）广参与：活动总参与用户数65648人，移动端与PC端多屏联动的游戏设置，赢得了广泛的参与人群。

（3）深互动：连续三天活跃用户1756人，占总人数的24%以上，人均浏览次数超过13次，正如游戏设计初衷，实现了网友的深度互动。

亲历者说：杨芬　天风证券股份有限公司品牌管理部总经理

开始，人算不如天算。

我们像精算师一样策划活动的严谨性，通过对球员身价的理性计算来体现投资属性，就是希望以寓教于乐的方式让网友知道投资理财不相信"猜"，只相信"算"。万万没算到的是，活动上线正值小组赛与淘汰赛的间歇期，观众正处于饥渴阶段，一上线就被刷爆，一天内就涌入了6173个参与用户。我们兴奋之余也有点小混乱，品牌部几乎是全员出动协助客服工作，不断地与网友讨论、交流、答疑。开局极其顺利。

高潮，玩转互联网思维。

当Nike与W+K通宵达旦紧追奥运运作活动时，"快"在数字营销中的地位已不可动摇，可更多时候，光是快速跟进还远远不够。本项目中将游戏竞技性与每场比赛胜负关系结合，不可谓不快。可突然加入的一大波金融圈内人士以"财团"形式加入游戏，以专业炒股的手法"坐庄"，瞬间就使普通玩家全军覆没。本着"迭代"的互联网思维我们尝试去像做产品一样做营销，贴合用户体验，围绕投资理财的真实环境去新增APP功能。本是救场之举，反倒促成了活动的又一波高峰。专业玩家、业余玩家纷纷自得其乐。

尾声，监管不易。

在操盘整个项目，监管整个虚拟的"球员身价股票市场"过程中，品牌部和公关公司一起去"快"、去"迭代"。既想带给用户更好的体验，使传播效果最大化，又得防止恶性的违规行为。只有做过一次"证监会"之后才会有监管机构也不容易的切肤之痛。

案例点评：

天风证券"我是球探"世界杯营销案例最大的看点是将非常理性的投资行为与一次世界性的大型体育赛事进行巧妙的结合，非常成功地完成了"借势"。

世界杯看起来似乎与天风证券风马牛不相及，但是，活动策划人非常巧妙地设计了模拟游戏。游戏依托在天风证券自有微信平台，以模拟经营方式激发了年轻玩家的兴趣，挑战了参与者的好奇心。玩家以足球球探的身份对球员进行买卖，球员身价涨幅受到世界杯赛况及买卖热度影响实时变化，最终资产净增值最高的玩家获胜，游戏仿照证券操盘原理，球员身价增长由大市场环境（世界杯赛况）及个体预期（玩家对球员的预判）决定，非常成功地传达了产品的核心利益点。

  企业营销活动应该避免自说自话，如何结合消费者的兴趣传达产品和品牌的核心利益点，是营销的精髓。好的营销活动，要站在消费者的视角来思考问题，用消费者的眼光来观察产品和品牌，用消费者的理智与情感来思考和体验产品和品牌。不论是传统形式的广告，还是借助微信、微博等新媒体平台的互动，信息传达方式和途径可能不同，消息表现方式可能不同，但是在这个时代，无论如何都不可忽视消费者的体验。在这方面，天风证券"我是球探"世界杯营销案例对营销者很有启发性。

点评专家：何辉
中国传媒大学广告学院公共关系系主任

锋驭"自驾中国"

执行时间：2013年11月至2014年1月
企业名称：重庆长安铃木汽车有限公司
品牌名称：锋驭
获奖情况：2014最具公众影响力数字营销奖

项目背景：

锋驭是长安铃木推出的首款城市SUV车型，背负着长安铃木品牌营销全面崛起的神圣使命，面临着竞争日趋白热化的城市SUV市场，锋驭在上市期间将从目标消费群体的核心诉求出发，结合极具公众影响力的事件开展全面的整合营销推广，力求在市场影响力、用户美誉度、产品销售量等各个方面取得优异的绩效。

新车上市，竞品已经雄霸江湖。罅隙突围，长安铃木锋驭如何破解巨头围城？2013年底，长安铃木首款SUV车型锋驭上市，但这个市场是一个高度竞争的市场，目前的SUV车型多达一百多款，每年还有大量的新车涌入。

锋驭是长安铃木时隔4年推出的首款新车，也是战略车型，整体配置在同级车中可称价值标杆。但是强敌林立，如何脱颖而出，吸引消费者和市场的眼光，找到自己精准的目标受众，与消费者深度沟通、快速占领市场，成为其上市后面临的艰巨挑战。

项目调研：

根据上市前针对目标人群的调研分析，以及对目标受众的洞察发现，购买SUV车型的用户人群崇尚自由、喜爱旅行，而他们却受限于现实生活中的种种实际条件，很难将心中对自由和旅行的渴望付诸行动。

锋驭的预售及上市期正值年底，是目标受众渴望放假和旅行的时节，因此，我们为他们的梦想代言，帮助他们消除旅行前常常面临的障碍，让消费者去实现一次说走就走的旅行。

整个项目从目标消费者的核心诉求出发，以具有公众影响力的事件为引爆点，结合吸引目标消费者的系列互动对新车型进行深度推广，从而有效聚焦目标市场关注度，强化目标受众的互动，并通过品牌形象和产品力的系统性传播，全面提升目标消费群体对其的认知度，美誉度，进而产生消费欲望和购买行为。

项目策划：

作为一款新车，如何在激烈的市场中吸引到足够多的关注，让消费者深入了解产品的核心优势，并在预售及上市期实现优异的销售效果，是品牌方关注的重点内容。

本项目紧扣锋驭预售及上市进程，整合线上、线下媒体传播资源，针对崇尚自由、喜爱旅行的目标人群，开展三个阶段的活动，并融"社会话题、车型卖点、营销手段"于一体，力求制造大声势、引导高关注、促进深体验、激发高销量。

在媒介选择上，我们有以下考虑。

运用垂直网站和门户网站汽车频道及移动客户端文字链、焦点图、Banner。

运用垂直类及门户汽车频道网络论坛。

运用微博、微信红人传播。

运用长安铃木官方活动网站，开展互动活动参与，聚焦预售、订车、试驾等营销效果。

运用长安铃木官方微博，利用微博特点，直播各阶段活动盛况，充分扩大品牌及活动影响力。

运用长安铃木官方微信，利用微信分享属性，开展定制化传播。

运用长安铃木经销商微博，转发品牌官网直播的各阶段活动盛况，并同步发布产品及活动相关信息，以充分提升区域市场目标受众的关注度和到店量。

运用长安铃木经销商微信，转发长安铃木官方微信定制化内容，进一步扩大品牌及活动在区域市场的影响力。

项目执行：

第一阶段：通过"帮你请年假"活动，提升关注力。

结合年底假期高峰，创造社会话题、引发公众互动。阶段一的创意是帮消费者争取"说走就走去旅行"的假期，消费者只要参与活动，就能创建和分享各类创意请假条，通过许多红人和有趣名人、卡通人物的形象来帮你请年假。活动通过微博和自媒体手段传播，成为当时的热门话题，吸引到了大量人群对锋驭的关注。

第二阶段：通过"抢车夺金"活动，将关注力转化为营销力。

紧密衔接第一阶段互动环节，通过抢车夺金活动赢取个人旅游基金、购车基金和旅行自驾车辆。用户通过玩游戏的方式，在游戏中获得积分，锋驭将赞助积分最高的参与者去旅行。整体游戏过程轻松有趣且便于分享，并在游戏中植入锋驭的视觉形象和产品卖点，让参与者在游戏过程中进一步深入了解锋驭的优势和卖点。同时线上游戏和线下领奖相结合，使得人们对锋驭的兴趣转化成了到店看车的热情。

第三阶段：通过"自驾中国"活动，最终将营销力转化为品牌力。

在前期活动和游戏中胜出的消费者，赢取了锋驭全程赞助的"说走就走的旅行"，驾着锋驭，去平时最想去的地方旅行。旅行过程中，在网络上全程直播旅行，展示路上游玩的精彩过程。用户可在网站查询车手自驾路线的特色介绍，并欣赏车手拍摄的沿途秀美风光以及舌尖美食，同时还有车手以及别具特色的试驾体验。感受驾驭锋驭穿行城市以及乡村的越野性能，进一步增加对品牌的认知度。

全国各大区经销商在三个阶段的活动期间，通过经销商微博、微信同步发布及转发产品和活动相关信息，从而在区域市场充分调动目标受众的关注度，并吸引目标受众抵达经销商展厅看车、试驾，同时结合有效的营销举措和话术，拉动销售转化。

在活动的背后，也有着数据营销和精准营销的助力。网上参与活动的用户数据经过筛选和分析，形成一个对产品有兴趣的用户群体，通过进一步深挖、发展，使得兴趣群体最终转化成有效目标用户。实现从"有趣"到"有效"的转变。

项目评估：

锋驭通过整合营销推广，实现了从线上到线下的精准营销，通过"帮你请年假"活动，提升关注力；通过"抢车夺金"活动，将关注力转化为营销力；通过"自驾中国"活动，将营销力转化为品牌力。最终在传播效应和营销效应方面都取得优异成果，全面超越了预期目标。

本次活动开展后在专业媒体和大众媒体上都产生了巨大的曝光量，有效提升

在目标受众中的知名度，随着知名度的提升，互动内容更为深入，强化了目标受众的认知度和美誉度，进而收集到了丰富且宝贵的潜在用户资源。

通过向经销商渠道的导流，并结合各大区经销商微博、微信的传播配合，进一步提升品牌及活动在区域市场的影响力，并吸引各区域市场目标受众前往经销商展厅看车、试驾。在经销商展厅，通过全方位的展厅氛围布置和有效的营销举措、销售话术，充分激发了目标受众的消费欲望及购买行为，最大程度地实现了销售转化，从而在活动期间达成了上万台的订单量，为锋驭上市后的销售建立了非凡的市场基础。

市场反应及媒体统计显示，活动总曝光量超百亿次，其中广告曝光量36亿次（根据媒体提供的数据，结合广告主的统计标准进行统计）；公关稿件曝光量80亿次（根根据媒体提供的数据，结合广告主的统计标准进行统计）；互动人数超100万人，官微粉丝量增长超100万人。"请年假"活动荣登新浪微博热门话题活动榜第2位（根据官方活动网站的后台数据和新浪微博数据统计）；通过活动共收集销售线索超50000个（根据官方活动网站的后台数据统计）；活动期间达成订单量超10000台（根据广告主提供的锋驭销售订单数据统计）。

亲历者说：顾夏林　上海迪思市场策划咨询有限公司第五事业部总经理

铃木作为最早进入中国开设合资企业的海外品牌之一，其合资品牌长安铃木在目标市场具有一定的市场影响力，但与上海通用、一汽大众、一汽丰田、广汽本田、东风日产等品牌相比仍存在较大的品牌力差距。

为了使锋驭这款长安铃木能够成功推出全新城市SUV，并且在目标市场形成足够的影响力和美誉度，就必须先从目标消费群体的核心诉求出发，结合具有影响力的事件来吸引他们，再通过系统性、趣味性的互动来强化他们的参与度并提升其对于锋驭核心优势的认知，最后通过生动、形象而又深入、明晰的产品力推广并结合具有诱导性的营销手段来激发他们的购买意向。

在此过程中，必须要做到媒体、渠道整合发力，互动、营销环环相扣才有可能取得预期的推广效果，这不仅需要公关公司和客户之间的紧密协作，还需要媒体及意见领袖的有效配合以及全国经销商的高效联动。只有这样才能充分整合事件营销、互动营销、产品促销等各方面举措所形成的合力，使整体推广实现从"有趣"到"有效"转变，以获取最佳的市场影响力、用户美誉度，进而全面、高效地拉动品牌形象和产品销量的提升。

案例点评：

没有优秀的产品，营销只能沦为"忽悠"；没有足够的"眼球"，再好的产品也会变"宅"。在竞争激烈的汽车市场，锋驭"自驾中国"项目通过互联网，"黏合"粉丝与"碎片"市场；依靠新媒体，在公众参与和互动中增进了解、好感。产生了巨大的曝光量，更是有效提升了品牌知名度和市场认知。

该项目的策划和实施，带给我们两个重要的启示和经验：

第一，整合传播渠道不仅要从潜在顾客核心诉求出发，更要结合时代特征和具体状态。"锋驭"为长安铃木首款 SUV，将潜在顾客界定为"崇尚自由、喜爱旅行"的人群。他们虽有相似兴趣和爱好，现实中却未必有来往和交集。但几乎可以肯定，他们是"互联网一代"，有网即可与任何人"关联"是他们的一种生活"常态"。因此，借助于网络平台和社交媒体，找到共同感兴趣的主题，就可以吸引他们在虚拟空间"快闪"式聚集。使公众相互之间从无到发生关系，让潜在顾客"人物时点"自由"连通"，是数字营销的魔力和优势所在。

第二，以具有影响力的事件为引爆点，可吸引人们于一时；还要有持续的内容输送，以保持与公众的"黏合"和不间断互动。项目以一次"说走就走去旅行"（也是当年一句网络流行语）为主线，第一阶段"帮你请年假"为铺垫，争取公众关注；第二阶段"抢车夺金"，你玩游戏得积分，我赞助积分最高者去旅行，其间植入产品视觉形象和"卖点"；第三阶段进入高潮，"自驾中国"过程网络直播，展示一路旅行的精彩，好消息一直在路上……互联网时代的传播"内容为王"。良好的互动性、趣味性贯穿始终，扩大了关键信息的影响力和"发酵"时间。

点评专家：钟育赣
广东外语外贸大学教授
中国高等院校市场学研究会副会长
中国国际公共关系协会学术工作委员会委员
广东省系统工程学会副理事长
广东省技术经济和管理现代化研究会副理事长

新媒体让百年老店焕发青春，新技术将同仁堂带到消费者身边

执行时间：2014 年 5 月至 10 月
企业名称：同仁堂健康集团有限公司
品牌名称：同仁堂健康
获奖情况：2014 最具公众影响力数字营销奖

项目背景：

拥有 340 余年品牌历史的同仁堂，旗下在全国拥有 40 多家医馆，2000 多家直营门店，并拥有上百万会员用户。自身在医疗方面的专业形象拥有极高的知名度和美誉度，而作为现代健康产业综合运营服务商的形象则极少有人知晓，而健康养生产品目前占据同仁堂健康营收的绝大部分，若不能在其品牌方面有好的提升，势必在未来限制其业务的发展速度。

作为百年老字号品牌，其品牌形象与普通用户之间拥有一定的距离感，目前核心消费群体年龄均偏大，随着消费群体的年轻化，如何拉近用户与品牌之间的距离，重新焕发品牌活力，赢得更多年轻客户群体也是同仁堂面临的一个挑战和机遇。

作为传统老品牌的同仁堂，过去的品牌传播和客户服务方式都还较为传统，同时在互联网快速发展的几年里也并未尝试过品牌传播和营销模式的创新，然而随着移动互联网的发展及用户消费习惯的转型升级，同仁堂健康开始进一步思考如何通过新媒体与新技术拓展品牌外延及服务外延，从战略层面思考如何推动企业数字化升级，充分整合同仁堂健康自身资源，实现自身品牌传播和营销模式的创新，进一步推动企业数字商业战略。

项目调研：

（1）营销模式较为传统，过去同仁堂健康营销均以传统广告和门店促销形式实现自身的品牌宣传和口碑传播，以季节性促销为主，品牌宣传渠道也相对单一，亟须创新自身营销模式并开阔品牌传播思路。

（2）自身资源丰富却较为松散，拥有众多门店，医馆和医生资源，还有上万名员工，但并没有实现有效的整合，进而实现更多有价值的客户服务和价值挖掘，如果能够通过创新方式方法实现自身渠道资源的有效整合，可以全面提升其自身竞争力。

（3）线上渠道建设刚刚开始起步，过去几年错过了互联网的发展大潮，而在移动互联网发展趋势下，如何构建更多自媒体及线上渠道拓展是同仁堂健康的工作重点，但目前还较为薄弱。

（4）会员服务体系较为传统，过去同仁堂积累了上百万会员用户，但因其会员服务体系的简单，随着用户信息接触习惯和服务需求的升级，传统的服务模式已经不能满足其需求，过去上百万用户多以手机短信留存为主，而今天随着微博微信平台的发展，大多数用户变为沉睡用户，并不能实现品牌和客户之间的有效连接和互动，如何依托移动互联网重新构建并打造自身社会化客户关系管理体系，是同仁堂健康实现服务创新的突破点。

项目策划：

（1）目标：①提升同仁堂健康品牌知名度及美誉度；②构建自身移动服务平台，拉近品牌与客户之间的距离；③整合全国医馆和门店渠道资源，打造O2O营销体系，推动营销模式转型；④推动企业内部全员营销，打造自身社会化全员营销模式。

（2）策略：通过微信服务号和订阅号分别构建自身服务营销与内容营销平台，强化用户黏性；通过LBS创新技术手段，实现全国门店数据及渠道通路整合，构建O2O营销体系；通过系列互动营销活动吸引更多潜在客户，并实现对门店的导流销售促进；打造积分系统，推进企业内部全员社会化营销，同时推进老客户的分层级客户关系管理及口碑营销。充分利用新媒体与新技术实现内部资源整合及渠道服务和营销模式创新，全面拉近品牌与用户之间的距离，实现品牌价值最大化。

（3）目标受众：同仁堂健康新老客户；健康养生爱好者及关注者；同仁堂健康企业内部员工。

（4）主要信息：同仁堂健康，服务就在你身边；用科技诠释传统，用科技

续写辉煌；别人关心你有没有生病，我们更关心你健不健康。

（5）传播策略：通过常规服务和内容化营销及会员中心的传达实现老客户的精准告知；通过系列互动游戏及创意主题活动的方式快速拉动粉丝增长；通过全国门店海报和门店业务人员的配合实现精准用户线上导流；借助其他社会化精准垂直媒体进行外延扩散及口碑传播；依托全员营销线上积分体系，以员工作为圆点开始对外口碑扩散。

项目执行：

通过微信服务号构建自身客户服务与营销平台，通过微信服务号实现同仁堂健康品牌展示，老会员的服务和沟通，通过一系列营销战役活动将同仁堂老会员进一步导入官方微信服务号，实现原始粉丝积累和忠实粉丝的培育。逐步推进用户的导入，同时通过微信平台创新服务功能，依托 LBS 技术将同仁堂全国上千家门店进行数据整合和渠道整合，从 2014 年 5 月份开始，分别在端午节、世界杯、中秋节策划多次线上线下整合营销活动，将线下门店精准客户导入线上微信平台，同时依托线上互动创意活动将用户导入门店，并通过 LBS 创新功能方便用户便捷地找到身边的同仁堂健康，让用户意识到同仁堂健康就在其身边，同时上线医馆预约功能，通过服务升级实现营销创新，让用户在服务体验过程加强品牌沟通，实现口碑传播，打破同仁堂老品牌僵化形象。

在服务号拥有一定用户基础的情况下，开通微信订阅号进行健康养生资讯的传播，吸引更多关注健康养生的潜在用户，将同仁堂健康领域的专业资讯进行品牌和价值输出，在重大营销活动中整合服务号和订阅号，实现双账号营销配合模式，并在拥有一定内容积累后进一步开辟同仁堂健康数字 APP 杂志，满足同仁堂用户从养生资讯获取，购买导流及服务升级的多方位提升。

整个项目推进过程，从起初市场中心和会员中心的充分配合，到一系列内部数字营销研讨会的知识分享及跨部门沟通，进一步赢得了同仁堂健康企业自身多部门的共识，并共同开启了企业内部的全员社会化营销的尝试，通过微信服务平台，构建员工个人中心，让每一个员工都变成同仁堂健康的代言人及营销触手，鼓励员工传播同仁堂健康理念，并将每一次的内容传播和用户导入都进行积分统计，最终变为内部激励措施，并在重大营销战役实施过程实现有效的助力。

项目评估：

（1）互动统计。微信服务号粉丝数 46277 人（截至 2014 年 10 月 24 日）；端午节营销活动传播 346792 人次，微信服务号增长粉丝 14226 人；世界杯营销活动传播 21548 人次，微信服务号增长粉丝 4772 人；金九银十大促营销活动传播 78756 人次，微信服务号增长粉丝 41944 人。通过多次活动先后发放了同仁堂健康礼 15292 份，实现门店精准的导流，拉动门店销售。

（2）效果评述。随着营销平台系统的建设和完善，通过一系列营销战役活动的实施，初步建立了同仁堂健康线上线下整合营销模式，加之内部全员社会化营销体系的推进，让同仁堂健康更加便捷和有效地与客户进行了连接和互动，极大提升了品牌关注度及口碑。传播人数和关注人数逐步增加，品牌认知度和传播范围不断增大。

（3）媒体统计。外部媒体联动，借助生活、健康、养生、母婴、体育类微博大号、微信红人等，为项目推广分类策划传播内容。选择网络媒体 76 家，发帖 3 次 102 篇，点击总数 112979 次，平均每篇 127 次点击；微博转发 1275 次，评论 338 条；微信阅读量 15630 人次，记录最高单篇每天传播 772 次（减肥美容健康生活、生活晓智慧、健康生活小指南等）。

亲历者说：王正新　恩普勒斯数字营销咨询机构项目总监

起初接触同仁堂健康项目时，我们从传播角度切入，与同仁堂健康营销中心进行了密切的沟通和交流，并从改善同仁堂老品牌形象方面提供了诸多建议，我们发现同仁堂在营销模式上较为传统，营销渠道也非常单一，我们就先从建立自身微信服务平台开始，打造服务营销的概念，首先从老用户入手，从线下导流到线上，再充分借助其上千家门店渠道进行精准的用户导流，通过多次创意互动活动，积累了首批忠实粉丝。

随着粉丝用户的不断增长，服务需求越来越多，我们便通过创新技术手段，将门店和医馆预约服务整合进微信平台，同时通过地理位置服务方便新老客户便捷地找到身边的同仁堂，让客户感受到同仁堂无微不至的贴心和关怀，不管是从健康养生资讯的分享，还是从服务理念的传达，再到服务内容的不断丰富，都让用户体会到作为传统品牌的创新和周到。

通过一系列营销战役的实施，我们逐步帮助同仁堂完成了上千家门店的渠道整合，为后续大型的线上线下整合营销战役活动的落地提供了丰富的实操经验，同时在各个活动的开展过程，充分调动了员工的积极性，我们和客户形成了每月一期的数字营销课题研讨会惯例，邀请跨部门同事参与头脑风暴，一起出谋划策，同时在落地的过程也赢得了更多跨部门同事的支持，也在几个月后，为全员社会化营销体系建立提供了坚实基础。

从起初市场中心与会员中心的独立运营,逐步形成全面的跨部门整合,同仁堂内部服务营销的理念深入人心。此外,客户也在内部进一步推动了市场、渠道、电商、会员多部门的功能整合,我们和客户的合作关系也进一步稳固,同时也让我们看到传统企业在数字化进城过程的挑战和机遇。

虽然项目实施过程还有很多不足,但是对目前取得的成绩还是较为满意的。我们通过这个项目感觉到传统企业的数字化升级,企业营销创新改变及商业模式创新探索方向是大势所趋,我们能够有机会参与到这样一个重要项目,我们也非常欣慰。

案例点评:

身为"百年老字号"的同仁堂品牌,在医疗方面已有很高知名度和美誉度,但其现代健康产业综合运营服务商的形象依然鲜为人知。尤其是核心消费群体年龄偏大,企业必须与新一代年轻客户拉近感情距离,以可持续发展……案例中,数字营销为同仁堂解决这些问题,提供了很好的品牌传播、形象推广和公众交流平台。

第一,依靠新媒体实现"高黏性、高互动"。通过互联网,同仁堂改变了经营资源和客户资源的"碎片化"状态,旗下众多门店、医馆和医生资源以及上万员工得到有效整合;通过微信公众号、APP等与客户"贴身"互动,"用科技诠释传统,用科技续写辉煌",实现其新形象的多方位展示以及老会员服务与沟通、原始粉丝的积累和忠实粉丝的培育。

第二,借助新技术达成"更精准、更及时"。通过微信平台等,同仁堂将门店、医馆预约服务等的数据、渠道整合;通过地理位置服务等,帮助新老客户随时、便捷地找到"身边的同仁堂"。从健康养生资讯的分享、服务理念的传达到服务内容的不断丰富,让线上沟通与线下服务相结合,一系列的活动相辅相成、相得益彰。公众可更好地体会"别人关心你有没有生病,我们更关心你健不健康",感受作为传统品牌的创新和周到——"同仁堂健康,服务就在你身边。"

以上部分皆可圈可点。但我以为必须看到,该项目的最大亮点还在于公关战略的与时俱进和创新。同仁堂不只是单纯地升级技术手段、调整战术组合,更多是在保持自身努力方向与公众的变化及趋势匹配一致。在互联网时代,我们有了更多的公关方式,但依然要首先、更多地考虑是要"对谁表达",然后再是"如何表达"以精准到位。

在如何发挥数字营销可以实现其更好"双向沟通"的优势，做到内容"更有趣"和吸引"高参与"等方面，感觉案例存在不足。

点评专家：钟育赣
广东外语外贸大学教授
中国高等院校市场学研究会副会长
中国国际公共关系协会学术工作委员会委员
广东省系统工程学会副理事长
广东省技术经济和管理现代化研究会副理事长

苏宁红孩子"一瓶一世界"项目

执行时间： 2014年8月4日至2014年8月29日
企业名称： 北京汉诺睿雅公关顾问有限公司
品牌名称： 苏宁易购 & 红孩子
获奖情况： 2014最具公众影响力数字营销奖

项目背景：

提高红孩子"818"活动的关注度以及线上参与度，产生社会传播话题，通过线上关注引导用户线下到店。

提高红孩子的品牌知名度，塑造红孩子母婴第一品牌的卓越形象。

通过线下及线上活动进行双向导流，提高红孩子官方双微平台的粉丝量。

项目调研：

中国婴幼儿数量已破亿，奶粉安全问题成为婴幼儿成长中最为核心的关注点之一，也是婴幼儿父母最关心的话题之一，苏宁红孩子秉承产品至上的原则，严格把关保证奶粉质量，获得客户的认同和满意。借助"奶粉月"打造以奶粉、奶瓶为核心产品的互动传播，能有效吸引目标受众眼球，引发互动狂潮。

项目策划：

（1）策略。运用线上和线下相结合的传播形式，吸引目标人群的关注和参与，扩大事件的影响力，提升苏宁红孩子的品牌形象。通过"悬念"、"参与"、"见证"三个环节扩大苏宁红孩子大奶瓶申请吉尼斯世界纪录的事件影响力，配合线上传播，扩大事件的网络传播力和讨论量。

（2）创意。线上前期通过悬念互动活动引发受众关注，线下 8 大城市重要苏宁门店同时树立 6 米高巨型奶瓶，中期通过线上线下结合性有奖活动及线上有奖活动深度黏合受众，引发网民自发产生传播内容，2014 年 8 月 17 日在上海举办 17 米高巨型奶瓶申请吉尼斯认证活动，为"818"大促造势，通过线上传播和话题榜制造传播高潮，后期通过话题传播和线上活动引发第二轮关注高潮，同时为第一阶段传播完美收官。

项目执行：

（1）第一轮互动。

线上：微博、微信平台同时发起#大奶瓶全民猜想#话题互动活动，通过悬念营销的方式聚焦目标客户群，为后续活动积累关注度。

线下：全国 8 大城市重要苏宁门店同时树立 6 米高巨型奶瓶。

线上：微博、微信平台同时发起#一瓶一世界，奶瓶大不同#话题互动活动，号召网友到线上拍和奶瓶的合影，分享到自媒体平台，参与有奖互动。促进线上和线下的互动效果，并且拉动线下门店的到客率。

线上：在官方微博平台搭建的一瓶一世界，爱为你护航"上线启动，号召网民分享扩散并表达对宝宝的爱，提高活动的传播效果。

（2）第二轮互动。

线下：17 米巨型奶瓶举办吉尼斯认证活动并取得成功。

线上：认证活动微博直播，微信平台对活动进行及时的完整报道，扩大移动端的影响力。将#一瓶一世界挑战吉尼斯#推至微博话题榜，引发传播高潮。

（3）第三轮互动。

线上：通过微博、微信互动活动#大奶瓶广发"英雄帖"#，为"一瓶一世界"传播制造再一次关注高潮，同时为第一阶段传播进行收官。

项目评估：

项目整体直接影响人群达到 1.5 亿人次，间接影响人群不低于 2.6 亿人次。微博内容曝光量达到 1.8 亿人次，直接带来官微粉丝增长 17 万人次，其中

举办微博活动2次,共获得4.2万人次参与。

微信共带来1.3万次粉丝增长,其中举办活动2次,共1.7万人次参与。

项目所有发布论坛稿件共计获得特效帖19篇次,共获得点击量14.2万人次。

网络新闻稿共获得首页效果推荐达到28家,约占总发布量的28.3%。

Minisite活动网站共计2.3万人次参与,活动的辐射人群不低于1500万人次。

豆瓣发起奇葩发型照片征集活动,共获得5000张照片。

微博话题榜#一瓶一世界挑战吉尼斯#微博话题,共吸引291.1万人次的关注,1万次的讨论量;并且在"818"大促当日获得新浪微博话题榜总榜第11名,频道榜单第4名的超高关注度和讨论声量。

百度指数从2142增长到20746,月度增量是之前的8.7倍,季度关注度的增幅更是在11.6倍之多,并且在"818"大促当时达到红孩子有史以来的百度指数峰值。

亲历者说:郭艺 北京汉诺睿雅公共顾问有限公司公关部客户总监

苏宁红孩子"一瓶一世界"项目自2014年8月4日开始启动,到8月29日结束,项目周期共计26天。取得了非常好的执行效果,并且8月17日在上海进行的巨型奶瓶申请吉尼斯世界纪录也获得了认证成功,期间的百度指数创造了"红孩子"关键词的用户关注度有史以来的历史高度。

案例点评:

提高红孩子"818"活动的关注度以及线上参与度,产生社会传播话题,通过线上关注引导用户线下到店;提高红孩子的品牌知名度,塑造红孩子母婴第一品牌的卓越形象;通过线下及线上活动进行双向导流,提高红孩子官方双微平台的粉丝量。这是本项目力求达到的目标,挑战真是很大。但是如果你看到最后项目评估中那一组亮闪闪的数据,就可以相信这个项目之前的承诺并非虚言。

这个项目的核心本质上是一个事件营销,即苏宁红孩子大奶瓶申请吉尼斯世界纪录。在通过"悬念"、"参与"、"见证"三个环节推动下逐层去扩大事件的影响力。而由于新媒体的介入又推动了与受众间形成强大的互动效果,在实现线上传播中提升了事件的网络传播力和讨论量。同时再将这种影响导入到线下,从而在三次互动中最终构建了多次的、相互渗透的、立体交叉的沟通过程。

通过这一案例，我们可以说数字营销并不是数字技术和营销的简单结合，而是在挖掘数字技术特征的前提下，寻求营销价值的最大化，即不是为了突出数字技术的新异性，而是借助它深入洞悉、满足营销对消费者的真正需求，从而实现真正意义上的以人为本。

点评专家：李志军
中央财经大学文化与传媒学院党总支副书记

"BMW 大师殿堂"社交媒体传播项目

执行时间：2014年9月至10月
企业名称：宝马（中国）汽车贸易有限公司
品牌名称：BMW 大师殿堂（BMW Master Hall Open For All）
获奖情况：2014最具公众影响力数字营销奖

项目背景：

2014年7月，经过多家公关公司激烈比稿，爱德曼国际公关终赢得"BMW 大师殿堂·公众日（Open for All）"公关执行和数字营销战略及社交媒体互动业务。

BMW 于2012年在中国正式启动"BMW 大师殿堂"文化艺术赞助项目，涵盖歌剧、爵士乐、舞蹈、当代艺术等多个艺术领域。2014年，"BMW 大师殿堂"提出全新品牌文化体验理念"公众日（Open for All）"，旨在于全球视角将顶级文化艺术体验带给国内公众，创造一个免费、平等，且兼具开放性及创新性的文化艺术盛宴，通过"悦享无界"的方式建立 BMW 品牌与中国公众沟通的情感纽带。

作为"BMW 大师殿堂·公众日（Open for All）"项目推广的合作伙伴，爱德曼快速完成了对品牌的全方位扫描，重新梳理其数字营销战略，最终确定打造众人皆知的"BMW 大师殿堂·公众日（Open for All）"品牌，以树立及强化 BMW 文化赞助项目在中国的知名度及美誉度：①与跨行业意见领袖的合作，强化品牌在汽车领域所倡导的领先概念，并支持品牌传播向多元领域发展；②结合实时热点话题，打造亲民形象，加强与公众的情感纽带，传播品牌信息；③突破单一内容形式，以文字，图片，视频，链接等多元形式传递品牌信息；④在社交媒体矩阵中，以新浪微博、微信为主要平台，进行广度与深度的传播。

项目调研：

一直以来，BMW 在全球范围内都积极参与到各类文化促进活动当中，成绩斐然。自1997年以来，宝马集团一直通过柏林大众歌剧节，这项独家活动为公众呈献歌剧演出和音乐会。此外，宝马集团和伦敦交响乐团协力推出宝马—伦敦交响乐团露天经典音乐会（BMW LSO Open Air Classics），采取新颖的露天演奏形式，在轻松的氛围下免费为公众奉上精彩绝伦的音乐盛宴。

2014年，BMW选择在中国市场推出"公众日（Open for All）"这一创新理念，也是基于对中国艺术文化的尊重与支持。以此次爵士上海音乐节开幕式暨"公众日（Open for All）"中国首演为例，"公众日（Open for All）"的理念是对艺术推动与促进的创新，BMW为公众提供一个开放、平等的环境，使公众不需要任何费用即可聆听世界顶级爵士音乐演出，为所有热爱音乐的人带来一种艺术的享受。那些甚至从没想过去音乐厅的观众，也在公众日那天感受到了高雅音乐的魅力。

据百度指数统计，自2011年来，"BMW之悦"拥有持续不断的搜索量，而"BMW大师殿堂"则还未创建关键词。由此可见，对于受众来说，BMW一直以来强调的品牌精神"悦"已达到一定认知，而"BMW大师殿堂"却相对陌生，"BMW大师殿堂·公众日（Open for All）"这一创新的理念，则更是鲜为人知了。

因此，如何让公众认识并逐步了解"BMW大师殿堂·公众日（Open for All）"的精神内核，如何使其最终可以亲身参与到爵士上海音乐节暨"BMW大师殿堂·公众日（Open for All）"，及如何构建受众与品牌的情感共鸣，成为了此次推广要务。

项目策划：

（1）目标：深度传播BMW品牌精神"悦"；树立"BMW大师殿堂·公众日（Open for All）"为宝马独有的文化支持项目的信息；建立"BMW大师殿堂·公众日（Open for All）"品牌与中国公众沟通的情感纽带。

（2）策略：

• 平台策略：线上与线下循环联动——通过线上传播内容的引导与互动，激发公众兴趣，线下事件再次激励，鼓励参与，并为线上二次传播提供内容，使线上到线下再到线上，形成传播的优势循环，达到全方位塑造品牌的目的。

• 互动策略：选择适合品牌的发言人，在高效传递品牌信息的同时，与受众进行一对一的深度互动。

• 内容策略：表现形式上，通过视频、文字、图片等多种内容形式综合运用，来增强可读性和互动性；传播角度上，通过受众细分，采用不同的风格和内容，保证量与质的传播皆备。

（3）目标公众：公众日的概念，即是面向所有人。

（4）主要信息：通过与微博意见领袖、草根大号、微信公众账号以及自媒体人的合作，引领公众共同探讨#OpenForAll#这一热门话题，向公众传达"BMW 大师殿堂"于 2014 年提出全新品牌文化体验理念"BMW 大师殿堂·公众日（Open for All）"，于全球视角将顶级文化艺术体验带给国内公众，创造一个免费、平等，且兼具开放性及创新性的文化艺术盛宴，通过"悦享无界"的方式建立 BMW 品牌与中国公众沟通的情感纽带。

（5）传播策略：为了更好地传达"BMW 大师殿堂·公众日（Open for All）"，针对不同受众需求，选择不同社交媒体类别，以"引发好奇（Curiosity）——提供参与（Participate）——乐在其中（Experience）—情感共鸣（Share）"引导并与公众建立情感纽带。

引发好奇（Curiosity）。针对不同年龄层次的受众，制作"Open for All：人人都可来爵士"系列病毒视频。中国大妈的一举一动一向是公众关注的热点；随着《爸爸去哪儿》的热播，萌娃们成为了可爱的吸睛法宝；而世界杯引发的足球热及夜店派对潮，更是激发了粉丝的热烈讨论；将病毒视频与以上热点相结合，讲述爵士乐就在你身边。无论你是谁，无论你在哪里，无论你在做什么，人人都可以来"BMW 大师殿堂·公众日（Open for All）"聆听爵士。

提供参与（Participate）。每个人对于爵士有不同的理解。邀请不同行业领域的意见领袖来一起聊聊爵士和自己的关系，以及对"Open for All"的理解，以此来引导受众对于"Open For All"的认知。建立#OpenForAll#微博话题页面，为受众提供一个参与和讨论的平台，方便用户查看有关"BMW 大师殿堂·公众日（Open for All）"的全部信息。

乐在其中（Experience）。与宝马中国企业事务部通力合作，传播公开公正免费的抢票信息，针对有兴趣参与的受众，欢迎其参与到"BMW 大师殿堂·公众日（Open for All）"音乐会，从线上到线下，真切感受 Open for All 的愉悦。

情感共鸣（Share）。通过与微信公众账号的合作，深度剖析"BMW 大师殿堂·公众日（Open for All）"理念，解读热闹活动背后的实质内涵。同时，欢迎行业领袖及公众在微信上分享参与音乐会的感悟与体会。

（6）媒介选择：新浪微博、微信公众账号为主要平台，其他平台（优酷视频、腾讯视频）为辅助平台。

项目执行：

（1）实施细节。

- 爵士就在你身边——话题引爆。

"看得到的爵士"——除 BMW 自有社交媒体账号外，通过音乐、汽车、生活、时尚等微博意见领袖、草根大号，及微信公众账号的内容传播，让公众意识到，爵士就在你身边，并软性植入"BMW 大师殿堂·公众日（Open for All）"信息。

"听得到的爵士"——"人人都可来爵士"系列病毒视频，上海环城快闪、北京快闪活动系列纪录片的推出令公众对于爵士乐有了更直观的感受。所有视觉的传达表现了爵士音乐高雅却并非高不可及，小众却众人皆爱的特性。

"摸得到的爵士"——BMW 与《周末画报》合作的"Open For All"给所有人的爵士手册，更是点睛之笔，也得到业界领袖及微博粉丝的热烈追捧。

- 人人都可来爵士——O2O。

与宝马企业事务部门的通力合作，进行了上海与北京的双城快闪。上海的环城快闪分别在国经中心、新天地、复兴公园、静安寺和嘉里中心，而北京则选择了佳程广场作为整个快闪活动的收官之作。双城快闪，将爵士乐领进公众的日常生活，让平凡的生活出现令人欣喜的愉悦。

驻足围观的人们随着节拍尽情摇摆，无论男女老少都合着拍子打着响指，沉醉在迷人的爵士乐中。在快闪现场，受众可以通过扫描二维码，进入到 BMW 官网免费领取"BMW 大师殿堂·公众日（Open for All）"音乐会门票。

- 与爵士大师面对面——Big Day。

关键词：世界顶级演出 BMW 品牌体验中心 三千人

2014 年 10 月 17 日，第十届爵士上海音乐节开幕式暨"BMW 大师殿堂·公众日（Open for All）"在上海 BMW 品牌体验中心正式上演。经过持续一个月公开、免费的抢票活动，三千多名幸运儿与"世界第一吉他手"Pat Metheny 零距离接触，感受爵士之悦。

（2）实施调整。

除所规划的传播内容外，我们每天都会有专门人员对社会热点事件、话题进行监测和评估，并选取其中可以结合的内容，与微博意见领袖及微信公众账号共同探讨，并最终以合适的角度与热点进行有机的集合，通过社会化的语言呈现出来，并在第一时间发布，以期获得更好的互动和传播效果。例如，将#Open For All#的爵士体验与时下热门微博语言"那么问题来了"相结合，以吸引粉丝眼球，引发讨论。

项目评估：

2014年10月17日，第十届爵士上海音乐节开幕式暨"BMW大师殿堂·公众日（Open for All）"正式上演，3000名幸运观众来到BMW品牌体验中心，欣赏了一场长达两个半小时的精彩的爵士音乐会。

音乐会当晚，#Open For All#微博话题达到热门话题排行榜第四，且在微博首页侧边栏位置作为"推广话题"得到露出。

截至2014年10月23日，经过一个月的微博平台传播，#Open For All#微博话题总阅读量达到5258万，讨论达到3.2万。相当于新浪微博首页顶部公告一天的曝光量，广告价值达人民币200万。

整个活动阶段，29位微博意见领袖及草根大号所发布微博的总互动量达31748次。23个微信公众账号共发布23篇"BMW大师殿堂·公众日（Open for All）"相关微信，总阅读量及点赞数达到81444次。在优酷视频、腾讯视频两个平台投放的7支视频，总播放次数达到551149次。

除了双微平台关于"BMW大师殿堂·公众日（Open for All）"话题的高转发，高评论外，此次传播还引发了受众强烈的情感共鸣。无论是在10月17日"BMW大师殿堂·公众日（Open for All）"，还是10月13日的"北京佳程广场爵士快闪"亦或是10月7日"环沪快闪"活动的现场，粉丝都积极参与，并发布带有#OpenForAll#标签的微博及微信，表达自己对"BMW大师殿堂·公众日（Open for All）"的理解与支持。在整个活动结束之后，很多业内有影响力和公信力的媒体人和公众号都发表了他们"有态度"的评论和总结，这些来自于社会的真实声音，是对"公众日"更深刻更有说服力的诠释，也是对于体验过和

未曾体验过"公众日"的受众来说，一次更好的精神洗礼。

亲历者说：刘佳希　Edelman Digital 社交媒体策划负责人

亚里士多德在给公民和城邦下定义时曾说，公民在面对政治、教育、文艺时应为平权。从古至今，并非所有人都能进入剧场看一次表演。然而，艺术本就属于大众，且值得共享，又是何时变得"高冷"起来？宝马，作为一个豪华汽车品牌，做了一件让人既诧异又欣喜的事——BMW 大师殿堂·公众日（Open for All）。简单来说就是，一个很成功的商人，掏了一大笔钱，给亲朋或不相识者，一个有价值的体验。这么好的一件事，如何告诉所有人，并让大家理解这举动背后的意义呢？这就是我们社交媒体急需与消费者沟通的。

爵士乐是小众艺术，但很多时候我们并没有意识到其实"Jazz is Around You"。比如，《海上钢琴师》的斗琴；《低俗小说》中的摇摆舞；还有咖啡馆里永远飘着的低吟浅唱。说起这些，也许你会猛地一拍脑门，哦，原来这是爵士乐！是的，基于这样的洞察，有了这样的传播逻辑。

首先，让大家意识到，爵士就在你身边。受众看到意见领袖们在线上讨论爵士的话题和精致的爵士手册。

然后，进一步推进告诉受众，谁可以来体验爵士乐。受众看到了大妈、小朋友、潮人、白领们在用心感受爵士（病毒视频），也真的在某天走路的时候就撞到了"爵士乐（快闪）"。

最后，当你意识到自己也蛮喜欢或者开始对爵士乐产生兴趣的时候，宝马伸出了手。来吧，朋友，顶级的爵士乐在这，我们不要钱，就是想要你坐下来，与我们一起听听，乐乐。

这就是我们做的事儿，让受众在不知不觉中被带入进爵士乐的世界，在享受爵士乐的过程中，慢慢看到背后的那支推手——强大而温暖。KPI 和话题排名说明，我们交了一份成绩漂亮的答卷，但更有意义的是，我们让公众看到了已经有这样一个品牌在进行着一场打破束缚的革命，一场颠覆性的跨行业的革命。而你，正是这场革命的见证者和参与者。而这一天，就是属于你我的"公众日"。

案例点评：

将高端品牌与亲民活动对接，实现企业品牌传播与大众艺术共享的有效融合，是本案的一个亮点。爵士乐在中国属于小众文化，要将这种少数人的喜好转化为大众的狂欢应该说有相当的难度，而该项目的策划与实施成功地化解了这一矛盾。

本案之所以产生这么大的影响力，根据我的分析与推测，原因或许主要有以下四个。

第一，将爵士乐不仅看作是一种音乐形式，而是看作一种文化形态和生活方式，这为更多的人士参与话题，多方位挖掘传播资源提供了可能性。

第二，渠道策略与信息策略选择上的精心规划，多点爆破式的预热活动，线上线下活动配合默契，形成良性互动，相互强化。

第三，利用自媒体让公众成为新的内容生产者，不仅扩大了传播范围，而且丰富了传播内容，并使这些次生的内容演化为活动的一个重要组成部分，甚至成为新的免费的"文化消费品"。

第四，动态跟踪并及时利用外部的话题资源，将热点话题作为媒介，增加活动传播的边界扩张力，从而更为准确地阐释了"悦享无界"的公关共享理念。

一个成功的案例如同一场音乐会，方案就是乐谱，其中各种活动和子项目就是音符，而时间与流程的把握，犹如节奏和韵律，执行就是演奏。从这里，或许公关人享受的是另一场音乐会。

点评专家：张雷
中国国际公共关系协会学术委员会委员
浙江省公共关系协会副会长兼学术委员会主任
浙江工业大学人文学院教授、广告学系主任

2014最具公众影响力社群互动营销大奖

北京现代：拼人品，筹爱心，抢 ix25

执行时间：2014 年 9 月至 2014 年 10 月
企业名称：北京现代
品牌名称：北京现代
获奖情况：2014 最具公众影响力社群互动营销奖

项目背景：

2014 年 4 月，北京现代全新 SUV 车型 ix25 概念款与其代言人金秀贤亮相北京国际车展，并宣布量产版 ix25 将于 10 月左右上市。针对 ix25 上市，结合 ix25 青春实力派的定位、年轻有为的形象以及积极向上的价值观。期待以简单有趣的微信互动活动，为 ix25 的 10 月的量产上市预热，加深用户对 ix25 的了解，激发用户对 ix25 深层次关注。

（1）"玩"出车企微信活动新意。微信营销对于车企来说，已逐渐进入成熟期，如何"玩"出新意，与传统微信活动区隔开来是个挑战。

（2）用户如何放心参与众筹。涉及钱款势必会影响活动的参与。所以我们以公益为导向，在活动结束后，通过活动筹集来的款项全部由北京现代汇总捐献给公益事业，给了参与者安心众筹的理由。

（3）服务账号零起步。承载"拼人品，筹爱心，抢 ix25"活动，为刚申请成功不久的"北京现代服务号"，服务号粉丝从零开始。粉丝量的不足，对活动的推进造成了不小的压力。

（4）攻克交互设计技术屏障。以用户体验为核心进行交互页面设计，活动设计尽可能化繁为简，简单易操作。

项目调研：

微信营销"玩"是主流。成就感是微信活动的重要元素，参与者是否能在活动中获得成就感决定活动是否成功。总结归为三点，操作上手的难易程度、活动的有趣程度、是否能"晒"。

"拼人品，筹爱心，抢 ix25"，入口选择为北京现代服务号。活动简单易于上手，测试题趣味性强，人品证、丰富的奖品留足炫耀空间，完全符合微信活动的玩法。

项目策划：

（1）目标。为 ix25 上市预热，提升移动端品牌形象及口碑营销效果，引发关注，带动销量。

（2）人群。时尚潮流年轻一代，向往自由，极富个性，责任感强，"陷"入微信和朋友圈最深的一代。他们不仅是玩转现代科技的时尚青年，也逐渐成为车市的购买主力。他们正是我们要影响的目标受众。

（3）策略。

● 跨界思维：众筹爱心，1 元 1 点人品。

● 用户思维：

A. 话题性，趣味性吸引：拼人品，有的晒。

B. 正能量，公益力吸引：筹爱心，参与感。

C. 大奖刺激，产品即奖品：抢 ix25，殿堂级奖品。

D. 技术提升体验：交互设计提升用户体验。

● 平台思维：以微信为活动平台，跨平台多入口导流。通过微信服务号、微信订阅号、微博、BBS、官网等形成用户生态圈。

● 实现附加值：这不仅为 ix25 上市预热，还要做好潜客数据搜集，品牌社会责任感传递。

项目执行：

（1）微信活动。活动规则简单，共分三步：①测试人品值，分享至朋友圈；②募集众筹补人品，补满人品 100 点，多次抽奖；③凡是补满 100 点人品，都可抽取终极大奖 ix25。

（2）公益收官。活动结束后，众筹爱心款项全部捐赠给宋庆龄基金会爱心字典项目，以爱心公益捐赠完美收官。

（3）执行细节。创出新意，化繁为简，体验为王。

活动玩出新意，众筹爱心做公益：活动以测人品，补人品等极具新意的互动内容，融合众筹爱心的跨界概念，将互动活动与爱心公益相结合，以喜闻乐见、通俗有趣的网络语言与用户沟通，不仅玩出新意，更传递正能量，最后以公益捐赠完美收官。

以用户为中心，设计简单清晰，操作性强；以用户为中心，多阶段多奖项，

提供更多惊喜吸引；以用户为中心，精心策划网络语言风格文案，提供有效互动沟通环境。

项目评估：

北京现代服务号在"拼人品筹爱心 抢 ix25"活动前，刚刚通过申请可以使用，活动初期原始粉丝数为 0。活动持续一个月后，为服务号带来 4 万多粉丝，完成了初始用户积累。

青龙老贼、韩大黑、王冠雄、小腹基、李瀛寰、速度周刊、autocarweekly 等微信自媒体不仅参与了活动，并对北京现代"拼人品，筹爱心，抢 ix25"活动给予了很高的评价。

王冠雄——拼人品，富有互联网精神的游戏；筹爱心，大众化的"冰桶挑战"。

李瀛寰——北京现代这样传统的汽车厂商开始玩微信营销，其创新的角度和力度，值得科技企业们关注。

速度周刊——北京现代的众筹活动之所以取得了不错的反响，个人觉得更多要归根于其不断坚持的年轻化理念。通过产品的年轻化，定位的清晰化，让其很好地抓住了年轻一代的眼球。一个不错的创意，一个别样的众筹，加上恰如其分的传播人群，这个不想火貌似都有点难。

亲历者说：谷俊功　汪氏整合客户经理

"拼人品，筹爱心，抢 ix25"活动，不仅是 ix25 亮相北京国际车展、成都国际车展的延续，也不仅是为 ix25 上市的终极预热，它更是融入了北京现代品牌精神的一次大胆尝试。是对北京现代创新思、启新境（New Thinking New Possiblities）的完美诠释。

拼人品，创新思维，积极探索；筹爱心，坚持公益，传递爱心；抢 ix25，大奖在前，助力梦想。我们本着这样的理念，设计执行了此次北京现代微信活动。从接手项目至活动正式上线仅有一个月的准备时间，其困难可想而知。我们的团队不眠不休，连夜撰写方案、调整设计、完善细节，最终确保了活动的准时上线，付出不言而喻。

"天将降大任于斯人也，必先苦其心志、劳其筋骨、饿其体肤空乏其身……"本次活动的设计执行，不仅圆满达到了客户的预期效果，也锻炼并增强了团队的实力。

案例点评：

案例的创意"蛮拼"的。

巧借"人品"和"众筹"概念吸引目标公众关注。"人品"概念亦谐亦正，容易吸引网友参与；"众筹"是个新概念，能够激起人们的求知欲。借助这两个概念发力，较好地解决了做活动如何最大程度吸引公众参与的难题。

把散碎的微信朋友圈互动成一个庞大的主题闭环。微信能带来商机，源于微信传播的便捷、经济和有效。但微信具有封闭性、散碎性的特点，如何将信息植入朋友圈使之聚焦，考验着创意人的智慧。本案例以时尚网络概念为针，以多次多样化重量级的奖品抽取活动为线，加上规则简单、有趣，完成了北京现代 ix25 的微信庞大社群闭环。这里微信的营销功能得到很好挖掘和利用。

对公益营销中营销与公益的关系拿捏颇自然得体。现实中，营销与公益活动时常被分解成两张皮，不能很好地实现经济效益同社会效益的即时结合。本案例解决了这一问题，并且给人不刻意做作的感觉。

于是，在微信社交媒体平台上，"人品"、"众筹"、"抽奖"、"公益"等元素有机结合了起来，很好地起到提高品牌关注度和沉淀潜在用户的作用。这是近年微信营销策划案中表现较为突出的一个线上公关活动创意。当然，如果能够把筹到的资金数额、善款移交等信息公开，会有助于企业更好提高声誉。

点评专家：杨晨

公关方向博士

上海外国语大学国际工商管理学院公共关系学系主任

静佳八面女孩秋季社群互动营销

执行时间：2014 年 9 月 16 日
企业名称：静佳美妆集团
品牌名称：静佳 JPlus
获奖情况：2014 最具公众影响力社群互动营销奖

项目背景：

从夏入秋，换季出现的肌肤问题也开始成为众多爱美人士关注的焦点。

活动以秋季换季护肤作为诉求策划点，从消费者需求出发，将皮肤问题带入到日常场景中来，以切身体会使品牌同消费者产生共鸣。用这种"精准场景化"的形式把静佳专业的皮肤护理方法传递给消费者，形成深度互动和交流。

项目调研：

《中国女性肌肤调研报告》显示气候和饮食对于皮肤也有很大影响。研究发现，中国南方的城市生活使妇女皮肤斑点多，北方气候使妇女干燥性皮肤发生率高。就全国范围来看，30.8%的女性属于干性皮肤，气候和水质是形成干性皮肤的主要原因；25.6%的女性属于油性皮肤，在上海和江南等地区，由于饮食习惯偏甜，油性皮肤比较普遍；36%的女性属于敏感皮肤，在一些嗜好辣味食物的地区如四川省，女性皮肤除了呈油性之外，敏感皮肤的比例高达56%。

秋季肌肤容易出现各种症状，尤其是因为干燥引起的毛孔粗大、泛红、脱皮、痘痘、细纹、水肿、出油等。

项目策划：

为了能够更好地深入贯彻静佳植物护肤理念，同时抓住由夏入秋是肌肤问题多发季节，推出静佳秋季8大护肤解决方案。

静佳同新浪微博达成战略合作，共同发起"8分钱抢购静佳玫瑰天丝面膜"活动，通过微博平台网友只需要8分钱就可以获得一份静佳玫瑰天丝面膜。通过本次活动，吸引新客户的关注，并且增强产品体验。在得到大量新客户之后，推送秋季肌肤常见问题的症状，引起关注，进入高调宣传静佳秋季八面女孩护肤攻略主题营销。

此次活动既是静佳对一直以来关注静佳的网友们的回馈，又标志着静佳秋季护肤全攻略正式拉开帷幕。

静佳大胆创新，联合新浪微博，通过微博平台直接完成支付的便捷购物体验。

媒介选择以新媒体为主。

项目执行：

2014年9月14日和15日微博发出抢面膜3套预热海报，并与8大企业官微联合活动。

9月16日12点整"8分钱抢静佳玫瑰天丝面膜"活动正式开始，配合创意长微博，平均每分钟销售1666份面膜。

9月17日发出促销创意海报，并将微博粉丝引流进静佳官方旗舰店。

9月19日店铺引流，淘宝钻展、站内CRM、微博产品推荐粉丝互动。

9月20日收官期，微博创意态度海报，8大企业微博联合活动喜报发奖。

项目评估：

"八面女孩秋季护肤"话题被1367.9万人阅读，参与讨论8820人次。2014年9月15日上午10点成功登陆新浪热门微博。新浪微博官方显示，8万份面膜在48分钟内被抢购一空，成功激活百万沉睡粉丝。很多网友纷纷在微博评论：静佳的天丝面膜很好用，这次没有抢到，希望还能够有机会。从数字上看，静佳这一次又成功了，同时此次也成为微博平台销售的一个奇迹。当然，这也得益于静佳一直坚持的植物护肤理念和重视用户体验的发展路线。

亲历者说：金曼姬　静佳美妆集团新媒体经理

"大多数人是通过《美丽俏佳人》等节目认识李静，也因为李静认识了静佳这个品牌。但是"将世界一流的天然植物护肤品带给身边的朋友，做女生身边闺蜜"的品牌初衷，似乎并没有被大多数人注意到。我们希望更多的年轻女性消费者能够更了解静佳，提升感受幸福的能力，看到更美的自己。

于是我们的海报直接请来了就在你我身边的普通女孩做模特，不高高在上，但足够真实。我们希望通过几组态度海报引起我们目标消费者们的共鸣——美就在你的身边，而静佳是女生们最可靠安全的伙伴，解决你在这个秋季换季的肌肤的问题。

这样的选择对静佳来说是比较冒险的，但令我们欣慰的是，网友对静佳的积极肯定和圈内达人对我们的支持。都说明静佳是个亲民的品牌，这与静佳的品牌定位和策略不谋而合。我们期待在这个方向做出更多有创意有共鸣的声音，让大家不盲目跟风，真正地选择适合自己、令自我身心愉悦的护肤品，感受到静佳作为女孩子们的闺蜜所散发出的爱。"

亲历者说：金金　静佳美妆集团公关经理

"这次实践，让我感受最深的有两点：

第一，做品牌公关的时候，一定要带着营销的思维去做，这样的公关行为才不至于苍白无力，本次'八面女孩主题活动'首先跟新浪微博达成战略合作，在将静佳明星产品，天丝面膜的营销嫁接进去，将粉丝直接转化成我们的购买者。可见，现在的公关已经从以前的以媒体公关为主，转向以用户为主。同时，我们通过调研发现，秋季肌肤出现的问题最多，也最复杂，那么用户的痛点和难点就是你需要公关和解决的核心问题。这也是我们推出这次主题营销最核心的考虑。

第二，新媒体成为用户活跃的阵地，如何在他们活跃的阵地，制作他们会感兴趣的内容很重要，引起他们的共鸣，我们出了一系列海报，其中秋季肌肤问题征集令，直接生动地跟用户自己的肌肤问题相对照，他们很容易地就参与进来了，如果不能调动他们参与的积极性，百万粉丝就是一个数字，不是企业真正的价值所在。"

案例点评：

　　自从网络公关成为各大公关公司重点转型的业务拓展新方向以来，如何制作互联网热点事件，成为了众多营销机构面对的挑战之一！而"静佳八面女孩秋季社群互动营销"的打造，能够紧密地结合静佳美妆产品，紧密结合着客户的需求，使得该营销活动整体策划十分完善，具有创造性，涉及了公关活动的多种模式，如宣传型公关等。同时该公司对其传播的实施也比较具有创新性，注意了一些细节问题，吸引力较大，并充分利用了新媒体平台，开拓出了新的互动营销推广模式，成为行业里程碑式的标杆案例，同时也使得对网络公关存在误解的媒体和公众另眼相看。

　　从该案例中，我们也许能够获取些元素，那就是一个好的主题，能够触动人的灵魂，在一个特定的环境下，面向一个特定人群，表达一种情绪、情感、信念，从网民的角度出发，通过企业需求与网民之间的火花碰撞，最终碰出精髓，还原每一个人的角色和心理需求，让我们再次感受到网络力量的强大！

点评专家：陈凯

会唐集团副总裁

世界杯，我的劲霸时刻

执行时间：2014年6月至2014年7月
企业名称：劲霸男装（上海）有限公司
品牌名称：劲霸男装
获奖情况：2014最具公众影响力社群互动营销奖

项目背景：

（1）中国服装行业在新的商业生态环境下的营销之路。

移动互联网时代，为品牌带来全媒体传播的新挑战。在社会化媒体时代，品牌与消费者的沟通方式已发生转变。品牌营销从传统的报纸、杂志到最新的互联网，劲霸品牌对今后几年中国市场走向经过多方市场调研与分析发现，互联网在近几年发展非常迅猛，中国新商业生态环境已经形成。

在新商业环境中，劲霸继续秉持品牌基因内的聚焦原则，坚持品类战略，做中国茄克品类领先的优秀商务男装。同时品牌基于新世代客群的关注与吸引，线上结合线下的整合型营销正是未来新聚焦点。最终完整实现全媒体、全渠道的覆盖与整合。

（2）品牌情感沟通的需要。

劲霸男装进入市场30多年来，积累了可靠的、高价值的、创新的品牌价值。拼搏、坚持、专注的基因使劲霸初生之时便根植深处。多年以来，劲霸男装"初发心"一直未变。也正因为这样的企业内核，劲霸一直以来连续4届，共16年在世界杯传播上保持着不变的坚持与投入。致力让劲霸在央视巨资投放的赛事直播广告释放更大传播当量；并借势世界杯线上线下整合传播互动；为品牌注入激情和活力，同时展现劲霸用户原有精神的同时吸引新时代年轻客群。

项目调研：

（1）传统服装业的转型。

对于传统行业来说，营销观念的转变就如同球队的首发阵型一样，是战略而不是战术。翻阅劲霸男装与世界杯的历史，可以看到，在过去网络媒体、自媒体、社交网络和线上资本不发达时期，劲霸男装以冠名、主流媒体广告和礼品活动等营销行为吸睛无数。而在网络社交媒体被几何倍放大的今天，劲霸男装发现，在客户群生命周期循环更迭的过程中，数字化营销策略便扮演起重要的角色。传统服装行业如何从原来单一的传统媒体传播转为线上、线下联动的新媒体营销，从而进入消费者的心中，这些既可展现劲霸用户原有的精神，同时也能吸引年轻群体。

这也正是"我的劲霸时刻"作为品牌首次尝试全媒体、全渠道整合营销的重要课题。

通过联合O2O系列实践，借助高关注事件，在粉丝转用户，用户转粉丝的过程中，实现高黏度品牌关注。从而在品牌客群迭代中创造新顾客，为品牌注入激情和活力。

（2）品牌沟通方式需要转变。

网络时代的来临，革命性地改变了沟通方式及沟通规则。过去的品牌沟通方式是"我表演你叫好"的单项沟通，社交媒体的兴起后，当前中国社会环境中，品牌与消费者的沟通将是平淡的互动，而再不是单项沟通。因此借助新媒体，借助本次世界杯良机，劲霸男装以"我的劲霸时刻"主题华丽变身，希望升华消费者心中的品牌情愫。

项目策划：

（1）"我的劲霸时刻"数字化内容营销。

虽同样以世界杯赛事竞猜为主题，但劲霸的"创"意用的巧"劲"十足。品牌诉求以通过绑定体育精神作为输出。对品牌LOGO进行再次解读，利用球员胜利时刻的"劲霸式"姿势再次深化LOGO小红人寓意的拼搏、鼓劲、胜利。同时进门瞬间球员，教练，球迷的行为与表现，更是创意主题"我的劲霸时刻"的深度体现。

针对用户"分享"内容深度切中世界杯主题。从球迷心智趋向出发，设计32支绿茵豪门的专属海报，搭配客制化文案，塑造出32路"劲霸式"，贯穿32天64场比赛的竞猜环节。用户只需简单预测点选赛果，即跳转至该队专属"劲

霸式"海报分享页，当用户以参与者身份转发内容后，即时变身球迷。通过微信朋友圈强关系特性，激发好友间竞比心理。

如果赛前预测分享球队海报，是为"伪球迷"预备的，那么赛后球评分享球星图文，则是为真球迷转发而备。一场赛事植入2次可传播波段，可激发用户2次传播分享热情。

另，劲霸在贯穿世界杯32天之间，保持不间断在双微平台推送每日球评，并在每场对战中评选出"够劲霸球星"，并当日绘制出球星形象插画，以保障赛果余热未尽的时效性。

（2）"我的劲霸时刻"O2O。

劲霸将全国的3000余家终端店铺资源整合入此届世界杯营销，将近3名导购成为线下OFFline强大支撑。导购引导进店客流，通过主题海报上二维码进入"我的劲霸时刻"竞猜互动。借由线下高效转化率将原本碎片化CRM（Customer Relationship Management 客户关系管理）数据进行有效整编。

之后线上Online部分基于微信新开放高级功能接口，定制符合劲霸品牌受众竞猜用户点击授权即可参与互动，省去注册流程。进一步提升优化UE（用户操作）体验。将复杂的竞猜游戏操作流程做减法，简化至傻瓜级应用。用户跟随世界杯赛事的逐步深入中，同时传播扩散效率呈几何性增长。

最终全国各区域声量均有良好展现，重点终端地区反响强烈，目标市场普遍接受，发达地区用户有更高参与热情。由此可见，劲霸品牌在营销上借助世界杯的眼球效应，让品牌粉丝转互动用户，让网络用户转品牌粉丝的策略正确性。项目执行依托全媒体烘托，全渠道联动的作用下，以内容营销来实现品牌关注的高黏性。

（3）"我的劲霸时刻"病毒视频。

世界杯期间与乐视网深度合作，将乐视体育频道重新包装，"进球时刻"改名为"劲霸时刻"。并结合历届世界杯球星经典庆祝动作，如"爱心式"、"摇篮式"、"睡美人式"。最后将本届赛事中出现双手握拳，高举过顶的庆祝姿势剪辑归纳导出"我的劲霸时刻"经典庆祝动作。该条视频全网总浏览量6551349次，评论8421条。同时针对公关活动需求，特意编排"劲霸式"舞，并将编舞过程及最终展示形成系列病毒视频。成为世界杯期间继"小苹果"外又一网络热门舞蹈。

（4）"我的劲霸时刻"社交媒体营销。

以新浪微博为社交媒体主力平台，发起"我的劲霸时刻"活动，邀请微博用户分享世界杯期间球员胜利时刻的"劲霸式"姿势，再次将世界杯主题与劲霸绑定。二次深化 LOGO 含义。对世界杯热点时间精准切合，用户参与活动热情空前高涨，UGC（用户主动提供内容）模式贡献大量来自球迷角度的"劲霸式"图文内容，活动中用户提供 4000 张活动图片。

其中，新浪微博相关微博话题浏览数，达到惊人的 1.1 亿次。腾讯微信图文总阅读数 3685 万次。

（5）"我的劲霸时刻"体育 KOL 营销。

借用新浪微博平台世界杯体育类 KOL（Key Opinion Leader，意见领袖）时效性，与最顶尖的 KOL 合作。完美结合品牌一直致力的体育营销，高效曝光。25 个体育类顶级 KOL 作用巨大，提供了 30 万次转发与评论，最终微博阅读数达到 436 万次。

（6）"我的劲霸时刻"长尾效应。

值得特别关注的是，营销并没有随世界杯结束戛然而止。以凡参与者皆可参与冠军国国家游的抽奖活动，不仅让用户从头至尾保持着高度参与性和积极性外，更是完美结合上互联网的长尾效应。由此可见劲霸男装的首次试水，整体运筹安排相当细致完整，让人余味无穷。

期间根据世界杯进程推进波段，新闻营销一直保持同步跟进发布。基于传统电视媒体——央视黄金时段广告片的高强度曝光，眼球效应下获得媒体高度关注，大量媒体自发转载评论。媒体自发联动行为，切换观察角度，此举无异于对搜索引擎收录内容、优化排名起到无法估量的边际价值。通过系列传播平台的同步信息传递，所营造出品牌沉浸式立体传播景观，让用户 360 度 24 小时沉浸在传播氛围内。

项目评估：

（1）网络互动成效：最终借助微博话题"我的劲霸时刻"，活动在微博平台上达成了超过 1200 万次曝光，收到评论 4.7 万条。其中，常规话题的阅读数达到 163 万次，转发 28 万次；一月之内收获 2 万多微信参与用户。微信红包共送出将近 26 万元的真实奖金。

（2）区域终端成效：参与活动用户来自全国 29 个省市，经济发达地区占比 1/3，在线下终端是全国各族人民齐聚的盛况。用户分布占比结果显示，劲霸品牌发源地福建省占总数 12%，品牌集团总部所在地上海市占比 11%。其余 O2O 项目示范区积极响应活动，用户参与人均占比也都实现 5% 以上。数据结果高度体现区域终端整体协作配合能力。劲霸品牌在供应链销售端体现出精细化管理，以及良好的供应商沟通管控能力。

亲历者说：崔玉善　劲霸男装品牌管理中心公关部经理

作为已经连续四届坚持进行世界杯传播战役，被媒体趣称为"世界杯第33支球队"的劲霸男装，在此次巴西世界杯整个项目规划初期，就为品牌传播确立了"空地网"三位一体的全媒体和全渠道方向——劲霸不仅成为国内服装业内中唯一独揽中央电视台巴西世界杯电视直播核心资源的品牌，在品牌传播核心硬资源的争夺中抢得先机，更专门提前组织精英研发团队，在当季产品中特意增加了极具足球元素和巴西风情的绿茵桑巴系列，将商务休闲与运动激情巧妙融合，使广告投放的"空中打击"在终端实现高效落地。而更具看点和创新性的是，劲霸男装此次也成功透过在微博、微信等社会化媒体上的主题内容传播，以互动的方式获得了最广泛的互联网世代人群对品牌的认知和接受，更巧妙地与全国各区域线下终端店铺进行了集合联动，为那些对足球保有热情的劲霸VIP顾客们提供了一个即时资讯推送平台，为品牌正在积极拓展的O2O战略布局打下了坚实的基础。

案例点评：

以移动终端、社交平台兴盛为标志的社会化媒体时代，人、品牌、信息、媒介之间的关系改变了，一个突出的特征就是，信息的权力已经从广告主转移到了消费者手中，在这种环境下，必须从单向灌输的漏斗式营销转变为关系营销。我理解的关系营销或者叫公共关系营销，是一种将现代公关理念、思维贯穿于品牌营销全过程的营销新模式，其目的就是要与客户及潜在消费者建立一种长期的信任关系。这种关系如何达成呢？找准消费者——了解消费者——提供有价值的内容——制造互动——建立关系。关系营销的重点不再是如何让消费者来主动获取信息，而是在社交网络上，如何与他们进行多对多的有效互动。其中的关键是要找到互动点，劲霸品牌的这个案例，很好地整合了微博话题、微信公众号、意见领袖、病毒视频等互动点，所以能带来良好的营销效果，这是它的一大特点。

这个案例的另一个高明之处在于，把品牌的核心客户群体与重大事件营销有效地结合起来。足球世界杯是地球上最受瞩目的单项体育赛事，其影响力比肩综合性赛事的奥运会，但后者的观众群体比较分散、无序，世界杯的核心关注群体却非常明晰和聚集——喜爱运动的成年男性。而这一群体正是劲霸的目标消费群，这样高度的吻合度能把事件营销的功效发挥到最大。

点评专家：胡建斌
华中科技大学新闻与信息传播学院博士生，井冈山大学讲师

六必治赞助《嗨！2014》互动营销

执行时间：2014 年 4 月 4 日至 7 月 25 日
企业名称：立白集团
品牌名称：六必治
获奖情况：2014 最具公众影响力社群互动营销奖

项目背景：

作为经典国货品牌，六必治一度凭借"吃嘛嘛香"的广告口号赢得国内消费者的认知，但随后传播策划乏力与资源投入减少，导致品牌逐步出现老化。

六必治自 2013 年逐步通过新品研发，启用汪涵作为全新代言人等手法进行品牌复苏工作，2014 年更是大手笔冠名赞助央视大型脱口秀节目《嗨！2014》，期望借助央视平台实现大范围消费者覆盖，同时，六必治急需在全国范围内针对一线城市消费群体进行传播推广。

伟达公关受立白集团委托，从消费者口腔护理的需求洞察出发，结合六必治牙膏中药养护的产品理念，提炼出"防上火"的核心传播点，并借助新媒体互动营销，为六必治品牌增加粉丝及潜在用户。

项目调研：

目标消费群体洞察。通过小范围调研及第三方机构数据，发现目标消费群体正处于家庭事业的上升期，工作生活压力偏大，喜欢分享微信小游戏、漫画、恶搞视频；另外，相当部分消费者有浏览旅游社交网站的习惯，对此类网站黏性较高。

核心传播点可行性分析。项目团队研究了市场上中药牙膏等竞品，发现六必治强调养护的理念较一般牙膏强调"止血"等功能更符合中医原理，从"中药养护"中提取出的防上火理念，在小范围的样板调研中是最容易理解与接受的卖点。

项目策划：
（1）传播目标：借树立六必治"以中药为配方机理，有效预防和治疗中国人各种常见口腔问题的口腔保健、护理品牌"的形象；扩大品牌目标传播人群，让品牌可以覆盖的跨度变得更大。

（2）目标受众：30～50岁的一线城市消费人群。

（3）主要信息。

百年国货经典品牌：有着百年历史的优质品牌，在激烈的市场竞争中创下行业多个第一，铸就行业先行者地位。

专业中药养护：采用中药典方，能预防调理口腔健康，对于口腔问题能够对症治疗并与防治相结合。

解决中国人口腔问题：最了解中国人的口腔特点，提供防上火、养牙龈、清口气多种针对性养护功能，是最适合中国人的牙膏。

（4）传播策略。

借势：借助六必治冠名《嗨！2014》这个最有力的事件，通过六必治品牌与《嗨！2014》节目的互动，将六必治官方微博微信打造为《嗨！2014》节目粉丝的聚集地，并策划明星粉丝与节目中的明星进行互动，将明星的粉丝转化为六必治的粉丝。

造势：在用好六必治冠名《嗨！2014》的基础上，通过主动创造社交媒体上的传播话题、工具、游戏，并深度植入"防上火"的功能点，打造六必治就是防上火的强关联。

（5）媒介选择。

重点选取微信、微博两大社交平台作为传播主战场。

基于旅游社区网站的高黏性、高参与度的特征，选择国内龙头网站蚂蜂窝作为合作伙伴。

项目执行：
（1）整体把控。项目组在项目实施期间，与包括《嗨！2014》节目组、蚂蜂窝、游戏设计公司、视频拍摄公司等外部第三方机构紧密沟通，构建了包括客户、伟达公关及第三方在内的高效沟通对话机制，确保了项目在保持高度的灵活性的同时，严格按照进度推进。

（2）借势《嗨！2014》新闻发布会。借助央视《嗨！2014》节目启动仪式新闻发布会，安排品牌曝光及高管专访机会。

（3）组建粉丝探班团。六必治通过官方微博微信发出探班团征集令，凭借谢娜与哈林的影响力，活动获得合计超过 10000 名网友踊跃参与，5 位幸运粉丝身穿六必治品牌 T 恤衫来到活动现场并与明星合影，并在活动结束后鼓励幸运粉丝晒照片并与官方微博互动，引发众多网友关注及好评。

（4）策划 21 天防上火训练营。微博发起活动，微信同期扩散，通过漫画集、小知识、微活动三个部分环环相扣，最终令粉丝轻松认识如何防上火，并通过参与活动加强六必治牙膏与防上火功能的联想。

（5）开展"嗨 FUN"美食防上火活动。紧扣《嗨！2014》中的"嗨"字，与品尝美食的"嗨"进行精神层面的关联；在蚂蜂窝开设 mini-site 专题网页，并发动粉丝分享享受美食的"嗨 FUN"照片，带出六必治防上火的核心信息，专题活动持续时间 19 天，吸引了大量蚂蜂窝用户参与，专题点击转化率超越同期其他专题页面；通过使用优质账号进行活动推广，在微博同步举行的晒照片微活动中，六必治的活动参与热度也远超竞品的同类型活动。

（6）推广微信"求吻灭火小游戏"。作为牙膏品牌，"吻"这个动作最能直观体现六必治为消费者带来健康、好心情的功能，为此项目组策划了"求吻灭火小游戏"，用户通过挑选牙齿的上火表情，填写个性化的上火心情并分享到朋友圈邀请好友亲吻屏幕献吻降火，来完成整个游戏流程。借助好玩有趣的游戏机制以及微信朋友圈强大的分享力量，"求吻灭火小游戏"获得了超过 35000 次的浏览量，以及接近 8000 位网友的热情参与。

（7）制造"上火找六哥"病毒视频。视频幽默的风格以及聚焦当下社会的热门话题，引发众多网友的关注以及由其中情节引发的共鸣和吐槽，在视频中，更是设置了能代表广大网友的"阿爆"以及神秘的"六哥"两位主要角色，并成功将"上火找六哥"打造为微博热门话题，总阅读量高达 293.9 万次。

项目评估：

（1）新媒体曝光量。项目整体原定曝光量为 4180 万次，实际曝光达 16067 万次，为原计划的 3.84 倍。

（2）新媒体运营。活动期间，六必治官方微博粉丝增长近 50%，官方微信完成了普通订阅号的认证升级，并实现了自定义菜单中"求吻灭火游戏"、"上火找六哥"视频等内嵌；从运营效果角度衡量，以第三方微博分析系统"微博

风云"数据统计进行分析，在10万~100万的同级别竞品微博中，尽管六必治的粉丝总数少于竞品，但综合衡量账号关注率、PR值、互动率、活粉率等指标，其微博价值高达205万，紧随其后的竞品微博价值仅为73万。

(3) 传统媒体/网站/论坛报道。六必治大手笔冠名赞助《嗨！2014》，组建粉丝探班团以及后续的新媒体创新传播形式，分别吸引到《北京晨报》《法制晚报》《天津日报》、新浪、搜狐、网易、腾讯等的记者及编辑主动关注，获得版面共计5P的平面报道以及接近200篇的网络新闻报道，而"嗨FUN"美食吸引到的吃货群体，粉丝探班团活动吸引到的明星粉丝，更是纷纷主动在论坛、BBS、豆瓣上分享信息。

亲历者说：王冬　立白集团媒介传播部总监

六必治品牌在北方市场具有很高的知名度，但多数消费者对六必治的认识仍局限于"吃嘛嘛香"的旧广告词里，品牌存在老化迹象。我们为六必治做这个互动营销项目的主要目的就是迎合六必治新品上市推广的契机，通过《嗨！2014》节目，传达六必治的品牌形象更加趋于年轻化，并倡导健康快乐生活，提高新品知名度，打造品牌与防上火之间的强关联。在整合传播过程中，我们利用网络社交媒体拓展潜在的年轻消费群体，赋予品牌新的形象；采用了诸如原创漫画集、跨界营销、移动端小游戏、病毒系列视频等多种创意类传播形式，不断锐化产品"防上火"的核心卖点，提倡日常多用六必治护理口腔。"不怕口腔问题，绽放健康笑容，"从而延长品牌生命周期，避免过快衰退。

在亲历了整个项目后，我们有这样的心得：新媒体的快速发展，已经改变了传统的舆论引导和传播格局，互联网是当今舆论斗争的主战场。在整合传播过程中，特别是营销事件引导，微博和微信都是一个非常重要的平台；通过主流媒体发起热点新闻，进而在BBS、微博和微信等网络平台扩散或引起争议，并软性植入核心信息，对舆论加以引导从而达成品牌传播目的，是一个高效率的传播模式。而前瞻性的预判正是六必治这个项目成功的关键。

案例点评：

先由电视节目引发消费者对品牌的认知，借助人气节目的关注度在社交媒体上形成品牌社交圈，针对目标客户展开多层次的互动活动——视频、游戏、各种主题活动，增加消费者对品牌的粘黏度，不但增加对品牌名称的记忆，更增加对品牌"防上火"定位的清晰认知。运用微信微博的传播平台，更加能让目标公

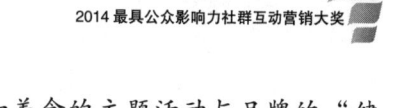

众聚合在一起，形成内部的品牌共识，而旅游和美食的主题活动与品牌的"健康"和"口腔卫生"能很融洽地结合，让整体的传播活动在主题上和渠道上都比较流畅。

点评专家：张宁
中山大学传播与设计学院教授、副院长、公共传播学系主任

姐妹厨房——"土豪承包农场"微信游戏营销

执行时间：2014 年 9 月 25 日至 10 月 24 日
企业名称：大成食品
品牌名称：姐妹厨房
获奖情况：2014 最具公众影响力社群互动营销奖

项目背景：

作为国内一流的鸡肉供应商和"国家级农业产业化重点龙头企业"，大成食品在食品行业率先推广"溯源"概念，并于 2014 年 9 月底面向全社会无偿开放其独有的溯源系统，在行业内掀起了不小波澜。同期上线基于溯源体系的自有电商平台，正式拉开了进军 B2C 的自主步伐。

对于暂无深厚品牌认知积淀的姐妹厨房品牌来说，产品是最好的载体。所有大成的产品包装都"暗藏玄机"，不同产品都对应不同二维码，用户扫描能直接体验品牌独特的从饲料、养殖、初加工到深加工每个环节的实名溯源体系。

然而传统的样品派送形式往往面临着区域限制、人员耗费高以及派样用户信息追踪及后续利用困难等问题。那么，如何以最有性价比的方式将产品送达消费者，并最大限度完整地表达品牌信息，并为即将上线的电商平台累计 CRM 基础，是姐妹厨房的营销团队中青旅联科在此次传播项目中需要解决的问题。

项目调研：

与传统派样的地域限制、高人力成本和信息累计困难不同，微信平台地域覆盖性广，用户精准性强，关系链具有天然传播性，并能对用户资料进行实时采集等，成为此次传播项目载体的不二之选。

凭借极简的规则，创新的主题、碎片化时间的利用和社交分享的刺激，"围住神经猫"等类似的虐心小游戏接连引爆朋友圈，彰显了其在微信社交圈的魅力和无限可能性。好友帮忙的"众筹"式参与机制在微信营销模式上也已有了一定用户认知，恰逢其时。

从更宏观的角度看，互联网时代，消费者获得了话语权已经不满足被动地接受信息，更愿意主动参与到产品的传播，甚至是生产中去。营销日趋游戏化、社交化，有"参与感"是品牌传播与消费者自然沟通的重要课题。而从互联网思维看来，产品本身即营销，体验过程和产品本身创造口碑。姐妹厨房品牌包装所承载的溯源二维码体系更是诠释这一趋势的实践表现。

项目策划：

（1）传播目标。

传播推广大成姐妹厨房的实名可溯源体系，培养和强化消费者对品牌的认知，塑造食品安全领军者形象，促进消费者扫码了解实名溯源流程和品牌优势。

通过社交化的传播促进口碑推广，为新上线的电商平台做预热。

通过传播使得用户获取产品体验，并进一步回流到线上的平台，促进销售机会。

（2）传播策略。

通过社会化媒体线上平台和线下门店专柜的引导，尽可能促进消费者参与到基于品牌 SCRM 阵地（微信服务号）所开发的微信游戏中；

通过游戏传递品牌的核心利益点（实名溯源体系），以社会化的游戏机制促进自发传播，同时最大限度累计品牌消费者基础（粉丝），形成电商平台的 SCRM 积淀。

（3）目标受众：25～40 岁的城市白领人群，年轻的中产家庭。

项目执行：

（1）通渠道：线上下联动，提高营销性价比。

传统的样品派送形式往往面临着区域限制、人员耗费高以及派样用户信息追踪及后续利用困难等问题，那么，如何以最有性价比的方式将产品送达消费者手中，并最大限度完整地表达品牌信息？微信平台以地域覆盖性广，用户精准性强，关系链具有天然传播性等特性成为不二之选。

与传统 O2O 由线上支付线下体验或消费的单向流程不同的是，中青旅联科为大成设计的"土豪承包农场"游戏将线上和线下进行了有机结合。以微信游戏作为线上派样入口有效建立 CRM 库，线下所有的产品渠道都配合进行线上入口引导，最大限度从线下驱动目标消费人群汇总至线上。同时线上植入销售入口，尽可能地促进地销售可能。

（2）抠细节：流程细微有玄机，提高体验是关键。

如何让消费者既乐于参与并填写真实有效的地址是营销派发产品样品的关键。用户自愿参加并完成游戏获得奖励后才邀请填写地址，自然强制性大大降低。而将派样转化为"完成游戏100%中奖"的设定能增加用户信心和好感，而后附送抽奖机会，奖上加奖，提升用户体验感受。

为最大限度优化用户体验，在活动过程中及时统计后台数据分批次配送，在活动过程中从参与到体验的缩短，直接刺激用户推荐更多好友参与。

（3）晒品牌：游戏即品牌，产品即传播，植入无处不在的品牌基因

"土豪承包农场"游戏从背景和机制设计到好友互动机制都紧扣品牌"实名溯源"的核心属性，每个开设溯源农场的用户都需要4个自己的真实好友来承担实名溯源生产流程的各个环节，每次成功的用户参与都意味着作为品牌信息最佳宣传载体的产品得以深入用户的实际社交圈内，形成二次传播。

游戏完成后所直接"产出"的虚拟农场作物直接对应品牌的实体旗舰产品，更有充满品牌地域基因的台湾游抽奖机会，让用户在游戏参与和分享中全面传播品牌信息。

（4）拼创意：借势四两拨千斤，简易是王道。

铺天盖地的"霸道总裁承包鱼塘"段子早为这个游戏里的"承包"二字累计了足够的用户认知，"土豪承包农场"游戏还需要做到的就是应有的"足够简单"：整体画面设计蜡笔画清新画风朴实有趣，从参与到分享只需要3次点击，号召好友帮忙的"众筹"式参与机制在微信营销模式上也已有一定用户认知，恰逢其时。好友打工的概念更是让不少80后都回想起开心网时期的农场游戏，引发主流消费者共鸣。在细节设计上，如首席鲜肉官的如花形象的偶尔逗比也能博受众莞尔一笑。

（5）玩整合：跨平台多元传播，打好组合拳。

品牌微信公众账号为游戏平台，微博微信双管齐下，有机结合。目标明确集中，有的放矢。

话题声势扩散和巧妙引流转化。微博上，中青旅联科为姐妹厨房采取了活动配合病毒营销推广的主要打法，不仅为微信平台引导人流，还为官方阵地积累粉丝。而病毒内容营销推广方面，更是无论是星座、旅行、八卦、创意广告、还是食品安全，一切网友热议的话题点无所不用其极，吸引各类当红大V、段子手乃至于草根账号纷纷加入传播阵营。

有的放矢精准定位的微信推广。在游戏的主战场微信层面，姐妹厨房的营销团队中青旅联科根据其精准的目标受众和游戏利益点，选取了具有关键性影响力的公众账号进行流量引导传播，不同角度和定位的内容送达的用户人数超过662

万人次,不仅获得了超过40万人次的真实阅读量,引发众多真实意见领袖参与游戏分享朋友圈,更造就了"土豪承包农场"游戏的流量持续高峰。

项目评估:

游戏最终获得将近70万人次的页面浏览量,超过13万人次的独立访客,超过9万用户对游戏进行授权,超过4万用户参与游戏,最终为品牌微信服务号带来5万多人次的粉丝增长。有游戏的数据采集方面,除了所有用户的关系链数据外,更有2万余人的详细用户信息资料累计,为后续电商平台的推广奠定了CRM基础。

从品牌传播的角度看,在微博平台上,"土豪承包农场"游戏话题所有相关内容覆盖人群达6000万,互动将近10万人次,最终成就了该话题在微博平台热门话题小时榜单第7位的位置。热度持续发酵,一度获得美食频道热门话题榜单第1位,极大程度地曝光了此前默默无闻的品牌。在游戏的主战场微信层面,姐妹厨房根据其精准的目标受众和游戏利益点,选取了具有关键性影响力的公众账号进行流量引导传播,不同角度和定位的内容送达的用户人数超过662万人次,不仅获得了超过40万人次的真实阅读量,引发众多真实意见领袖参与游戏分享朋友圈,更造就了"土豪承包农场"游戏的流量持续高峰。

亲历者说:宦娜 中青旅联科(北京)公关顾问有限公司高级客户经理

从线上营销传播的转化率来看,"土豪承包农场"游戏是成功的。游戏的流量不输传统形式,游戏授权人数到服务号粉丝增长的转化比例(约56%)之高,既最大限度地传递了品牌信息,又为品牌的后续推广沉淀了基础。而游戏中获取的种种用户行为数据,更将成为姐妹厨房电子商务平台SCRM的"火种",奠定良好的开端。

在微信平台电商是否能成功地讨论正进行的如火如荼的时刻,下一步对于姐妹厨房才是更重要的一步。如何将这些数据转化为销售的种子,是下一个需要攻克的问题。

案例点评:

大成食品姐妹厨房策划的这一微信游戏营销活动,充分发挥了微信平台的社交功能,以简单有趣的游戏,吸引潜在消费者参与,为电商销售积累的消费者信息,奠定了销售基础。

大成食品姐妹厨房"土豪承包农场"微信游戏营销实际上通过游戏寻找到了一群潜在消费者。以单个方式活跃的个人微信（他们之中当然有潜在消费者）往往参与具有高粘度的微信群。微信与微博等传播平台相比，最大的区别在于可以形成高粘度的社交群。研究显示，微信群的高粘度往往是由共同知趣或共同经历而实现的，比如体育活动群、班级群等。目前，有不少企业利用微信进行营销，但是其中许多营销活动只是将微信作为一个企业信息或品牌信息的发布平台，并未充分发挥微信的社交与互动功能。大成食品姐妹厨房"土豪承包农场"微信游戏营销非常敏锐地意识到共同兴趣对微信人群的吸引力，以设计巧妙的游戏作为吸引潜在消费者参与的载体，获得了非常好的效果。

大成食品姐妹厨房"土豪承包农场"微信游戏营销另一个可圈可点之处，是非常清晰地识别了潜在消费者所关心的问题：食品安全和健康问题。策划者通过游戏传递品牌的核心利益点，使游戏参与者对实名溯源体系有非常切实的体验，从而大大增加了参与者对姐妹厨房品牌的好感度。

值得提醒的是，游戏中有些文案，可能对青少年产生不良影响。商业营销活动应避免产生不良的外部性效应。

点评专家：何辉
中国传媒大学广告学院公共关系系主任

2014最具公众影响力海外传播大奖

京东成功赴美上市公关传播

执行时间：2014 年 4 月 1 日至 2014 年 5 月 31 日
企业名称：京东集团
品牌名称：京东
获奖情况：2014 最具公众影响力海外传播奖

项目背景：

2014 年 1 月 30 日，农历大年三十，京东向美国证券交易委员会提交 IPO（首次公开招股）申请，计划赴美上市，消息一出，立刻引发了国内外媒体的高度关注。2014 年 5 月 22 日美国东岸时间 9 点，京东在纽约纳斯达克交易所正式敲响了上市的钟声，从此翻开了京东的新一页，也翻开了中国电商的新一页。京东是中国第一个成功赴美上市的大型综合性电商企业。虽然在中国市场享有很高的品牌知名度，但由于京东尚未有开拓海外业务，在海外投资者和用户中，京东的品牌烙印不够鲜明，如何利用上市的契机将京东良好的品牌形象和独特的商业价值在海外市场得到广泛深入的传播是京东公关团队面临的挑战之一。

项目策划：

1. 目标

借助上市活动迅速提升京东在海外市场的知名度和美誉度，充分展示京东的品牌故事与商业价值。

进一步提升京东在中国市场的品牌形象，强化用户对京东未来发展的信心。

引发正在开拓的 3~6 级县市的消费者群体的关注，吸引新的用户群体，为京东在这些区域的业务拓展打下良好基础。

激发京东 6 万多名员工的自豪感、荣誉感，强化团队信心和凝聚力。

2. 策略。

（1）媒体报道：

组织规模庞大的媒体团赴美，安排媒体观摩上市活动、参加采访、与高管团队深入交流，使媒体获得关于上市的全方位的信息从而进行充分的报道。

在国内的传播不仅触达一、二线城市，更加深入到三、四线，覆盖 150 多个城市。内容上结合即将到来的京东周年"618"大促，传递"京东成功赴美上市十亿红包回馈消费者"的信息，引起消费者关心关注并有力地带动促销。

安排华尔街日报、CNBC、纽约时报等多家海外媒体对京东高管进行深度采访，传播京东独特的商业价值和品牌理念。

在敲钟仪式当天，安排京东 9 名高管首次集体在媒体前亮相，向京东各利益相关方传递京东的商业价值，愿景和战略方向，获得媒体极大关注。

（2）广告：拿下寸土寸金的纽约时代广场数十块广告牌资源，紧急设计、制作精美的京东品牌广告，IPO 当天，京东靓丽的红色广告牌成为纽约时代广场最引人注目的一景。京东成为第一家在纽约时代广场投放广告的电商企业。同时活动协调《华尔街日报》为京东上市发布整版广告。

（3）大量使用新媒体：通过微博直播、微博互动活动、微信信息发布、微海报，信息化图表等形式第一时间在社会化媒体上围绕上市进行传播。微博#京东上市#标签下阅读量过亿，官方微信送达 50 余万人。13 位来自 IT、互联网、财经领域的 KOL 共发表 14 篇热门评论文章，产生 90 余条发布链接，直接受众超 150 万，覆盖人群超过千万。

（4）在北京、宿迁等地举行公司内部庆典仪式，数千名员工参加，大大激发团队荣誉感。

3. 目标公众。

国内外普通消费者、京东合作伙伴、政府、行业、投资界、员工。

4. 主要信息

（1）京东模式为什么成功。
- 清晰而正确的战略方向：凭借对市场规律的敏锐洞察，京东意识到，只有使用户以更好的价格、更优质的服务买到行货正品，而不是靠集贸式收取租金，才是中国电商的出路。
- "京东式"管理模型：倒三角战略——团队、系统、成本及效率、产品价格服务。
- 强大的执行力：有战斗力的团队、以诚信为核心的企业文化

（2）刘强东——从宿迁到华尔街。
- 简单——只做一件事（电商），把这件事做到极致。
- 执着——坚持走自己认为对的路：从批发到零售、从门店到电商、自建物流、扩大品类、上市。
- 冒险——敢于冒险，但不盲目，方向盘在我手上。

（3）京东的下一个十年。
- 下一个十年是PC电商向移动电商转移的时代，京东已经拿到了移动电商的船票（微信、微店）。
- 京东无与伦比的物流优势+渠道下沉将继续拉大与竞争对手的距离，难以追赶。
- 京东已经提前布局O2O战略，决战最后一公里，用户体验将得到颠覆式提升。
- 上市之后的京东在资金、管理、运营方面如虎添翼。

5. 媒介选择

美国主流媒体与垂直媒体30家，包括彭博社、路透社、CNBC、Fox Business Channel、《金融时报》、《纽约时报》等。

国内传统媒体数百家，包括35家赴美媒体和130家地方媒体报都做了报道；13位KOL发声。

项目执行：

1. 2014年5月22日当天活动落地执行

京东创始人刘强东携京东高管团队、投资者关系团队、投资人等30多人站在了纳斯达克敲钟台上，成为中国第一家成功赴美上市的大型综合性电商企业。现场上百名嘉宾、数十家来自国内的媒体记者亲自见证并体验了中国第一家大型综合电商企业赴美上市的盛况。来自京东的年轻管培生王广巍主持了仪式。

随后，刘强东受纳斯达克主席之邀，参加了"纳斯达克金牛揭幕仪式"，纳

斯达克首次为上市公司举办这样的仪式，充分展示资本市场对中国电商企业的高度关注和重视。

随后，京东代表团一行来到时代广场，在巨幅京东广告前合影留念。京东可爱的小JOY也来到现场，美国游客纷纷与JOY合影、互动。

揭幕仪式后，京东在纳斯达克现场举行了记者招待会，京东9名高管首次集体亮相。京东创始人兼CEO刘强东和京东商城CEO沈皓瑜就记者关心的京东模式、战略、物流理念、竞争策略等问题回答记者提问。

与此同时，在包括北京、宿迁等多个城市，京东上市内部庆典活动同期举行，数千名员工、当地政府领导参加，场面异常热烈。

当晚，京东在纽约举办了投资者、媒体答谢及庆祝晚宴，CEO刘强东代表全体京东人感谢媒体和投资人的支持，以英文发表20分钟致辞。晚宴气氛热烈温馨。

2. 重点媒体内容执行

上市当天新闻稿件内容露出，如《京东今晚登陆纳斯达克确定发行价为19美元》《刘强东：京东上市融资用于开拓三至六线城市》《京东市值近300亿美元成中国第三大互联网企业》《京东赴美上市成功10亿红包回馈消费者》等。

搜狐、新浪、腾讯三大门户网站京东上市专题发布（《京东登陆纳斯达克》、《京东正式登陆纳斯达克》、《京东赴美上市》等《京东登陆纳斯达克》、《京东正式登陆纳斯达克》、《京东赴美上市》等报道专题。

央视一套、央视二套等电视媒体新闻实时播报。

发布区域报道，如《京东美国上市受追捧当日收盘上涨10%》、《京东赴美上市成功10亿红包回馈消费者》等。

沟通媒体发布京东的相关解读稿件，如《电商抢人大战：京东阿里全方位对决IPO》《京东IPO上市B2C格局落定天猫面临更强冲击》《从京东上市看电商的下一个十年》。

协调《华尔街日报》、《纽约时报》、《金融时报》、《经济学人》等海外媒体关于京东的战略、市值、模式等方面的报道。

京东9大高管团队亮相新闻发布会现场，回答媒体有关IPO发行、财务、京东发展战略及业务等方面的问题。随后，安排刘强东、黄宣德和沈皓瑜等高管接受媒体专访。

上市当天，纽约时代广场上有多达几十块大屏幕同时播放京东上市讯息，京东红耀红了时代广场的每个角落。

3. 社会化媒体传播

官方微博：上市当天全程微博图文直播；有奖微博活动说说这些年你和京东

的故事；四幅微博海报"谢谢你"、"从中关村到华尔街"等。

官方微信：官方微信共计推送4条信息，包含内容为：谢谢你海报、藤视频、敲钟现场图片、高管阵容海报、刘总海报、总部庆典Party等。

第三方网络资源推转：潘石屹、周鸿祎、牛文文、北京国安俱乐部、微软、Intel、等名人名企转发。

KOL文章：13位来自IT、互联网、财经领域的KOL针对格局、未来及任务发表评论文章。

项目评估：

上市当天，纽约时代广场上有多大几十块大屏幕同时播放京东上市讯息，此举为有史以来纳斯达克首次为中国上市企业提供的重磅支持。

传统媒体：京东上市发布会及后续专题、文章传播，传统媒体总计发布739次，其中电视台媒体30次、网络视频5次、平面310次、网络媒体394次；网络专题报道10家；除原发报道外，网络转载总计1674家。其中，正面话题约占总话题报的97%。截止到6月5日，传统媒体总计传播覆盖人群约为55457（万人次）。

社会化媒体：2014年5月22日21：30至5月23日20：30，这23个小时中，京东官方微博共发布相关微博25条，其中发布有奖微博活动1条（说说这些年你和京东的故事）。总转发量超过15000次，总评论量超过5000次，平均每条互动接近400条。并且，官微互动中，超过85%以上评论转发为正向积极内容。截至6月3日16：00，#京东上市#活动标签下阅读量6485万，讨论内容30.3万条，成功进入"新浪微博话题排行榜"。

京东官方微信账号共计推送4条信息，包含内容为：谢谢你海报、藤视频、敲钟现场图片、高管阵容海报、刘总海报、总部庆典Party等。共送达48万人，创下京东微信，有史以来最高打开率记录。

海外公关：京东IPO吸引了大量国际媒体关注，IPO当日媒体报道数量剧增，多达324篇。大量国际顶级通讯社如道琼斯、路透社、彭博社、美联社、法新社，主流纸媒包括《华尔街日报》、《纽约时报》、《金融时报》、《经济学人》，美国最具影响力的电视媒体包括CNBC、彭博电视、Fox电视，以及极具影响力的金融及科技类媒体如《投资者商业日报》、Pando Daily、TechCrunch、Tech in Asia等媒体均对京东上市作出报道。并且各大国际媒体对京东上市计划的报道总体口风中性偏正面。尤其值得一提的是，活动在华尔街日报有整版的广告传播。

KOL：从2014年5月20日至5月27日，有13位来自IT、互联网、财经领域的KOL共发表14篇有关京东IPO的热门评论文章，产生90余条发布链接，直接受众超150万，再加之比特网、网易、腾讯等大众媒体位置推转，覆盖人群预计超过千万。

亲历者说：李曦　京东集团副总裁

非常有幸能够见证"京东上市"这个时刻。京东从创立以来，一直是以简单、执着的精神在不断进取，为消费者提供最优质的购物体验，为行业为社会创造价值。当刘总站在台上敲钟那一瞬间，我们看到我们的征程又来到了一个新的起点。

从2014年1月30日京东递交招股书，到5月22日京东上市。四个月的时间，来筹备海内外的传播，任务重，压力大。尤其是海外媒体对于京东，认知相对较少，如何在这么短的时间内，让他们最直观的了解京东，认可京东，正面报道京东是个挑战。所幸，在积极的沟通和筹备之下，媒体传播覆盖广，报道内容非常正面积极。

在上市当天的活动中，特别要提一下的是，当天我们京东9大高管首次集体亮相上市新闻发布会中，更参与了多家海内外媒体专访及多个海外电视台直播采访。纳斯达克是一个比电视里看到要小很多的地方，大部分的电视台驻纳斯达克的演播室都在阁楼里。为了配合背靠背的直播时段，我们的高管们在又窄又陡的楼梯跑上跑下，京东商城CEO沈皓瑜又因为受伤而需要用拐杖，赶Fox Business Channel的直播采访，非常不易。而这一次上市采访，也是京东首次亮相彭博社Bloomberg West与CNBC Opening Bell等高收视新闻节目，与外投资者与消费者分享京东的故事。

案例点评：

作为中国第一个赴美上市的大型综合性电商企业，京东在美成功上市的消息自然会受到海外媒体的关注。但是由于京东没有海外业务，在海外投资者和用户中，其品牌烙印不够鲜明，如何利用上市的契机使京东良好的品牌形象和独特的商业价值在海外市场得到广泛深入的彰显和传递，是其海外传播要解决的核心问题。

京东借助其上市活动，打出一套漂亮的组合拳：安排美国主流媒体与垂直媒体30家，包括彭博社、路透社、CNBC、Fox Business Channel、《金融时报》、

《纽约时报》等，对京东在美上市做出报道；京东九名高管首次集体亮相，并接受《华尔街日报》、CNBC、《纽约时报》等多家海外媒体的深度采访；在纽约时代广场数十块广告牌上投放京东的品牌广告，并在《华尔街日报》上发布整版广告。一套组合拳打下来，迅速提升了京东在海外市场的知名度和美誉度，充分展示了京东的品牌故事与商业价值。

由于京东的业务是在国内的，"在美上市"的"台"虽然搭在了国外，但是"戏"却是要唱给国内公众看的。京东深谙其中的奥妙，组织国内35家媒体赴美对其上市活动进行全方位的报道；协调130家地方媒体进行报道，使得在国内的传播不仅到达一二线城市，更深入到三四线，总覆盖150多个城市；通过微博直播及互动活动、微信信息发布、微海报等形式第一时间在社会化媒体上围绕上市进行传播，并请到13位KOL发声，直接受众超过150万、覆盖人群超过千万。传统媒体加新媒体的密集传播，使得国内受众对京东的品牌有了更深刻的认识并对其未来的发展有了更强的信心。

众所周知，"媒介关系"功夫下在平时。京东借助其海外上市活动，在国内外媒体上均获得较为正面的报道、其海外传播和在国内的传播均有上佳表现，显示出京东在这方面的深厚功力。但遗憾的是，这一点在案例报告中体现不出来。

点评专家：王晓晖
国际关系学院文化与传播系副教授
国家职业资格工作委员会公共关系专业委员会副秘书长
中国国际公共关系协会学术工作委员会委员

爱奇艺独家牵手 71 届威尼斯电影节

执行时间：2014 年 8 月至 9 月
企业名称：北京奇艺世纪科技有限公司
品牌名称：爱奇艺
获奖情况：2014 最具公众影响力海外传播奖

项目背景：

2014 年 8 月 27 日晚，第 71 届威尼斯国际电影节开幕。威尼斯电影节创办于 1932 年，是世界上历史最悠久的电影节，与戛纳国际电影节、柏林国际电影节并称世界三大国际电影节之一。爱奇艺作为国内领先视频网站携手威尼斯电影节建立深度合作关系。电影节举办期间，爱奇艺全程参与、跟踪报道电影节盛况，拥有明星、评审团采访优先权，并将参与由电影局、新华社、意大利工业协会举办的"中国电影市场"论坛以及"遇见中国"主题活动，与海内外电影人共同探讨中国电影发展。9 月 3 日，举行爱奇艺"中国之夜"活动，众多业界大腕和中外明星将莅临现场，受到国外媒体的广泛关注。这也是中国互联网公司首次在国际电影节官方日程中举办"中国之夜"活动。本次活动主要目的向国外展示中国电影现状和中国视频网站发展，并对外体现爱奇艺品牌。

2014 年各大视频网站都在寻求更优质的内容，作为中国视频行业的领军者，爱奇艺一直在持续为进军电影产业蓄积能量。当下，互联网与电影产业呈现逐渐融合的趋势，爱奇艺各项条件也已孕育成熟，希望寻求国际电影节的深度合作也促使影视运营模式更专业和国际化。而作为合作电影节的首创者，有很多问题需要解决。全程活动为意大利语和英语，爱奇艺的工作人员需要全程英语沟通，后期海外宣传需英文稿件。作为欧洲国家，中西的文化差异在沟通中相当明显，举办"中国之夜"既需要向西方展示中国特色，也需要尊重对方文化。

项目调研：

爱奇艺作为 2010 年成立的年轻视频网站公司，在近几年内迅速崛起，成就不凡。然而在项目的前期调研中，我们发现在近几年内，对海外公关力度较小，

在海外没有形成优秀的品牌形象。与此同时，中国视频网站行业竞争加剧，各大视频网站都在为"优质内容"争得头破血流。从合作买版权到一掷千金买独播，竞争发展到瓶颈阶段，爱奇艺作为领先品牌，需要开拓新的领域。在电影发展迅速的大环境下，爱奇艺创"在线影展"系列电影节活动，继与上海电影节、香港夏日国际电影节合作取得极佳效果后，立即计划启动威尼斯电影节再次合作，并深层参与，举办爱奇艺"中国之夜"。

2014年7月17日，爱奇艺举办"爱奇艺·互联网·新电影"电影战略发布会，推出"爱7.1大计划"活动，正式进军电影产业，依托爱奇艺、百度的强大资源及数据优势，建立以宣发、投资为核心业务的电影公司。爱奇艺将从资金及资源上加大对"联合出品院线电影"的投入力度，挖掘与发挥爱奇艺电影播出发行平台、营销平台、投融资平台的作用，为电影提供优势营销资源和推广手段，充分利用大数据帮助电影项目把握精准方向，同时打通电影票在线购买、网络游戏、衍生品开发及线上销售、电影网络版权货币化等电影全OTO产业链。

项目策划：

（1）目标：面向国内外用户及电影行业人士传播爱奇艺作为行业第一的国内视频网站的品牌形象和电影战略。

（2）策略：全程深度参与各项活动，活动现场LOGO的多处多形式露出。晚宴菜单均印有爱奇艺LOGO（唯一一家赞助商LOGO），并在其主办的中国之夜签到处发送爱奇艺定制电影节限量版太空杯、U盘和圆珠笔，全部带有爱奇艺LOGO，深得现场人员喜爱。高管受邀讲话，参与主办的各大论坛，将主办项目"爱奇艺中国之夜"最后推向高潮。

（3）目标公众：①参加电影节的国外电影业内专业人士；②现场国内外媒体记者朋友以及不在现场的以欧洲 北美为主的艺术电影媒体；③国内影视产业。

（4）主要信息：定义互联网新电影，与电影节的版权合作，开拓海外电影市场。通过威尼斯电影节市场赞助，爱奇艺在线影展，海外活动举办，电影媒体传播，爱奇艺影业全球业务全面开花提升品牌价值。

（5）传播策略：通过5个方面进行先全面覆盖性传播，后深度挖掘行业战略的传播。具体为：①针对活动进展内容通过发布中英文媒体进行基本稿件传播；②国内对海外稿件的二次传播；③华人华侨媒体的基本稿件传播；④国内媒体对爱奇艺高管采访，形成深度稿件；⑤国内知名电影杂志主编对此项目深度解读。

（6）媒介选择：国内外电影行业及娱乐文化类的知名报纸杂志网络媒体。

项目执行：

（1）实施细节：威尼斯电影节"爱奇艺中国之夜"，是首次出现在威尼斯电影节这一国际最知名电影节官方日程中的由中国互联网公司主办的活动。威尼斯电影节主席 Alberto Barbera、威尼斯电影市场主席 Pascal Diot、新华社欧洲总分社副社长姜岩、知名导演王小帅、知名演员朱亚文、威尼斯地区华侨总会会长周勇，以及来自意大利的制片人组织、电影《闯入者》剧组的同仁和来自央视新闻中心意大利站、中国国际广播电台等海内外传媒代表共聚一堂，共话互联网时代下中国电影与世界电影产业的合作与未来，爱奇艺高级副总裁杨向华现场致欢迎辞。

（2）实施调整：出席"爱奇艺中国之夜"的威尼斯电影节主席 Alberto Barbera 在接受媒体采访时表示，他认为爱奇艺在中国的发展非常成功，爱奇艺"在线影展"是传统电影节互联网化的一次前所未有的创新，期待未来与爱奇艺有更多深入合作。威尼斯电影市场主席 Pascal Diot 则表示，非常高兴能与爱奇艺在电影市场取得合作并获得双赢。中国电影市场发展迅猛，借由此次合作，期待能促进中国电影与世界其他电影同行更好地交流与合作，共同促进世界电影的发展。

（3）项目进度：作为国内首家与威尼斯国际电影节达成全球视频合作的中国视频网站，爱奇艺全程深度参与、跟踪报道电影节各项日程，惊艳亮相电影节多场官方活动。

2014年8月27日，爱奇艺创始人、CEO 龚宇携爱奇艺威尼斯团队人员集体出席71届威尼斯电影节开幕红毯，共同观看开幕影片《鸟人》。

8月29日，龚宇出席威尼斯电影市场开幕酒会并发表演讲，并连续会晤威尼斯双年展主席威尼斯电影节主席，共同探讨磋商爱奇艺与威尼斯电影节未来的合作前景。

9月2日，爱奇艺影业总裁李岩松在"中国电影市场"论坛上与参会嘉宾共议中国电影机遇与挑战，他表示爱奇艺将以最大的诚意和努力与国际电影行业展开合作，推动中国及欧洲艺术电影走向全球。

9月3日，爱奇艺高级副总裁杨向华出席由意大利电影协会主办的"遇见中国"主题活动，向海内外电影同仁介绍中国视频行业的发展为国际电影带来的变

革与机遇。

9月3日晚，举办"爱奇艺中国之夜"。

此外，爱奇艺随本届威尼斯电影节同步上线的"在线影展"，6部网络专属影片+20部经典中外佳片再次刷新爱奇艺行业首创的"在线影展"互动模式，掀起网络版电影节大狂欢。

项目评估：

（1）效果综述：活动获意大利双年展主席、电影节主席及电影市场主席，新华社，意大利电影工业协会等的称赞，互相建立了良好关系。通过参与主办论坛，使得外界对爱奇艺品牌有了深刻的印象，引起很大关注。通过市场品牌宣传、论坛和中国之夜，让更多原作者和影视公司对爱奇艺平台加深了了解，零散建立了许多关系，筹备未来合作机会。

（2）现场效果：现场与釜山电影节洽谈成功，得到市场合作。继续在线影展计划。

（3）受众反应：此次影展及中国之夜的举办得到中外优秀影视公司，影视机构业内人士的夸赞，并表示愿意后期进行合作。

（4）市场反应：与组委会沟通威尼斯电影节官方在线影展，沟通意大利独立电影节的在线影展。同时有机会向海外推广网络大电影，与德国大版权方，韩国片库以及韩国艺人关系，美国同大独立版权方建立密切联系。并且通过市场品牌宣传、论坛和中国之夜，让更多原作者和影视公司对爱奇艺平台加深了了解，零散建立了许多关系，筹备未来合作机会。

（5）媒体统计：中国之夜活动举办，预计200人参加，现场实际到达人数400余人。据电影节活动进展，面向国内第一时间发布官方新闻，总发布13篇，转发量共320篇。北京日报、南方都市报、厦门日报、北京商报、深圳晚报、知名影评人周黎明等多家知名媒体进行报道。官方英文常规稿件发稿2轮，近700家国内外媒体推广转发，美国、意大利、俄国、德国、英国、丹麦媒体多国媒体均有转载。《VARIETY》（美国《综艺》）、FORBES（福布斯）、《CHANA DAILY》、《GLOBAL TIMES》、《SCREEN》等国际最知名娱乐文化媒体均主动采访报道。意大利微观世界、欧洲侨报、意大利新华联合时报、欧洲侨网、意大利侨网、新华传媒网等10家欧洲华侨媒体对威尼斯电影节进行了报道。后续有影视毒舌、综艺报、中国广播影视传媒内参、大众电影等多家媒体陆续进行深度报道。

亲历者说：王莉媛　北京奇艺世纪科技有限公司公关主管

通过本次威尼斯电影节参与和主办类活动的举办，从策略上讲是爱奇艺进军海外市场重要的一步，让更多国外的用户知晓并了解爱奇艺。本次威尼斯电影节期间"爱奇艺中国之夜"的成功举办，可以作为日后电影节的延续，在更多的电影节展露头角，让"爱奇艺中国之夜"成为一个品牌，被更多用户所熟知。

案例点评：

什么是战略传播（公关）？如何实现战略市场传播？爱奇艺在威尼斯电影节上的企业传播实践对此做出了生动的诠释。

作为年轻的互联网文化产品展示平台，爱奇艺的企业公关没有局限于媒体传播的层面。而是以企业的长期发展为驱动力，以传播为手段，以高效获得优质影视文化产品为最终目标。继上海电影节、香港夏日国际电影节之后，成功策划并实施了威尼斯电影节的企业战略传播。

从结果来看，此次公关活动现场锁定了威尼斯电影节官方在线展示的合作洽谈，与釜山电影节成功完成了合作洽谈，与美国和德国大版权方、中外优秀影视公司、影视机构、作品作者群体建立了密切联系，为企业高起点地进军国际影视文化产业奠定了坚实的基础。

在某些企业还在为传播的价值而争论不休，踌躇不前之际，爱奇艺在威尼斯电影节的传播的实践告诉我们，战略传播大有可为。战略传播适用于新兴产业，也适用于传统产业；适用于企业传播，也适用于政府层面的战略文化传播。成功的关键在于制定一个战略传播规划。

点评专家：赵元恒
罗德公关资深顾问

爱奇艺非常善于做传播，将信息点和抽奖结合在一起，非常好。

针对这个案例，我说三点。

第一，结合威尼斯电影节的这个公关活动是爱奇艺一次非常好的战略性公关活动。这一活动可以说是爱奇艺向电影业进军、向新领域进军的宣言，而且是一种非常有意思的宣言。爱奇艺战略规划做得非常好。本次活动可以看成是爱奇艺整体企业战略的一部分。

第二，爱奇艺公关活动特别善于"借势"。《孙子兵法》讲借"天时"，爱奇

艺这次公关活动就借了"天时"。中国经济大发展，企业走向海外，中国的文化也要走向海外，大形势对爱奇艺走向海外非常有利。此外，这一公关活动将爱奇艺品牌和著名电影节捆绑在一起，思路非常好。从传播学理论角度分析，这次公关活动的策略可以得到理论支持。我们在搞传播的时候，如果套把一个新的东西推向一个市场，往往要借助于一些比较知名的、或者被别人所熟悉的元素。爱奇艺在这方面做得非常好，不管是大的"天时"，大的政治文化背景，还是具体的与威尼斯电影节的捆绑宣传，做得都非常好。

第三，爱奇艺的公关活动非常符合传播规律。传播要促使消费者作出行动，至少有三个层面的目标要实现，一是认知，二是偏好，三是行动。认知层面又包括要让人知名、知道。爱奇艺在公关活动中把自己的LOGO做了很好的展示，让人们认识它，传播实现了"知名"的目标。总裁的演讲报道则进一步让受众了解了爱奇艺，达成"知道"的目标。观众对电影节有偏好，很多人因为喜欢威尼斯电影节而喜欢上爱奇艺，传播实现了"偏好"目标。总体来讲，威尼斯电影节还是很受观众喜欢的。威尼斯电影节的主席对爱奇艺的活动给予非常好的评价，也说明活动产生了非常好的效果。此外，爱奇艺这次公关活动传播效果非常好，为爱奇艺进一步获得海外关注，并实现与原作者、电影公司、还有电影机构的进一步合作，打下了非常好的基础。这也可以视为爱奇艺公关活动达成了受众在"行动"层面的目标。

所以说，爱奇艺本次海外公关活动是一次非常成功的公关传播活动。预祝爱奇艺在今后的大电影市场、在线市场上做得更好。很期待。

点评专家：何辉

中国传媒大学广告学院公共关系系主任

附 录

霍尼韦尔在中国

霍尼韦尔（Honeywell）是一家《财富》排名100强之一的多元化、高科技的先进制造企业。在全球，其业务涉及航空产品和服务、楼宇、家庭和工业控制技术、涡轮增压器以及特性材料。

霍尼韦尔在华的历史可以追溯到1935年。当时，霍尼韦尔在上海开设了第一个经销机构。改革开放成为了霍尼韦尔融入中国经济发展的一个新起点，作为首批在北京设立代表处的跨国企业，霍尼韦尔在彼时开始了一系列的高品质投资活动。目前，霍尼韦尔三大业务集团均已落户中国，旗下所辖的所有业务部门的亚太总部也都已迁至中国，并在中国的20多个城市设有多家分公司和合资企业。目前，霍尼韦尔在中国的投资总额约10亿美金，员工人数约12000名。

中国是霍尼韦尔全球拓展战略蓝图中最重要的市场之一。霍尼韦尔在中国实施"东方服务于东方"的发展战略，紧密围绕国家整体规划，充分利用公司在节能、环保、安全、安防等相关领域的全球领先实力，有效地为中国推进新型城镇化、加快产业升级和建设安全宜居、资源节约和环境友好型社会做出贡献。霍尼韦尔在上海设立了霍尼韦尔中国研发中心，致力于建立一流的本地研发能力，以便更有效地利用其全球领先的技术和创新实力，创造出满足中国客户和社会需求的更安全、更节能、更环保的产品和技术解决方案。

在业务发展的同时，霍尼韦尔高度重视履行企业社会责任，通过"家园建设计划"这一独特的全球公益项目，积极关注家庭安全与安防、科学和数学教育、人道主义援助等领域。在中国，霍尼韦尔从2005年起在北京、上海、重庆、天津、深圳、武汉、南京等十多个城市中开展"儿童安全过假期"的安全教育活动，已经使超过230万名小学生通过各种轻松愉快的活动掌握必要的安全知识；"霍尼韦尔太空学院教师培训计划"每年邀请包括中国教师在内的数百名全球教师赴美国太空及火箭中心参加短期培训和体验活动；"霍尼韦尔卓越科学与工程计划"定期邀请诺贝尔奖获得者走进中国大学校园，与学生们进行面对面的对话和交流。2008年四川大地震，霍尼韦尔积极参与灾后重建。霍尼韦尔联合小学于2009年5月在安县秀水镇落成，霍尼韦尔保和小学于2010年9月在中江县保和村落成，为11个村庄550余名学生创造了安全、舒心的学习环境。

新媒体环境下，B2B 企业传播的"变"与"不变"

——霍尼韦尔亚洲高增长地区企业传播部副总裁卢荣

随着数字、移动、社交媒体和技术的兴起，传统 B2B 行业的公关传播人士面对日新月异的传播环境，虽然心潮澎湃、蠢蠢欲动却又常感到迷惘、使不上力。外部环境在变，企业传播当然也要与时俱进。我们不妨来回顾和总结一下这些年 B2B 企业传播的"变"与"不变"。

传播渠道在变，内容的重要性没有变。

2014 年，我们告别了《新闻晚报》、《钱经》等一批传统平面媒体，也迎来了"澎湃"、"界面"等一批带着"互联网基因"诞生的新媒体。长年没有"户口"的网络媒体也终于获得了记者证，社交媒体领域依旧熙熙攘攘、热闹非凡。

总体来看，企业传播的渠道日益多元化且渠道本身在不断创新，传播的速度在加快，传播的成本有所下降。与此同时，我们已经从信息稀缺时代进入了信息过载时代，优质的内容愈发显得稀缺。对 B2B 企业来讲，内容的重要性没有降低。

如何创造真正优秀的内容，从纷繁嘈杂的环境中脱颖而出？如何真正做到少而精，以质取胜？这一点对于 B2B 企业尤为重要。B2B 企业的传播不仅仅是简单的信息传递，更多地应通过对行业、技术的洞察来帮助企业树立在相关领域的思想领袖地位，提升品牌和声誉，直接或间接地推动销售。

传播语言在变，内容的原创性没有变。

如果我们把文字新闻稿比作是 B2B 企业进行对外传播的标准"普通话"，那如今除了"普通话"之外，B2B 企业也正在尝试通过不同的"方言"来和不同类型的受众进行交流——视频、信息图、报告、白皮书、多媒体、长博客、短微博等。

企业传播的语言越来越丰富，更加贴近受众，互动性也日益增强。但尽管语言在变，B2B 企业的传播仍然是以企业自身的创造内容为主。

如何不断增强内容的视觉效果，争取"一图胜千言"；如何通过简明的信息图将专业的报告讲清楚，让人一目了然；如何通过问卷调查来取得一手数据，获取或印证企业对其专业领域发展趋势的洞察，引导相关话题的讨论，甚至影响相关的产业政策和行业标准。所有这些都在考验 B2B 企业的公关传播从业者原创的功力。

传播策略在变，内容的故事性没有变。

新闻稿、新闻发布会和媒体访谈曾是 B2B 公司传播策略的标准"三件套"。近年来，B2B 企业的传播策略日趋整合化。公关、市场、销售之间通过线上线下的配合，进行 360 度的整合营销和传播通过新闻发布、社交媒体、数字化内容、关键词搜索、广告投放、活动策划等一些列整合化的策略来提高传播的效果。

在整合营销传播大行其道的今天，传播的基本原理和原则还是没有改变。首先，不管策略的组合如何变化，传播的关键信息仍需保持清晰一致；其次，传播的内容仍应围绕故事性来做文章。如何讲故事，企业可以根据新闻性来寻找"即时、相关、本地"的内容，可以结合宏观趋势来叙事，也可以通过某个细节或数字来以小见大。

以上三点"变"与"不变"，希望对传统 B2B 企业在新媒体环境下探索更有效的企业传播有所帮助和启发。B2B 企业传播的环境在变，但其实对象没有变，只有深刻、有趣的内容才能真正打动和影响你的目标受众。

BD 简介

帮助人类健康生活
Helping all people live healthy lives

BD 是全球领先的医疗技术公司，致力于与客户和股东合作，解决许多世界最为紧迫和不断变化的健康需求。BD 创新的解决方案专注于改进药物传输，提高传染性疾病和癌症诊断的质量和速度，支持糖尿病管理和推进细胞的研究。BD 在 50 个国家拥有近 30000 名员工，通过在世界范围内推动医疗健康的质量、可及性、安全和可购性，积极履行 BD "帮助人类健康生活"的公司宗旨。

BD 于 1897 年在纽约成立，总部位于美国新泽西州的富兰克林湖，业务遍及全球。公司的业务分为 BD 医疗、BD 诊断、BD 生物科学三大类。生产销售包括医用耗材、实验室仪器、抗体、试剂、诊断等产品。公司的服务对象包括医疗机构、生命科学研究所、临床实验室、工业单位和普通大众。

1994 年，BD 正式派员在中国注册建立代表机构，开展对华业务。BD 在中国发展迅速，目前建立了以上海为 BD 中国区总部，北京、广州等 16 个办事处为核心的业务格局，在江苏省苏州工业园区内建有 3 个工厂，有员工约 3000 人。BD 在中国市场推出的产品包括三大部分：医疗产品、诊断产品和生物科学产品。并通过一系列与中国政府、专业协会和非营利性组织的合作，将国际先进技术带进中国，为医疗机构、科研单位等提供了完善的产品组合以及全套服务解决方案，为改善整个社会的医疗环境做出了长足的贡献。

美赞臣营养品公司及美赞臣营养品（中国）有限公司

美赞臣营养品公司

美赞臣营养品公司创立于1905年，创始人为爱德华·美赞臣，公司总部位于美国伊利诺伊州的格伦维尤，其全球研发中心及全球运作生产中心则位于印第安纳州的埃文思威尔镇。

至今，美赞臣公司已经有100多年的历史，是世界上生产婴幼儿营养品的大型跨国企业之一。自公司创立伊始，美赞臣便致力成为全球领先的婴儿和儿童营养品公司，为全球婴幼儿提供科学营养，给他们带来一生中最好的开始。目前，美赞臣公司在全球生产的70多种营养产品行销50多个国家和地区，受到了千百万营养学家和家长的信任，堪称"世界级营养专家"。

美赞臣营养品（中国）有限公司

美赞臣营养品（中国）有限公司成立于1993年，其生产基地位于广州经济技术开发区东基夏园路，占地面积约6万平方米，生产设备均为世界领先水平。其销售网络辐射全国29个省、自治区和直辖市。

作为行业领导者之一，美赞臣不遗余力地推动和倡导行业健康成长。在中国始终严格执行国内首创的"全程安全"质量管理模式，严格采用制药行业GMP标准规划生产、设施、供应工程和仓储区域，并实施了ISO9001：2000国际质量体系，严格按照HACCP食品安全管理体系运作，完全达到国家食品卫生安全标准，符合世界卫生组织（WHO）、美国食品药品监督管理局（FDA）关于婴幼儿食品卫生法规的要求。

美赞臣婴幼儿营养品研发中心（中国）

自1993年进入中国市场以来，美赞臣恪守"为全球婴幼儿提供科学营养，给孩子一生最好的开始"的企业使命，以专注的精神、专业的力量为中国母婴提供从孕期到儿童期的优质营养品，包括安婴妈妈A+、安婴宝A+、安儿宝A+、安儿健A+、安学健A+以及系列专业配方产品，赢得了千万中国父母的支持和信赖。此外，美赞臣更长期致力回馈社会，积极帮助改善社会弱势群体的生存状况，以持续的行动实践企业社会责任，并荣获"2011年度广东省纳税百强企业"、京华公益"2011年度最具社会责任企业"、广州开发区"2012年度工业增长优秀企业"等称号。

美赞臣科研人员

费列罗集团

FERRERO

费列罗集团的故事始于1946年，由彼得罗·费列罗先生在意大利皮埃蒙特大区的阿尔巴镇创立。如今，由费列罗家族经营管理的费列罗集团是全球首屈一指的巧克力糖果制造商，深受全球数十亿消费者的喜爱。自20世纪90年代进入中国以来，费列罗旗下众多独特创新的高品质产品广受各行各业消费者的青睐。如今，费列罗集团已在中国市场成功确立了巧克力糖果行业的领袖地位，取得了极高的品牌知名度和美誉度。

早在1946年公司创立伊始，费列罗家族就创立了以企业社会责任的远大愿景为支撑的可持续发展战略："分享理念，创造价值。"1961年5月，费列罗组织召开了第一届社会事务研讨会，当时尚未有人提出企业承担社会责任的概念，而如今，费列罗已将其系统化地贯彻于公司运营的整个价值链。

费列罗创造价值的模式不仅基于倡导强而有力且持久不变的价值观，同时也意味着费列罗有责任与所有利益相关者分享价值：包括企业内部、消费者与家庭、费列罗营运的社区以及与费列罗建立紧密联系的其他组织。

费列罗集团首席执行官乔瓦尼·费列罗先生曾表示："提供丰富的创新产品、聚焦满足消费者需求、持续深化道德承诺是费列罗面对挑战、推动集团业务发展的三大要领。费列罗引以为傲的是我们能迎合消费者期望，并珍视消费者为我们伟大品牌的最佳布道者。"

费列罗的经营模式有赖于企业社会责任的四大支柱：有责任的产品、阿尔巴费列罗基金会、费列罗公益企业、"健达+运动"项目。

以消费者为核心，铸就企业责任之本

消费者永远是费列罗的核心，费列罗将企业社会责任四大支柱之首设定为"有责任的产品"。这包含两层主要含义：以"大品牌，小分量"倡导均衡膳食、适量摄入的健康营养理念，以及为世界各地的消费者提供最高品质、最新鲜的产品。

在2012－2013财年，费列罗在"营养全面、适量饮食、保持运动"三大营养策略下积极推动实现采用独立小包装产品的目标，在费列罗所售产品中，超过

70%采用25克以下小包装，80%以上均采用45克以下小包装。同时，费列罗于2012－2013财年继续在全球市场建立严密的价值链体系，在供应链的每一步贯彻最为严苛的产品质量标准。2012－2013财年，费列罗在墨西哥与土耳其各开设了1家生产工厂并荣获国际标准化组织ISO 9001：2008质量管理体系认证，包括这两家新建工厂在内的15家费列罗工厂都通过了这一全球最严苛的食品安全认证，其中8家更荣获代表全球食品安全最高级别的FSSC22000认证。费列罗还致力于完善原材料与产品的可追溯体系以全程监控品质标准，并通过定期举行原材料及产品的品评测试、执行产品自检制度等措施保证产品最高新鲜度。不仅如此，费列罗亦全程遵循环保及人权方面的道德准则，确保为消费者带来负责任的产品。

回馈周围人与社区　创造共享价值

作为一家国际性的食品生产商，费列罗亦不遗余力地向大众推广健康的生活方式。集团于2005年发起了全球性青少年体育推广项目"健达＋运动"，通过宣传运动理念、教授运动技能等方式，帮助孩子们在运动的快乐中健康成长。2012－2013你财年集团投资780万欧元，在20个国家开展700余项活动，吸引逾225万儿童参与。在中国，费列罗也已举办了10多场精彩纷呈的"健达＋运动"活动，向逾5000名中国少儿及家庭传递了运动魅力。

秉持家族企业一贯的人文关怀精神，费列罗设立了"费列罗基金会"以回馈阿尔巴地区的退休员工与社区居民，更在印度、南非和喀麦隆等发展中地区开设3家"费列罗公益企业"以支持贫困地区的可持续发展与繁荣。

从一家糖果店发展至如今全球规模的跨国企业，费列罗始终秉持"分享理念，创造价值"的企业价值观，如经营家庭一般，真诚对待消费者、珍视每一位员工、悉心维护环境，不断努力为周围的人和环境创造价值。自2010年起，费列罗制作并发表年度企业社会责任报告，与全球利益相关方分享其企业社会责任理念与举措，为推动行业长期发展做出贡献。

费列罗中国网站：http：//www.ferrero.com.cn/

费列罗企业社会责任网站http：//www.ferrerocsr.com/

关于京东（JD.com）

根据第三方市场研究公司艾瑞咨询的数据，京东（JD.com）是中国最大的自营式电商企业，2014年在中国自营式电商市场的占有率为49%。目前，京东集团旗下设有京东商城、京东金融、拍拍网、京东智能及海外事业部。2014年5月，京东在美国纳斯达克证券交易所正式挂牌上市，是中国第一个成功赴美上市的大型综合型电商平台，与腾讯、百度等中国互联网巨头共同跻身全球前十大互联网公司排行榜。2014年，京东市场交易额达到2602亿元，净收入达到1150亿元。

京东致力于为消费者提供愉悦的在线购物体验。通过内容丰富、人性化的网站（www.jd.com）和移动客户端，京东以富有竞争力的价格，提供具有丰富品类及卓越品质的商品和服务，以快速可靠的方式送达消费者，并且提供灵活多样的支付方式。另外，京东还为第三方卖家提供在线销售平台和物流等一系列增值服务。

京东提供丰富优质的商品，品类包括计算机、手机及其他数码产品、家电、汽车配件、服装与鞋类、奢侈品（如手提包、手表与珠宝）、家居与家庭用品、化妆品与其他个人护理用品、食品与营养品、书籍、电子图书、音乐、电影与其他媒体产品、母婴用品与玩具、体育与健身器材以及虚拟商品（如国内机票、酒店预订等）等。

京东拥有中国电商行业最大的仓储设施。截至2014年12月31日，京东在全国拥有7大物流中心，在全国40座城市运营123个大型仓库，拥有3210个配送站和自提点，覆盖全国1862个区县。京东专业的配送队伍能够为消费者提供一系列专业服务，如211限时达、次日达、夜间配和三小时极速达，GIS包裹实时追踪、售后100分、快速退换货以及家电上门安装等服务，保障用户享受到卓越、全面的物流配送和完整的"端对端"购物体验。

京东是一家技术驱动的公司，从成立伊始就投入巨资开发完善可靠、能够不断升级、以电商应用服务为核心的自有技术平台。我们将继续增强公司的技术平台实力，以便更好地提高内部运营效率，同时为合作伙伴提供卓越服务。

上市之后
——京东集团副总裁、公关部总经理李曦

Q1：请您谈谈京东背后的不为人知的故事。

A1：从 2004 年进入电子商务行业以来，基本到 2014 年做到电商行业比较好的阶段，京东只用了短短十年时间。但是，京东在海外投资人圈子以及海外投资市场，知名度并不高。京东是在 2014 年除夕向美国 ICEC（国际造价工程联合会）提交了上市申请表。在那之后，我们就马不停蹄地做着相关上市的准备工作。其中一个特别大的挑战，就是"如何告知海外投资市场，京东是干什么的"。

Q2：在上市过程中，是否有预料之外的状况发生，如何解决的？

A2：我举两个例子。第一，京东带了很多中国媒体一起到美国纳斯达克跟我们一起经历敲钟的激动时刻。但在这过程中，我们也在等美国 ICEC（国际造价工程联合会）给我们的批准，所以我们并没有办法跟媒体说明敲钟仪式的准确时间。直到上市前一天晚上的八点多，我们拿到了批准，才跟媒体说，第二天九点钟京东会在纳斯达克敲钟上市。这对于京东公关在沟通上是一个很大的挑战。

第二，上市的相关活动，例如，纳斯达克里面的敲钟仪式、新闻发布会、中外媒体的采访、刘总在时代广场揭金牛的揭幕仪式等都是在户外。在纽约时间凌晨一点钟，我们刚刚发完新闻稿，仅仅休息三四个小之后，突然被一声雷惊醒了，紧接着开始下瓢泼大雨。虽然我们有预案，准备了雨伞，但是有上百名的宾客，如果大家都打着雨伞在时代广场，效果是大打折扣的。但特别幸运的是，当我们的宾客陆陆续续进到纳斯达克时，雨就真的停了。

Q3：上市之后，作为公关部门的工作跟之前相比，有哪些方面的调整和变化？

A3：作为一家美国上市公司，京东的公关工作内容和之前相比有比较大的变化。

第一，在整个公关规范上，越来越趋同于正规的跨国公司。严格性、缜密性不可同日而语。第二，每个季度承担公开发布财报的职责。对于公关从业人来说，我们以往大多是配合跨国公司的总部在中国区做财报中文版的翻译发布。但京东是一家在中国创业、在美国纳斯达克上市的公司，中国北京就是这家公司的全球总部，我们必须承担起向所有的美国投资人以及全球投资人，发布财报的一个职责，这也是一个很大的不同。

飞利浦优质生活事业部

PHILIPS

荷兰皇家飞利浦公司是一家倡导"健康舒适、优质生活"的多元化公司，致力于在医疗保健、优质生活和照明领域，用有意义的创新来改善人们的生活。飞利浦公司总部位于荷兰，2013年销售额达233亿欧元，在全球拥有大约113000名员工，销售和服务遍布世界100多个国家。飞利浦在心脏监护、紧急护理和家庭医疗保健、节能照明解决方案和新型照明应用、男性剃须和理容产品、以及口腔护理产品等领域均居于世界领先地位。

飞利浦优质生活在中国

飞利浦优质生活围绕业务和市场，致力于通过品类开发和卓越的营运来创造价值。我们通过"业务市场整合"（BMC）来制定计划、配置资源和实施管理。在经营过程中，我们实行明确的责任制，使决策更贴近客户和市场的需求，从而激发了企业家精神，加快了业务发展的步伐。

业务概览

我们采用"以市场为导向"的策略并注重本地市场，这使得优质生活事业部能应对变化多端的各种市场需求，并有助于加速各业务部门之间的紧密沟通，这也更好地确保了"以消费者为中心"的经营之道。

我们活跃于"健康舒适、优质生活"四个领域：个人护理——男士剃须和理容、女性剃脱毛、美发护发工具、皮肤护理；家居护理和厨房电器——衣物护理、地板护理、空气净化、厨房电器；健康护理——母婴护理和口腔护理；以及咖啡机。我们致力于通过有意义的创新来改善人们的生活。我们顺应那些在未来对社会将产生深远影响的主要趋势，比如赋予消费者更多权利、新兴市场的快速发展以及人口老龄化。

创新为你，尽享优质生活
——飞利浦优质生活大中华区总裁黄瑞仁

2014年9月12日，全球男士理容领导品牌飞利浦，在上海举办主题为"极致驾驭，'净'在掌握"的新品须刀发布会。活动现场，飞利浦优质生活大中华区总裁黄瑞仁为来宾们隆重揭幕麾下最先进剃须产品——全新9000系列电须刀，翻开飞利浦男士理容的荣耀新篇章。笔者特别采访到这位飞利浦优质生活事业部的"掌门人"，深度解读飞利浦"创新为你"的品牌理念和愿景。

一直以来，飞利浦优质生活事业部在男士须刀、护发产品、女士剃脱毛器、电熨斗、挂烫机、口腔护理、吸尘器、和空气净化器等领域都稳居市场领导地位，品牌连续4年成功蝉联"SUPERBRANDS中国人最喜爱的品牌"。问及取得如此傲人成绩的原因，黄瑞仁先生告诉记者，正是飞利浦多年来始终秉承的"创新为你"品牌理念，致力于用有意义的创新改善人们的生活，除了产品技术层面的创新研发，更围绕和关注消费者需求，为消费者创造健康舒适的优质生活。

"想要用真正有意义的创新改善人们的生活水平，就意味着不单纯追求技术上的创新突破，更需要考虑如何用创新切实满足消费者需求。"黄瑞仁先生表示，"大部分中国男性都希望剃须是快速简单、贴面舒适的，但随着社会发展，为了应对不同场合也会有不同的造型需要。今天，飞利浦将这支史上最先进电须刀，全新9000系列，带到中国市场，希望可以带给中国男士最先进的剃须理念，最极致的剃须享受和最创新的剃须产品的同时，更能够帮助他们在生活和工作上更进一步，自信面对人生挑战，极致驾驭人生。"

通过多维度的有意义的创新，飞利浦持续深耕中国男士理容市场，不断突破、不断革新，凭借卓越的品质、优质的服务、有意义的创新铸就了不可复制的品牌传奇，引领中国男士理容风尚，真正为消费者带来"健康舒适、优质生活"。

58同城

58同城，2005年12月创立于北京。北京时间2013年10月31日，正式于纽交所挂牌上市。这标志着58同城成功登陆美国资本市场成为一家生活服务领域的上市企业！

多年来，秉承着"人人信赖的生活服务平台"的愿景和"用户第一"的核心价值观，58同城一直孜孜不倦地追求技术的创新以及服务品类的拓广、拓深，依托于人们飞速发展的日常生活需求，持续为用户提供"本地、免费、真实、高效"的生活服务。

截至目前，58同城的网站内容已经覆盖全国380个城市左右，每一天58同城都响应着来自全国各地海量的信息服务请求。每一位用户都可以通过58同城庞大而细致入微的服务体系，在最短时间内找到需要的本地生活服务。

在产品研发上，58同城一直致力于倾听用户的声音，深入挖掘用户的潜在需求。在"通过互联网让人们生活更简单"的企业使命指引下，提供房屋租售、招聘求职、二手物品、二手车、二手房、商家黄页、宠物票务、旅游交友、餐饮娱乐等多种生活服务。将用户形形色色的生活服务需求聚集在58同城这个高效的平台上，58同城不仅仅是一个信息交互的平台，更是一站式的生活服务平台。

除了满足用户便捷生活的需求外，58同城也为各类商家提供了一个高性价比、高效率的整合营销推广平台。在网邻通VIP服务基础上提供精准推广、智能推广、置顶等多款推广产品。

成立至今，58同城不断创新和优化平台价值，推出消费者保障计划、引入担保交易、实施先行赔付、改进移动端功能等；令58同城成为一家真正立足消费者根本利益的生活服务平台，将带领着整个生活服务业从信息的"量时代"走入安全和信任的"质时代"。

未来，通过坚持不懈的努力，不断完善的信用管理机制、消费者保障体系及更多深入的服务，58同城必将会使人们的生活变得更简单、更美好。

汇聚小梦筑大梦，共建中国梦

——58 同城 CEO 姚劲波

"每个人都有理想和追求，都有自己的梦想。""中国梦"精神已经深入人心。我也很推崇这种精神，因为 58 在成立的前 5 年，可以说基本上没有任何思路，如果不是有梦想，我们坚持不到现在，更不会成为国内最大的生活服务平台。

现在，每个季度活跃在 58 同城平台上的中小商户有 700 多万，其中季度付费用户就有 29800 名。这些商家，就像当初的 58 同城，虽然缺少资金资源、推广方式也有限但是却一样拥有自己的梦想：在这个互联网时代不断升级，不断做大，成为规模企业。

而 58 同城有平台、有资源，还有超过 3 亿的月独立用户访问量，更有意愿在这些商家走向梦想的过程中提供有效的助力。因此，今年 4 月我们便启动以"58 同城·中国梦"为主题的 2014 年 58 同城"中国好商家"评选活动：利用 58 同城的平台和资源，帮助所有草根阶层，白手起家的生活服务商家和小微企业抓住移动互联网趋势实现自己的事业梦，同时，我们还会通过广告、传播、产品、服务等全面的营销资源帮助获奖的优秀商家进行传播推广，将"中国好商家"的优质服务直接快速地推送给用户，实现消费者的生活梦。

平台决定未来，服务改变生活！

未来，58 同城将会持续增加对"中国好商家"的支持力度，与"中国好商家"们一起，汇聚小梦筑大梦，共建中国梦！

天风证券股份有限公司

公司简介

天风证券股份有限公司（以下简称天风证券），总部设于武汉。天风证券深谙中国经济的发展和国际化经济需求，积极推行混合所有制经济，为市场提供活力与创造力，最近三年保持持续高速增长，连续被评为"最具成长性券商"。

天风证券秉承与客户共生共荣的核心价值观，以高效，灵活，定制化解决方案，致力于为客户提供综合性优质金融服务。发展至今，天风证券已成长为一家拥有全牌照，注册资本达23.4113亿元的全国性证券公司。

业务范围

证券经纪、证券投资咨询、与证券交易、证券投资活动有关的财务顾问；证券投资基金代销；证券承销与保荐；证券资产管理、证券自营；融资融券；代销金融产品、为期货公司提供中间介绍业务。

历史与发展

天风证券的前身为成立于1995年的成都联合期货交易所。

2000年成都联合期货交易所改组为四川省天风证券经纪有限责任公司。

2007年更名为天风证券经纪有限责任公司。

2008年天风证券成功控股北方期货经纪有限责任公司。

2008年2月将注册地迁至湖北省武汉市，是总部设于武汉的两家全国性证券公司之一。

2009年更名为天风证券有限责任公司。

2012年更名为天风证券股份有限公司。

2013年北方期货经纪有限责任公司更名为天风期货有限公司。

组织结构

天风证券是一家全国性的证券公司，在全国多个省市设有27家证券营业部，在北京、上海、四川和安徽等多地设5家分公司、1家控股子公司、2家全资子公司，为全国广大投资者提供专业细致的咨询与服务。

天风学长，券商品牌传播探索道路上的一小步

——天风证券股份有限公司品牌管理部总经理杨芬

自 2013 年以来部分券商开始摸索互联网金融的道路，到今年，各大券商在互联网上的举动也可谓高潮迭起，拥抱互联网已成为整个证券行业无法回避的大趋势。一旦券商开始尝试互联网化的业务，品牌的大众传播方式自然迫切地面临着转型。

证券业作为一个相对独特的行业，其业态起源和市场化程度，使整个行业都一直忽视了跟用户在大众平台进行密集的、亲近的强沟通。而伴随着互联网的兴起，一些泛金融企业率先打起了各种"卖萌"、"耍贱"、"萌萌哒"的暖心式传播大招，当他们笼络到一大批零理财基础的用户并收效颇丰时，其他业内跟随者也开始整齐划一地使用淘宝官方客服腔调呼唤用户为"亲"，也学着互联网的草根精神，抛弃"高冷"的精英传播，转投"草根"怀抱。

从传播学角度上讲，跟随大环境讲话并不会错，但是简单粗暴的从众却很容易丧失品牌本身的个性，这与互联网传播的成功之道反而是背离的。

天风证券作为混合所有制实践先行者，一贯坚持着业务和传播的市场化运作。除了线下业务的线上化，我们在品牌传播的道路上也迈出了相对大胆和激进的步伐。在对普通大众的传播中，我们更注重抓准年轻用户的真实需求，用平等、亲和、互联网化的对话方式，传递普世普惠金融的核心价值。不论是互联网金融环境下卖方市场向买方市场的转变，还是政策驱动下 A 股的"牛气冲天"，我们希望让更多人能够享受到这些变革带来的红利。

2014 年，我们在新媒体平台做了一些不一样的尝试，世界杯期间的天风球探便是一次非常典型的案例：通过一个趣味的微信游戏，以寓教于乐的方式与 80 后中庞大的理财小白群体互动，将复杂生涩的股市基本原理及相关业务的主要操作方式融入其中，让大家边玩边"涨姿势"。紧接着，结合公司网上开户的业务，打造三分钟俱乐部，使品牌传播与公司业务进行了更加紧密、更触及营销本质的结合。

迪思传媒集团

北京迪思传媒集团成立于1996年,是本土最早、最大的专业传媒集团之一。自2001年以来,连续十年位居公关行业前5名。

2014年,迪思正式加入中国4A协会,并与华谊嘉信战略整合上市,形成国内又一个最大的线上、线下整合营销集团。

迪思拥有覆盖全国的自主服务网络,包括北京、上海、广州、成都四大分公司,以及天津、武汉、合肥、深圳、重庆五个办事处,近500名专业人员,能够为客户提供各种全面、及时、到位的全国联动式服务。

迪思理念是实效全传播,擅长营销策划,以及线上媒体传播与线下活动的狼性执行。迪思以整合见长,能够为客户提供战略咨询、营销策划、媒体传播、活动执行、广告创意与制作、危机管理、新媒体营销等整合营销服务。

成立以来,迪思服务客户数量超过600家,在众多客户中有良好口碑。目前服务客户包括长安汽车、北汽集团、广汽集团、伊利集团、中粮集团、中储粮、中国电信、工商银行、青岛啤酒、加多宝、三星电子、思科、欧莱雅等世界500强和中国100强企业。

迪思传媒集团创始人、总裁黄小川作为公关行业领军人物之一,是中国公关行业最早的探索者,也是营销策划领域资深的意见领袖,中国公共关系著名专家,中国国际公关协会理事,并于2009、2013年当选中国国际公关协会公司委员会主任。中国创意传播领袖人物、中国公关行业首位入选"中国传播业名人堂"的人物。中国艾菲奖、中国金旗奖评委,凤凰网原生营销研究院专家,曾做客央视《奋斗》、《小崔说事儿》、天津卫视《非你莫属》等节目。

新时代的营销创新,需要"重新沟通"

——迪思传媒集团总裁黄小川专访

这里说的新时代有两层意思,是指科技快速发展、驱动互联网的变革、以及移动互联网的普及,由此给营销传播带来全新的挑战和诸多的新课题。总的来说,首先是媒体的变革,表现为"去媒介化"。尤其是以前过度依赖媒介的思维将彻底被颠覆,而是转变为内容创意的不断加强。其次是内容创意的结构和方式发生本质的改变,变得更快,更追求符合互联网和移动互联网的传播特点,以及网民的阅读惯性。第三是作业模式和流程发生改变,尽可能去掉中间环节,不仅体现在商业领域,在传播领域,组织结构和流程,也都必然同步发生改变。

所谓"万变不离其宗",就是要快速跟上新的格局。在新的格局里,显而易见,营销传播代理公司必须牢牢抓住"内容创意为先"这个核心,才能真正延续其桥梁的作用和价值,否则将无生存之地。

很长一段时间里,"内容泛滥,好内容匮乏"仍是常态。那么,到底什么样的内容才是既符合网民需求又兼顾客户的需求?其交叉点无疑就是"生活场景",社会个体无论是网民形态存在,还是以特定品牌或产品的消费者存在,其本质上都是处于一定特征的"生活场景"之中,也只有融入"生活场景"的品牌、产品,以及其传播内容,才是能切实自然融合存在,被关注、被评论、被转发的,从而产生营销效果的。不然的话,就只能是一厢情愿的自娱自乐。

在这当中,经验有一定的价值,但是,有洞见的代理公司必须深刻认识到再也不能只凭经验,而是要有足够的判断依据。所以,"社交化、移动化、垂直化、跨界化"将被更广泛、更充分地运用到以服务客户为导向的一整套自媒体矩阵中,才能激活新的传播链。具体表现出来,像品牌传播的运作机制、自媒体矩阵的构建和运营维护、创造新的消费者体验的沟通体系,以及泛危机状态下的传播应对,大数据如何更直接有效地作用于传播效果的导出……都需要重新梳理、考虑,又能快速应对时刻发生的改变,这就是"重新沟通"。

在"重新沟通"的思维下,"开放价值"成为最重要的驱动力,而"人本与平等"、"众包与泛团队"、"内容即通路"和"无边界分享",成为营销传播的4大行为要义。而这些要成为实际的品牌传播价值,"快·行动力"又是最致命的"杀手锏"。

静佳美妆集团

静佳美妆集团凭借"传媒加商贸双翼互动式产业链条",建立起不可复制的独特商业模型,被多家权威媒体及业界机构誉为中国创意文化产业典范,曾获福布斯名人榜颁发的年度"商业机构奖",成为中国最具独创性、最可信赖、引领中国时尚生活方式的跨媒体公司。

营销与新媒体
——静佳美妆集团副总裁、静佳品牌事业部总经理鲍宪微

这是一个营销多元与变革的时代,各种各样的营销模式与方法充斥市场,让经营者们眼花缭乱。但总趋势却是十分明了的,那就是营销的技巧不再单一,而是一种创新性的战略。

随着市场和消费者的变化,营销处于一个大转型的时期,营销战略的转型表现在消费者的主动性与互动性的变化上。比如手机通讯工具变成了智能移动终端,互联网从单纯的浏览器阅读变成了高度智能的互动平台。使用工具的变化,为营销的流向与变革带来巨大冲击数字时代的来临,让营销的主体发生了位移。

新媒体开始将社会的优质人群、年轻活力人群聚集在一起,他们的生活方式正变成一种数字化模式,"早出晚归"。他们的工作与生活形态是与数字息息相关的。

营销变革是随着人们生活方式与生活形态的变化展开的,为了抓住这种变化中的人群,新媒体层出不穷的营销产品与方式方法必然产生。静佳护肤产品主要面向一些活跃在互联网上 23-30 岁的都市女性人群,针对这类人群我们需要找到他们关注的点,精准地送达。随着市场竞争越来越激烈,这种新创意新方式多如牛毛,这方面的例子也非常多。比如这次静佳联合新浪微博做的针对秋季护肤问题推出的一套都市白领肌肤解决方案。

金王（苏州工业园区）卫生用品有限公司

金王（苏州工业园区）卫生用品有限公司系世界纸业前3强金光集团APP（中国）和日本3大纸业制造商之一的大王制纸株式会社强强联手打造。公司于2005年8月在苏州工业园区正式注册成立，并于2006年7月正式投产上市，投资总额达1960万美元。主要以生产和销售"怡丽"品牌女士卫生护理产品为主。公司拥有先进的全伺服生产线（SERVO系统）和进口集尘设备以及完善的卫生巾检测设备，获ISO9001质量体系认证。

"怡丽女人 自在绽放"。

来自日本的怡丽，与要求精致的你如此契合。

处处讲究细节与品质，只为给你最纯净、舒适、安心的全面呵护。

让你在那几天也能如花朵般恣意美丽。

怡丽的专业呵护，让女人自在绽放。

"私"营销

——怡丽品牌金王卫生用品有限公司总经理薛俊平专访

1. 用户集群细分,对市场营销传播的精准化有更高挑战

我们的目标客户是18~29岁的女性,她们在网络上分布相当分散,这就导致了我们不能再像以前用同一个素材在不同平台上进行传播。

针对这个变化,我们首先做了非常细致的研究,研究怡丽的目标用户主要分布平台,然后根据不同的平台的用户行为,创作出不同形式和内容。比如这次无添加的传播,我们发现选购卫生巾比较在意安全性的人通常会对科学科普等内容有兴趣,同时这种类型的用户在果壳网相对较集中,因此我们与果壳网合作创意了1分钟的科普短视频传播如何辨别卫生巾中的荧光剂、刺激香料、面层柔软剂。

2. 碎片化时间,对如何在短时间内吸引用户参与提出挑战

消费者在移动端的活跃时间急速增长,上下班、等人、睡前等碎片时间成了营销的黄金一刻。而与此同时她们接触到的信息也呈现出爆炸式的增长,要在短短几秒内抓住她们又成为了一个难题。

我们的应对策略是必须要创作具备 Social currency(身份认同)、Triggers(诱因)、Emotions(情感共鸣)、Public(公共性)、Practical Value(实用价值)、Stories(故事)这样六大特质,让用户有主动参与意愿的内容。我们采取了简单易懂的互动设计。该活动上线一周就吸引了近20万用户主动点击参与投票。

3. 传播3.0时代,从摆脱单向沟通走向病毒传播的挑战

提起卫生巾,大家都觉得这是一个相对私密的话题,各平台讨论量相对较低。如果仅靠在一个个平台寻找目标消费者,为每个平台单独创作内容,成本会非常高。在传统1.0阶段要覆盖2亿人就必须投入巨大费用,而在3.0时代只需要花费1/50就能达到同样的效果。

我们的做法是抓住"圈子"利用"关系",找到这些目标受众,不仅邀约她们参与,更重要的是每个人都成为自媒体帮助我们进行二次传播。比如我们创作了"亲密时光机"游戏。被动参与者就变成了下一轮的主动传播者,于是游戏的玩家人数呈现出病毒式的几何增长。

日产（中国）投资有限公司

日产汽车公司成立于1933年，目前已在包括日本在内的20个国家和地区设有汽车制造基地，并在全球160多个国家和地区提供产品和服务，员工总数约160 000人。日产重视中国市场，自1973年进入中国以来，逐步树立了植根中国、具有先进技术的国际化企业形象。自20世纪90年代起，日产汽车在中国取得了迅猛的发展，并于2004年2月成立了全资子公司日产（中国）投资有限公司，作为在中国的地区总部，与日产汽车总部共同管理在华投资，主要承担以英菲尼迪为主的车辆进口业务，零部件出口业务，以及环境安全技术涉外和认证、技术趋向调查、知识产权维护等职能。除此之外，日产中国还负责日产、英菲尼迪两个品牌的全球车型造型设计、日产在中国的企业公关与涉外和企业社会责任等事项。

秉承着"丰富人们的生活"的企业愿景，日产为社会不断地推出新的产品、服务和交通方式。日产始终将可持续发展作为企业核心战略之一，并将环境、安全、慈善事业、质量、价值链、员工、经济贡献以及公司治理与内部控制定义为自身可持续发展的8个领域战略，借此形成自己的企业社会责任模式。作为日产汽车在华的全资子公司，日产（中国）投资有限公司以"爱之行·享未来"为企业社会责任的宗旨，积极投身于国内的各项社会公益活动，在安全、环境保护、教育、人文关怀等方面全力投入；希望通过汇聚各方力量，履行对中国市场和社会的承诺，传递日产（中国）企业社会责任的信心、热情与行动的力量，为在中国实现长期可持续发展而不懈努力，共创人、车、自然和谐共存的美好未来。

日产汽车援建学校落成仪式暨"制造"教室雅安开课
——日产（中国）投资有限公司传播管理总部副部长吴为人专访

Q1：有些汽车厂商捐车，有些捐钱，但真正要做的是花心思考虑人们真正的需求。刚刚在楼下看到日产制造教室，我对这个环节印象很深。这个环节不但能让孩子得到锻炼，还能收获快乐。请问日产在启发儿童方面还有那些工作。

A1：日产汽车在7所学校内建立了日产筑梦课堂。出于两个原因，一是在偏远地区，留守儿童很多，放学后与爷爷奶奶在一起，相互之间有代沟、知识面有断层，所以家庭教育比较薄弱；二是与城市里的孩子相比，乡村的孩子与外界联系的机会少，社会知识不足，不利于未来步入社会。

日产筑梦课堂的设立，就是为了利用孩子的课外时间，开拓视野，为他们普及更多的社会知识。其中也包括交通安全教育，普及基础的交通安全知识，减少乡村里的交通安全事故。在日产制造教室，主要培养孩子的团队合作精神，信任伙伴，多与伙伴沟通，互帮互助，通过团队共同解决难题。制造教室中还包括一些体验项目，通过接触外面的实物，拓展孩子们的视野。这样才能丰富孩子的梦想。

Q2：日产筑梦课堂从长远来讲，将如何做？

A2：在中国，日产汽车能与东风日产、郑州日产合作推广"筑梦课堂"，合资企业的经销商也遍布全国。日产汽车希望将"筑梦课堂"作为成功试点项目，转移给我们的合作伙伴，并在全国推广。关于课外儿童能力的开发，目前国家教育部门也非常重视，并制定了新的教育大纲。除了上课学习外，学生需要有足够的时间进行社会学习，我们希望日产的课程能够成为学生课外学习的一部分，从小培养学生对于汽车、对于制造方面的兴趣。

Q3：在做公益活动时，您还有没有特别的经验与我们分享？

A3：日产汽车在做公益项目的时候，特别是教育支援与人道主义支援，也非常注重他人的隐私。这一点，扶贫基金会和我们在活动中都非常注意。因为我们面对的都是小孩子，小孩子的自尊心非常强，有时不愿意别人说他们是弱势群体。我们面向的不是一个个体的活动，而是一个群体的活动。在活动中，我们希望让他们了解更多外面的世界，包括先进的科技与知识。

北京汉诺睿雅公关顾问有限公司

汉诺睿雅公关顾问有限公司（HBC Consulting）是以事件传播为业务核心，面向各个行业提供专业市场活动及传播的服务机构。业务涉及事件管理、媒介推广、危机公关、广告传播等诸多领域，以专业的策划及执行能力为客户提供咨询顾问服务。公司核心成员均由行业资深专家组成，拥有独具创意和丰富操作经验的团队，以特有的激情和专业化的服务竭诚为各行业的客户提供优质的服务。汉诺睿雅拥有强大后勤支持和资源整合能力，配以高职业标准的客户服务部门、专业化的项目操作团队、丰富创意结合的独立工作室等，确保服务质量臻于完美。

Honest：诚信是基础。

◆服务团队中的核心成员均有资深服务经验，深谙诚信服务之道的重要，并身体力行着这一理念。

◆对行业的认知，令诚信的服务有据可依。

◆不断追求创新，令诚信的服务精彩践行。

◆脚踏实地执行，令诚信的服务可被信赖。

Brilliant：精彩演绎是灵魂。

◆精彩演绎来自于对完美的执著追求及不断创新的结果。

◆精彩演绎需要激情创作及全情投入。

◆精彩演绎是智慧的结晶——因为了解市场、行业及企业，是因为敏锐的洞察力。

Care：关爱是保证。

◆关爱之于内部，是对员工的真诚关怀，希望为每位员工提供发展与展现自我的广阔平台，为日后更好。

◆的发展打下坚实的基础，提供便利和机会。

◆关爱之于外部，是对客户/合作伙伴的理解，为提供更好的服务搭建的真诚平台。

◆关爱之于项目，则是对细节把握及控制的自然流露，确保项目执行实施的顺利流畅。

新媒体时代的企业营销变革

——会唐集团副总裁陈凯

新媒体时代的营销环境是一个多元与变革的时代。现在各种各样的营销模式充斥着市场，而这一切都离不开新媒体技术的飞速发展。新技术对于媒体的改变是基因性的、革命性的。所谓新媒体是一个相对的概念，"新"相对"旧"而言，我个人觉得新媒体是"所有人对所有人的传播"，其最大的特点就是强调分享与互动，于是我们看到：手机从简单的通讯工具变成了智能移动终端，互联网从单纯的阅读浏览器变成了高智能的互动平台。

随着新媒体时代的到来，传统的市场营销模式和理念不断受到冲击，促使新媒体营销传播在现代企业运营中已经成为必不可少的一部分。同时"传播"在产品的营销方案中扮演着重要角色，成为与消费者、目标受众沟通的重要桥梁。在传统的企业二级营销追求的就是"覆盖量"，将广告加载到覆盖量高的媒体上，便可以吸引较多的注意。随着消费者理性的不断提高，这种大规模覆盖似的信息轰炸已经暴露出了它的软肋。企业选择覆盖量高的媒体不再是唯一的法宝，信息传播的精准化、碎片化正在成为一种主流的营销思想。正如现代营销学之父"菲利普·科特勒"所说的一样："只有在面对更小范围受众时，广告才能获得最佳效果！"在企业营销上实现多样化、信息传播精准化成为目前许多企业研究的课题，而以技术为驱动的新媒体营销方式正是应对碎片化市场环境的有效武器。

瞬息万变的新媒体技术，前所未有的复杂的市场环境，这一切都赋予了新媒体营销太多的命题。能清楚地看到新媒体时代的营销已经从注重表面功夫转向内心深处的挖掘，从单纯的满足需求到制造需求再到更高层次的把握文化脉动，从过去的某种媒体的单独作战转向多种媒体融合的跨媒体营销，各种媒体和企业在经营思想与营销理念、营销战略与营销手段上不断地重新组合和变革。可以说在新媒体时代，营销没有定式，创新没有止境。而在强调构建和谐社会的世纪，媒体营销的未来空间，取决于其自身的变革力度，更取决于人与媒体营销的关系能否找到和谐发展的共赢方法，进而让这一方法造福于人类社会。

北京汪氏德成国际广告有限责任公司

北京汪氏德成国际广告有限责任公司以生产用心,创造可能为核心宗旨,围绕数字平台打造 TOUCH+(触动未来)互联策略。专注于移动营销 Mobile Marketing,利用移动终端(手机+平板电脑)为主要渠道,在移动网络环境下直接向目标受众定向和精准传递个性化信息,产生互动达成沟通目标行为,以整合融合网络营销 OnLine Marketing 和数据库营销 Datebase Marketing 为核心方向,主要涉及业务 DSP、DMP、CRM、微博、微信。

WINS 生产用心,创造可能。
- 2006 年 4 月北京公司成立。
- 是中国国际公共关系协会 A 级会员。
- 凭借专业素养和实力,取得了快速、跨越式发展,多次荣获中国商业联合会中国营销策划 30 年百年机构、中国公共关系行业最佳服务团队、中国公共关系行业杰出雇主品牌等奖项。

WINS TOUCH+(触动未来)互联策略。
- 致臻服务汽车、通信、IT、快消、地产全案数字营销为主。
- TOUCH+(触动未来)互联策略:引领新互联时代颠覆时代的变革,围绕数字平台打造创新爆点+改变看点+创意观点+沟通触点的策略输出。

WINS 精神。
- 信仰:至善。
- 专注:人品、态度、专业。
- 生产:责任力、协作力、创新力、执行力。

成功不属于浮躁的那群人

——北京汪氏德成国际广告有限责任公司常务副总经理吴晓梅

她来自新疆，带着一份认真的坚持，怀揣从不妥协的梦想加入 WINS，已经 7 个春秋，她如雪莲般的特质，给身边的人带来希望，带来阳光正能量，独有的气质散发着坚韧、坚持和信仰。她就是北京汪氏德成国际广告有限责任公司常务副总经理吴晓梅（江湖人称"梅姐"）。

70 年代的梅姐，90 年代的心。

数字互联世界的今天，聊韩风、谈互联网、玩杀人游戏，她紧跟着年轻人的步伐，并乐此不疲。虽生在 70 年代，但用一颗不落伍、不传统的 90 后心态与公司的年轻员工玩耍在一起，和 WINS 年轻化的团队生活在一起。能在繁忙工作之余让团队劳逸结合，增强团队凝聚力，她希望能给大家传递阳光与希望，让整个团队用满格信心对待自己职业的坚持与梦想。

细节决定成败。

梅姐是我们温暖而又有力的后盾，在员工生病时多一份关怀，在过生日时送一份祝福，在对自己的前景感到迷茫时，她总能为我们找到最适合自己的道路，与我们同喜同悲，与我们一同成长。我们之所以这么信赖她，就是因为她对自己事业的严苛，对所做工作的认真。梅姐是一个有条理、有计划性的一个人，她对每天要做的事项和解决的问题都一清二楚并提前做好准备，这么一做便是 7 年。

梅姐在聊天时跟我们提起过，她刚进汪氏的时候，公司不到 10 人，那时的她是行政经理，那时的她梦想便是让汪氏成为本土最具影响力的公关公司之一。她为了这个梦想一直坚持着，每天上班提前一小时处理文件，上班时处理业务问题、人员问题、面试、与员工交流，这些不入眼的小事她坚持着做了 7 年，正如梅姐手里的那本书《细节决定成败》一切从细节入手，成功就不会远。

不忘初心，方得始终。

她说："如今的一些年轻人无梦不欢，渴望成功却不肯沉下心来去做，但是成功并不属于那些浮躁的人，而是属于那些肯弯下腰低下头沉下脚踏踏实实干好眼前每一件事的人，这个行业需要沉淀和坚持。"的确，梅姐的坚持和坚韧精神一直在感染着身边所有的人，越来越接近最初的梦想了。不忘初心，方得始终。不忘最初的美好，方得最终的果实。未来，还会继续为 WINS 的明天坚持。

北京龙茂弘熙咨询有限公司

目前，国内唯一一家运用心理学运作项目的公关公司，除拥有资深公关团队外，还拥有数位国际积极心理治疗专家。执行项目前，会依据目标用户心理不断调整及完善方案，达到名利双收的最佳效果。

公司客户

与数十家国际知名公司保持长期合作关系，包括：惠普、中国电信集团、北京电信、Roseonly、鸿坤地产集团、网易电商、百程旅行网、斯普瑞斯奥莱……

成功案例

出色完成数百个案例，包揽2014社交网络营销金奖及银奖，2014最具影响力公关活动奖等，经典案例示例：

- Roseonly：张亮天天送花，刘璇婚礼。
- 惠普："多彩人生"全年推广。
- 鸿坤集团：UED公关活动（最具影响力公关活动）。
- 中国电信集团：4G推广。
- 百程旅行网：1块钱买LV（社交网络营销银奖）。
- 网易电商：美女投注员（社交网络金奖）等。

创始人介绍

贾玮，现任龙茂弘熙咨询有限公司（PAB Group）CEO一职，提供危机、战略咨询服务，负责带领团队为诸多客户制定公关战略及策划品牌塑造项目，负责项目曾多次获得"亚洲公关大奖"。

个人品牌的价值

——龙茂弘熙咨询有限公司创始人贾玮

中国人推崇"低调",讲究"事以密成",而从小就不知道"低调"为何物的我经常收到长辈的劝导。

现如今,我开始创业,运作了一家公关公司,带领团队不断完成知名的项目,成为知名企业的合作方。经常,在去竞标之前,别人看到我的个人简介会很好奇,有的人甚至会说"哦,原来是你,我在电视上见过你。"一时间生疏感自然消退,谈笑风生后,轻松地进入主题,甚至会给人一种"既然你能把自己营销好,那么我的产品交给你的公司去营销,应该也错不了"的感受。所以,高调到底哪里不好?

其实高调到底哪里不好,不用深入探究也能明白。所谓高调,就是把自己放在聚光灯下做事,好的坏的都比在暗处的人更加明显。所以,当一件事并没有十足把握,又或者,一个人并不能长久保持一个良好的状态时,聚光灯映射出来的就不一定全是我们希望给别人看到的美好景象了,高调反而变成"缺点的放大镜"。可是,那又怎样?

现在这个年代早已不是塑造完人的时代,一个有瑕疵的人反而让人觉得更加真实。再说做事,只要拼尽全力,没有百分百达成又有何妨?从小考试时我们就应该有感受:蒙对了,还不如认真地答错,起码后者还能让我们学到东西。所谓高调,在我看来,某种程度上就是"一口斩断自己后路的决绝",为了不食言、不丢脸,反而要付出更多倍的努力去拼搏——而这恰恰是我所欣赏的态度。

在这个主动出击的时代,作为市场公关人,我们要尽可能高调地展现我们的产品、服务乃至个人,在这个视觉疲劳的年代里争得一席之地。在市场上,什么都缺,就是不缺要宣传的产品,不高调宣传,谁记得?在社会里,什么都缺,就是不缺怀才不遇的人,不高调展示,谁给你机会?

当没人相信你可以帮助他的产品赢得声誉时,不妨试试先拿自己开刀,将自己营销好,打造自己的品牌价值,从容地告诉对方"我就是自己最成功的案例"。所以,当有人再劝解我不要太高调时,现在的我会坚定地回答:"现在的我,还没有低调的资格。"

炫橙传媒

北京炫橙文化传媒有限公司（Orange Media Group 简称：炫橙传媒 OMG）是中国传媒新生代中具有鲜明特质的创业型新锐公司。从创业初始，就一直坚持致力于在合作伙伴的可持续发展进程中成为其不可或缺的、紧密合作的品牌战略智库与跨界资源传播平台。在创业不到 3 年的时间里，炫橙传媒 OMG 凭借蝉联两年的中国最具公关影响力品牌传播大奖，被业内称为一匹极具生命力和爆发力的黑马。

炫橙传媒 OMG 专注于以 IBM（Intelligence Research 精深的商业情报研究 \ Business Strategy 前瞻的商业战略咨询 \ Marketing Strategy 高效的营销传播战略）和 3M（Brand Management 品牌行销管理 \ Customer Information Management 客户信息管理 \ Marketing Communicate Management 市场沟通管理）双核驱动力推动企业发现品牌价值，成就品牌新势。

从公司成立伊始，炫橙传媒 OMG 就非常清楚地诠释了现时代传媒公司在与伙伴合作中的角色，不仅应该是执行力极强的传播实战团队，作为合作伙伴组织体外并行的智库，更应该担当起最了解企业、最洞悉发展、最深入行业的品牌信息官、品牌战略官和品牌营销官。

炫橙传媒 OMG 以非常规思维定义自己是一家有大梦想的小公司，跨界品牌战略咨询、大数据精准研究、传统媒体公关、新媒体原生营销，彰显与众不同的专业特质和力量。在服务伙伴的过程中，坚守职业理想和职业情操，努力将每一个服务模块和服务项目，打造成具有价值张力的经典案例，辅佐每一个合作伙伴都能成为品牌经典。

炫橙传媒 OMG 立志成为一个具有非凡想象力、卓越执行力、值得伙伴尊重的高品质品牌，并以不朽的学习精神和不息的创造力，推动伙伴健康成长，激励用户活跃忠诚，共同成为社会的优秀典范标签。

新媒体环境下的营销

——北京炫橙文化传媒有限公司董事长徐雪莲

Q1：请谈谈炫橙传媒如何看待新媒体环境对公司市场营销传播带来的变化？

A1： 很多人觉得互联网时代淘汰了市场营销学的 4P 理论，应该是 4C 驰骋天下的时候了，我不这么看。尤其是移动互联网快速发展的这两年，其实不是如何颠覆了传统的思维，而是如何进化了工业文明。雷军和董明珠就之前的 10 亿元赌局有不同的回应，他们赌局的核心不是销售额问题，而是分别代表了互联网轻资产公司和传统重资产公司基于产业链重心的博弈，也就是技术和营销在互联网时代哪个应为主导。这里面有一个角度的问题，无论是实物型产品还是虚拟化服务，谁都不可能丢弃自己的专业所长去一味追求粉丝效应。所以 4P 也好 4C 也好，不是谁淘汰了谁，而是相辅相成的关系，既不能闭门造车又不能夜郎自大。谁能清楚地界定，乔布斯时代的苹果是技术型还是营销型呢？大数据突破了人类观察世界的能力，将繁琐碎片的信息转化为数字资产，也改善了新媒体环境对营销的价值，让我们在营销中可以有条件更尊重用户现实体验，所以移动互联网帮助我们将 Marketing 推到了 5C 时代，即以用户大数据（Customers Data）分析为基础，从用户体验成本（Cost）、体验评价（Comment）、社群体验（Community）、体验便捷（Common）四个方面全面指导企业的限时营销和后续战略发展。

Q2：面对这些变化我们有哪些措施。

A2： 我们强调团队在服务中当好合作伙伴的品牌信息官、品牌战略官和品牌营销官，一方面在战略层面，强调 3P 的格局，即①Pry，通过对新技术的运用，找到并不断强大自己的撬动世界的支点，充分发挥品牌的杠杆作用；②Powerful，打造自己的专业最长板为木桶基准点，吸引并连接其他各领域的最强资源，组成最优价值链；③Prompt，始终保持快速的学习节奏和领跑的位置。

另一方面改进互联网思维的品牌行销服务模式 SERVICE——Specific 角色的明确性、Energetic 价值理念的能量性、Relevant 体验场景与用户兴趣的相关性、Valid 沟通工具的有效性、Interactive 内容设计与用户的互动性、Creative 互动内容的创意性、Efficient 长尾效能的高效性。

劲霸男装（上海）有限公司

作为中国高级茄克的领先品牌和商务休闲男装的开创性品牌，劲霸男装专注茄克35年，用独特设计终结了茄克的单调，不断引领茄克及配套服饰的研发设计的潮流，将睿智激情与质量声望的品牌内涵完美融合，让休闲装更时尚。

劲霸男装在专注茄克35年的发展历程中，一直专心、专业、专注于以茄克为核心品类的男装市场，以"款式设计领先"和"版型经验丰富"获得消费者良好口碑，并通过精湛领先的产品研发设计，强而有力的品牌运营管理，稳健齐备的专卖销售体系，跃升成为中国休闲男装行业标志性品牌。

劲霸男装在全国现拥有形象统一、规范管理的品牌专卖店3000多家。

2014年，公司连续11年入选"中国500最具价值品牌"的劲霸男装，以287.55亿元的品牌价值，继续蝉联中国休闲男装第一价值品牌。

劲霸男装先后荣获"中国名牌"、"国家免检产品"、"全国重合同守信用单位"、"中国休闲男装行业标志性品牌"、"中国品牌年度大奖"、"中国青年最喜爱品牌"等多项殊荣。

劲霸男装作为全国服装标准化技术委员会茄克标准制定工作组秘书企业，主导推进完成了茄克国家标准制修订的重任；劲霸男装被中国流行色协会甄选设立为"中国茄克色彩研发基地"，是中国茄克产业创新能力和时尚竞争力的孵化基地。

中青旅联科（北京）公关顾问有限公司

中青旅联科（北京）公关顾问有限公司是提供专业公共关系咨询和品牌传播顾问的服务机构，总部位于北京，另在深圳、上海、香港、南京四地设有分支机构。

基于对高科技、旅游、医药、金融、快速消费品、汽车等行业的深刻理解和拥有丰富的资源，中青旅联科为众多知名跨国公司、快速崛起的本土企业、政府机构及组织提供包括公关传播、营销咨询、媒体关系、危机管理、数字营销、活动管理、商业巡展、学术会议等全面的整合营销服务。我们始终秉承"沟通成就商业价值"这一不变的信念，以敏锐的视角、富于远见的策略、卓越的创意和高效的执行，帮助客户挖掘商业潜力，提升商业优势，创造商业价值。

联科服务

公关传播：
- 中国公关行业 TOP25 领军企业。
- 为国内外领先品牌提供品牌形象及产品推广服务。
- 以创新的传播理念、优势的传播资源实现客户商业推广目标。

社会化营销：
- 国内最早专注于社会化营销解决方案的传播公司之一。
- 坚持以创意、数据和技术为企业提供高效的数字整合营销解决方案。
- 以可衡量的效果追踪最终销售目标。

活动管理：
- 中国最具影响力的活动管理专家。
- 致力于为客户呈现卓越的品牌营销体验。
- 以优秀的创意、全面的执行能力和强大的国内外资源整合能力致力于推动整合营销的发展。